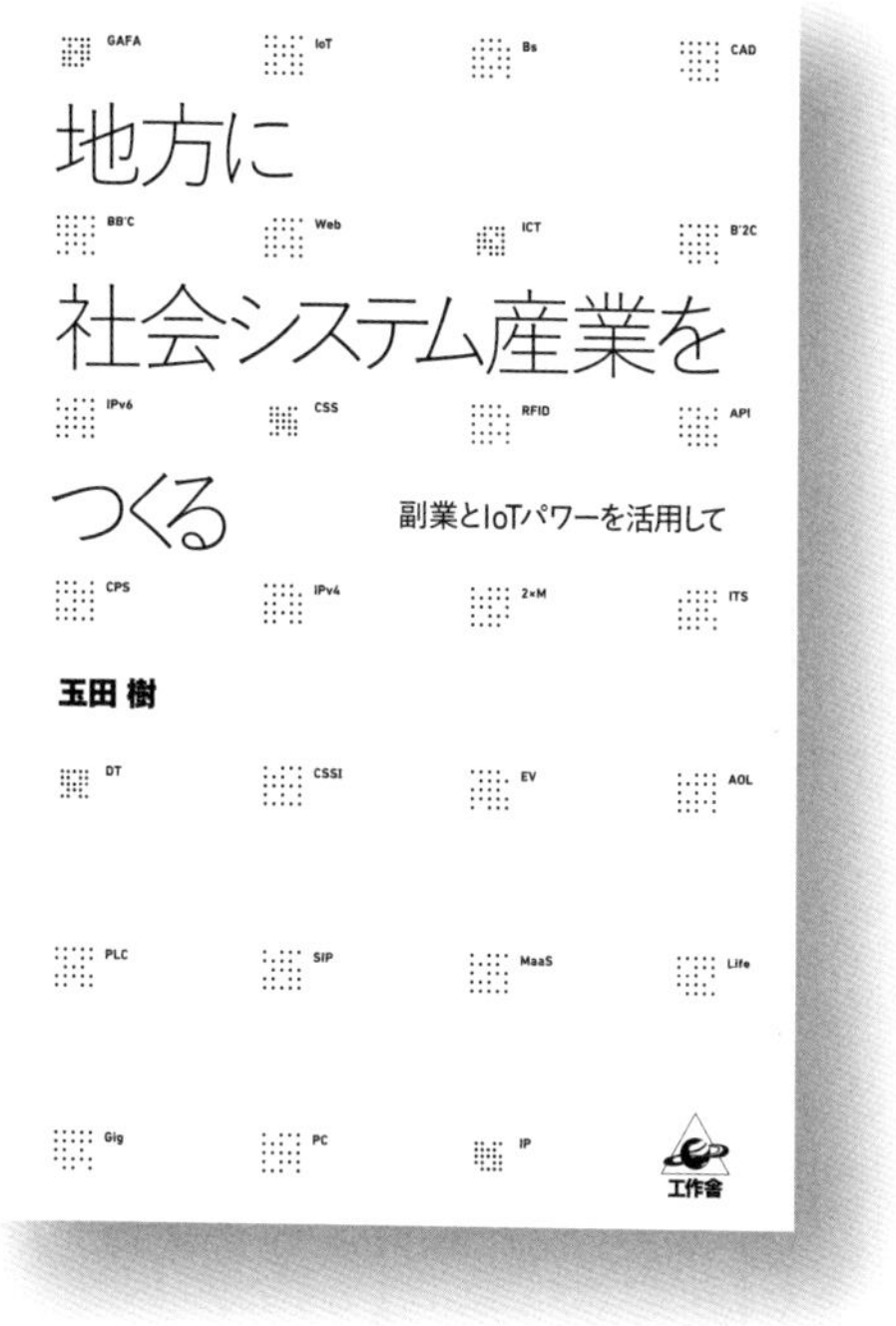
地方に社会システム産業をつくる

副業とIoTパワーを活用して

玉田 樹

工作舎

はじめに

「地方創生」が言われてしばしの時間を経過してしまった。

これについては、すでに多くの施策が行われ、多くの議論が行われてきたにもかかわらず、地方は一向に上向く気配がみえない。誤解を恐れずありていにいえば、小手先の施策の羅列に終始しているからである。

それは、地方が「何で飯を食っていけるか」という本質的な議論を誰も言わなくなり、この検討を避けてきたことによる。

そう、地方の産業をどうするかが全く語られなくなったことに、地方創生がままならない問題の本質がある。だれしも、地方で十分な飯が食えなければ、地方から離れることになる。少なくとも、この20年間はそうであった。

本書は、この事態を突破するため、地方の産業をどうするかについて、少なからずまともに向き合うことを目的に書かれる。

いま、IoT（Internet of Things）の時代を迎え、また都会で副業者が陸続と生まれる時代となった。地方の産業論に向き合うためには、こうした変化を取込み、21世紀を切り拓くわが国の産業とは何かを問うことでもある。

本書で述べることは、ＩｏＴを使った「社会システム産業」というものをわが国産業の中心に据え、そしてこれを副業者のパワーを借りて地方にも興すことを、ひとつの地方産業の柱にしたらどうかという提案である。


令和の時代を迎えた。

気がついてみると、世の中は地方創生どころかＩｏＴの議論一色に染まり、ドイツが先行した「インダストリー4.0」に振り回され、いや「Society 5.0」だ、やれ「Japan 2.0」だなどの鉦や太鼓の音が、遠くのほうから賑やかに聞こえてくる時代となった。だが、その意味するところを探れば探るほど逃げ水のように遠ざかっていく。

ＩｏＴの技術が何をもたらし何ができるか、社会はどう変わるかなどは盛んに語られるが、ＩｏＴを使ったわが国の〝産業〟そのものの展望が拓けない日々が続いている。


1989年、やってきた英国人が次のようなことを言った。

「なんだ、日本は先端産業の国だと思って来たが、どこにも先端技術が見当たらないじゃないか」。

当時、わが国は確かに先端産業の先頭を走る国だった。しかし、その技術は家電製品や自動車などの製品に適用されてはいたが、〝社会〟に応用されることはなかったので、街を歩いても先端技術が目に見える形にはならなかったのである。

あれから30年。ＩｏＴの時代を迎え、そろそろ「社会システム産業」というものをわが国の産業の柱に据えるべきときがきたようだ。

医療福祉、環境、防災、交通などの市場がもつ課題を解決する「社会システム産業」というものがある。こうした分野は大企業もさることながら、その多くはこれまで町の中小事業者が支えてきた。ここに、モノとモノがネットワークでつながるＩｏＴという新しい技術を使って、家電製品や自動車などの〝個〟の製品を一部品としてつなぎ合わせ、さまざまな事業者が協力することによって、システム化した新たな産業「社会システム産業」を生みだす可能性が見えてきた。

「社会システム産業」が、これからの成長産業となるよう、挑戦を開始したい。

そして、これを都会で生まれている副業者のパワーを借りて地方にも誘導することを考えたい。


本書は四つのパートで構成されており、この問題意識から、

「ＩｏＴ」×「社会システム産業」

「副業」×「地方」

四つのキーワードと二つのセットが登場する。

Part 1は、「副業」×「地方」のセットが登場する。わが国で兼業・副業者が多数生まれはじめたことを概観し、これが地方の既存産業の「専門職」の役割を演じはじめたことを示す。しかし、地方は既存産業だけでは大都市との賃金格差が埋まらず、人口減少が止まらない実態を明らかにし、「新しい産業」のありかを探る。すると、政府が医療福祉、環境、交通、生活サービスなどの「社会システムにかかわる市場」を成長市場とみなしていることに行き着く。

Part 2は、「社会システム産業」のキーワードに焦点を当てる。政府が成長市場であるとする「社会システムの市場」を産業として具体化するため、「社会システム産業」を成り立たせる方法を検討する。「社会システムの市場」がこれまでの工業製品の市場と異なり、平べったい「円盤型」をしていることをつきとめ、この市場にアプローチするには企業は「花びら型」の陣形をとらなければならないことを提示し、この産業が動態的パワーを獲得するための組織論的な吟味をする。

Part 3は、「IoT」×「社会システム産業」のセットが登場する。先行するIoTビジネスの検討を通して、〝現実社会〟を支援するIoTは「社会システム産業」をつくることと表裏一体であることを明らかにする。そのうえで「社会システム産業」に特有な「円盤型」市場にアプローチするための三つの方法を提示している。「モジュール、APIによるサービスの細分化」、「コミュニティ効果によるサービスの標準化とビッグデータの活用」、「B'（Bダッシュ）が参加する社会システム産業ビジネスモデルづくり」の三つである。

このPart 3の結論のひとつに、「社会システム産業」の円盤型市場にアプローチするためには、IoT関連などのビジネス事業者「B」と、現実に社会的課題にサービスを提供している中小企業者「B'」の組み合わせが必要になることがあげられる。

Part 4は以上を受け、「IoT」×「社会システム産業」と「副業」×「地方」の四つのキーワードと二つのセットが総動員される。兼業・副業する人「Bs」のパワーが地方の中小事業者「B'」と結合できれば、Bs to B' to CのIoTを活用した「社会システム産業」が地方でも起こりうる時代となった。これをもって、全国津々浦々に「社会システム産業の〝一万事業〟」を創出する大作戦を構想する。

本書で述べる「IoT」×「社会システム産業」が、令和の時代のわが国の新しい産業づくりに役立ち、そしてこれに「副業」×「地方」を加えることによって、地方が活気を取り戻してくれることを願って。

地方に社会システム産業をつくる［副業とIoTパワーを活用して］

Part 2

社会システム市場と「社会システム産業」

Part 3

IoTを使って「社会システム産業」をつくる

Part 4

副業パワーで地方に「社会システム産業」をつくる

Part

1

地方の所得格差を埋める「新しい産業」のありか

第1章 副業パワーと地方企業

1節 副業パワーが地方の支援に回りはじめた

広島県福山市の副業者の募集

いま、都会で「副業」をする人たちが、そのノウハウを使って地方の既存産業の支援に回りはじめるようになった。

2017年11月、広島県福山市は、転職仲介ビジネスを行うビズリーチの特設サイトを利用して、「副業」者限定で、市役所の戦略推進マネージャー1名を募集した。その結果、1か月の間に395人もの応募があった。

驚くべきことが起こっている。すでに副業者がこんなにも多くおり、副業をする場として地方都市である福山市に応募してきた。そのため、福山市は急きょ採用人数を増やして5名を採用することにした。

福山市のデータによれば、応募者の属性は次のようであった★01。

性別は男性92%、女性8%。

年齢は、30歳代が31%、40歳代30%、50歳代25%と、現役バリバリの働き盛りが中心となって応募した。一方、20歳代の応募は4%にとどまった。

応募者の住所は東京都が44%と半数近くを占め、これに神奈川県、埼玉県、千葉県を加えると、1都3県の東京圏から全体の3分の2を占める応募者があった。一方、地元の広島県や岡山県からは合わせて7%、近畿圏からは12%の応募、合計して19%の応募であった。

副業者1名の募集に、1か月という短期間のうちに驚くことに395名の応募があったのである。勤務形態は月4日、報酬1日2万5千円、交通費・宿泊費支給と悪くはないが、それにしても実に多

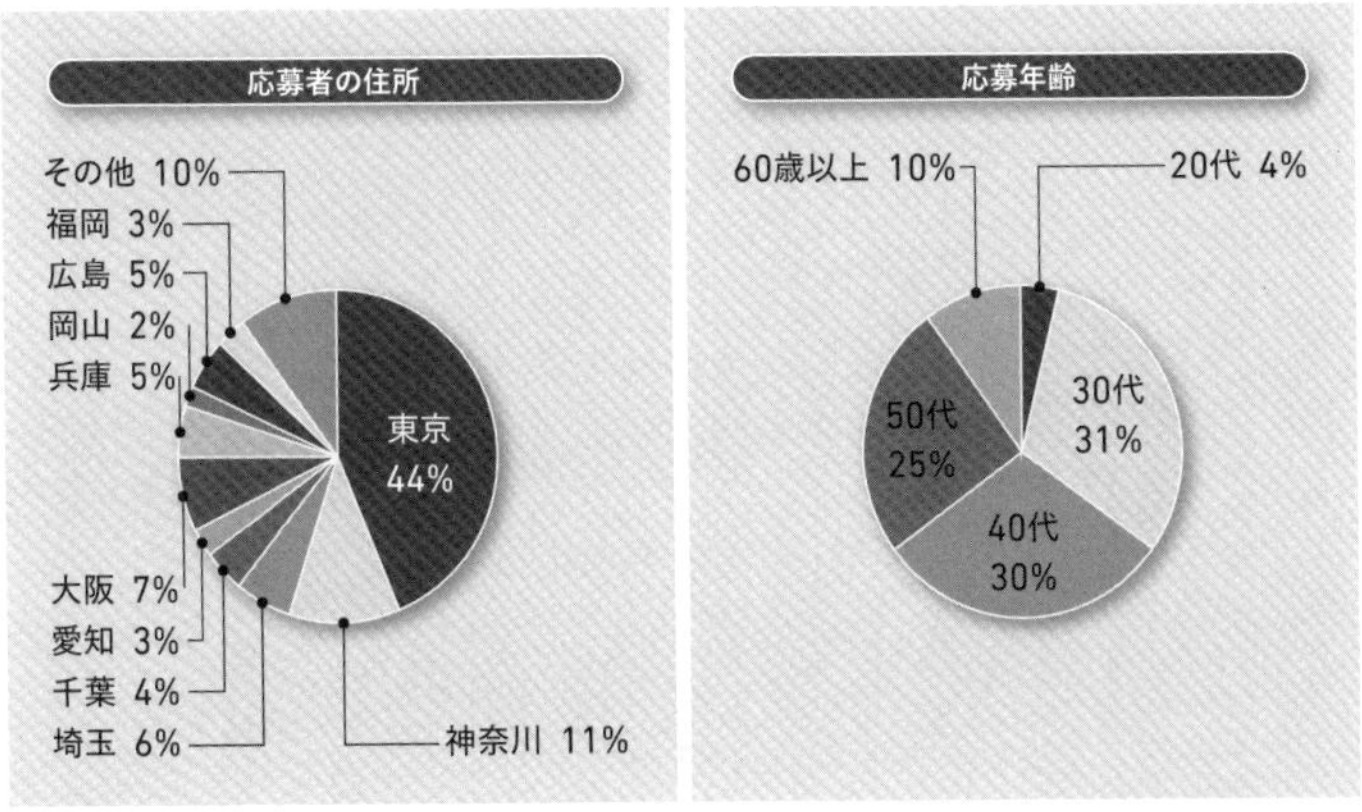

図表01▶福山市副業者の募集［応募総数395人 福山市資料］

くの副業者が応募した。
すごい時代が始まった。

現役世代の「副業」が地方産業の支援を始めた

この例は多くの示唆を与えてくれる。まず、都会の「副業」者が、地方の市役所や既存企業に「専門家」として出向くことが、すでに盛んに行われはじめていることだ。

福山市によれば、「行政の既存の考え方にとらわれず、各部門の事業を横断しながら戦略的に事業企画を立案し、スピード感を持って成果にコミットする民間の〝プロ人材〟が必要だった」のである。そして「移住して転職となるとハードルが高くなるので、首都圏などにいる優秀な人材を職員として獲得することは難しかった。一方で、地方に貢献したいという人は多い。企業に所属しながら携わる副業という形なら人材を集められると考え、戦略顧問というポジションを設けた[★02]」という。

都会で本業をもちながら、副業として地方の役所や企業を支援することが当たり前の時代になりつつある。

そして、都会で「副業」する人が地方で実際に仕事に就くためには、ある程度経験を積んだ30歳代から50歳代までの働き盛りが向いていることを教えられた。つまり「副業」者を地方に迎え入れるということは、「現役世代」を受入れることになるのである。

20歳代は少なく、この年代ではまだ副業するには専門的なノウハウが未熟なのか、会社で自分の専門性を高めるために副業どころではないのかもしれない。

また、広島県の福山市という場所での募集にもかかわらず、東京や東京圏からの応募が圧倒的であることも驚きのひとつである。全体の3分の2を占める。地元の広島県や岡山県そして近くにある近畿圏からは合わせて二割の応募であるが、その数は応募者数にすれば75人程度あり決して少なくない。しかし、東京圏のパワーはすごい。これは企業の量的パワーとともに、すでに〝副業〟を先進的に取り入れている企業が東京圏に多いためとみられる。それにしても東京圏ではすでに副業者が多数生まれていることを感じさせることになった。

そして採用された5人は、ホテルに泊まるか日帰りの形態をとって月4日福山市に勤務している。いわば〝二地域居住〟の形態をとっている。これが「移住」ということになれば、実際にこれだけの応募があったかどうかわからない。

地方企業も副業者の募集を開始

福山市の場合は市役所であったが、それ以外にも、都会で「副業」する人を対象に地方の企業が人材の募集を開始している。

北海道石狩市、岩手県八幡平市の企業では、10件を超える地元企業からの求人に対し多くの副業者の応募が集まっており「応募が多くて、地元企業の募集案件が追いつかない」状態にあるという[★03]。また、静岡県熱海市、島根県海士町、香川県三豊市などでも同様に、企業が兼業・副業限定の「地域貢献ビジネスプロ人材」の募集を開始している。

また、地域経済活性化支援機構などの調べによれば、熊本県、福岡県、山口県、広島県、岡山県、兵庫県などの企業が副業者の募集を開始している。その募集人材をみると、製造業では3次元CADの作業環境づくりや中国でのECサイトの立上げなどがある。建設業では、営業戦略立案や財務体質改善などに加え、ドローンなどの事業モデル開発や製品化テストなどがある。ガス会社では事業企画、地域商社では新規事業開発や組織活性化支援などの人材募集がある。小売サービス業では売上向上や広報集客戦略、人材採用支援などがあり、旅館やホテルでは事業企画などの求人がある。

ここに示したのは、ほんの一例にすぎない。

もとより、副業者が地方企業の支援に回りはじめている実態は、ここに書いているよりも遥かに進んでいるとみられる。

何やら世の中を劇的に変える面白いことが起こりはじめているようだ。

2節　多様な働き方の台頭

2018年から始まった「副業ブーム」

「副業ブーム」という言葉が、新聞紙上で躍る時代となった。

わずか5年前には「副業」などは話題にすらならなかった。2014年に中小企業庁が4,500社に行った調査によれば、「兼業・副業を推進している」企業はゼロ、「兼業・副業を認める制度がある」企業は3.8%に過ぎなかったのである。

これが、2017年2月の労働政策研究・研修機構の2,500社の企業アンケート★04によれば、わずかであるが「従業員の副業」について「推進している」企業は0.1%、「容認している」企業は16.1%みられるようになり、今後「副業を推進したい」とする企業は1.7%に高まる状況までできた。

そして「働き方改革」のもと、2018年に入って、「副業」を取り入れる企業が急激に増えてきたのである。

そもそも「兼業・副業」を取り入れる企業は、20世紀末から21世紀初頭に、まず姿を現す。スポーツ用品メーカーのアルペンが店舗の人員を確保するために1989年に「週休3日制」を採用し、また富士ゼロックスが2003年に高年社員の「40%限度の兼業制」を導入した。

以後、時間をあけて、2015年にユニクロが育児・介護離職を防ぐため「週休3日制」を導入し、2016

年にロート製薬が「副業」の導入を図った。その後、2017年11月にソフトバンク、12月にコニカミノルタ、年が開けて2018年に入って、4月に新生銀行、ユニ・チャーム、5月にエイチ・アイ・エスが、いずれも「副業」を導入した。

そして、2019年3月の日経新聞社による大企業121社のアンケート調査[★05]によれば、50％の企業が副業について「認めており社内で制度化している」「制度はないが申し出などに応じて認めている」。一方、「認めない方針」は22％であった。

たしかに「副業ブーム」が到来したかのようでもある。

「副業ブーム」は本物なのか

ここで、「兼業」と「副業」の違いについてふれておきたい。「兼業」とは、「会社の業務時間の一部を割いて《別のことをする》こと」である。業務時間の一部を割いて行うので、先のアルペンやユニクロのような「週休3日制」の形態をとることもあれば、富士ゼロックスのように「40％を限度に」個人の裁量に任せた兼業を行う場合などがありうる。

「兼業」では、副業や起業はもとより、育児、介護、ボランティア活動などさまざまな活動に兼業時間が使われる可能性をもつ。

したがって、「副業」は「兼業」の一形態にすぎない。兼業形態のもとで行われる副業は業務時間の一

導入年	企業名	導入の種別	概要
1989年4月	アルペン	週休3日制	社員のスポーツ活動をサポートするとともに、採用を安定させるために全店舗で導入。現在では、人手不足の影響で見直しが検討されている。
2003年4月	富士ゼロックス	兼業制	50歳以上を対象にした「フレックス・ワーク制度」。社員の身分のままで兼業・自己啓発のための時間を確保でき独立のための準備が可能なようにした。副業は40%以内で1日単位の曜日または隔週で設定し、その分賃金をカットするというもの。現在では利用者が少ないため、見直しが検討されている。
2015年10月	ユニクロ	週休3日制	介護や子育てによる離職を防ぐため、短日タイプの雇用制度を導入。1日10時間労働の変形労働時間制を導入し、週4日勤務・週休3日とした。
2016年2月	ロート製薬	副業	新規事業に挑戦するには企業の枠を超えた働き方や社外の人とともに働くことが社員の成長を促すことから、「社外チャレンジワーク」制度を設け、社会貢献や自分を磨く働き方として導入。週末や就業時間後に副業を認めるもの。
2017年11月	ソフトバンク	副業	就業規則上の「副業の原則禁止」を改定し、本業に影響のない範囲でかつ社員のスキルアップや成長につながる副業について、会社の許可を前提に認めるもの。
2017年12月	コニカミノルタ	副業	当社で働きながら自ら起業したい、IT・プログラミングなどの技術を社外で高めたい、といった従業員のニーズに応える。兼業・副業先の経験を通して得た知見や技術を活かして、当社のイノベーション創出の起点となることを期待。
2018年4月	新生銀行	副業	社員が個人で事業を営んだり、業務を受託する「個人事業主型」に加えて、他社に従業員として雇用される「他社雇用型」についても、所定の条件を満たせば認めるというもの。当行で働きながら社外での知見や経験を得たいとする社員のニーズに応えるとともに、社外の人脈やネットワークの拡大が当行のイノベーション創造にも寄与することを期待。
2018年4月	ユニ・チャーム	副業	個人のスキルアップや成長につながる副業を前提として、入社4年目以上の正社員が対象。就業時間外や休日のみ副業を認める。
2018年5月	エイチ・アイ・エス	限定的副業	社員が通訳ガイドに取組むことが出来る体制などを念頭に、就業時間外に業務委託や個人事業主として働くことを認める。ただし、他社との雇用関係が発生する二重就労については、長時間労働の抑制を最優先しなければいけない環境の中、時期尚早と判断。

図表02▶兼業・副業の導入企業［各社ホームページならびにヒアリングより作成］

部時間を切り取って行われるのに対し、兼業形態をとらない副業は「勤務時間外、休日」が割り当てられることになるため、過重労働の危険性がつねにつきまとう。

最近、企業が導入した副業の多くは、「自社のイノベーションの機会を増やすため」に本業での拘束をそのままにして、従業員の「勤務時間外、休日」での副業を認めるものがほとんどである。

本来、副業は、「同一労働同一賃金」を達成するために雇用システムを改革することが求められ、その一環として導入される。

つまり、非正規雇用の賃金水準をあげるために、正規雇用の「働き方時間」にも手をつけなければ、会社は存続できないということである。そのためのまともな答えのひとつが、兼業システムの導入である。

「週休3日制」はそのひとつで、ユニクロの場合は従業員の収入を下げないために就業日は1日10時間の変形労働時間制を採用した。「40%までの兼業」を導入した富士ゼロックスは、社会保険適用が可能なように兼業の割合は40%を限度とし、その分、賃金を下げるというシステムを導入している。

現在進行しつつある「副業ブーム」が、企業をして従業員の就業時間外における「自己研鑽、自己研修」の場として使われていることはいずれ改善され、兼業スタイルに移行していくものと考えられる。

副業の社会は始まったばかりである。これが今後、働き方を変え、社会を変え、地方を変えることに期待するものである。

これから始まる本番の兼業・副業

働き方の改革が始まる。働き方改革の一丁目一番地は「同一労働同一賃金」の実現である。この改革は、大企業では2020年、中小企業では2021年から実施されるので、各企業は「同一労働同一賃金」実現の給与原資をうるため、これから急いで雇用システム改革を行うことになるであろう。

2019年5月、政府は未来投資会議で、企業従業員の70歳雇用延長に加え、再雇用、フリーランス、起業の「兼業・副業」を進めることを今後の選択肢としてあげた。

いよいよ、本格的な「兼業・副業」社会の到来である。

ただ、現在のところ、企業が兼業・副業の導入に二の足を踏んでいるのは、長時間労働の問題や健康管理・社会保険などの問題が横たわっているためで、政府はその法整備を行うこととしている。

長時間労働の問題は「副業」だから発生する。すでに述べたように、本業の時間をそのままにして副業を行えば、時間外労働はコントロールが難しく労務管理ができにくい。

したがって、本業と副業の間に時間をシェアする必要が生ずる。これを行えば「兼業」となる。先に示した富士ゼロックスの場合は、社会保険の適用範囲を見据えて、本業の40%を限度とした兼業制を採用した。兼業を行えば副業をしたり、事業を立ち上げたりして自らの収入を獲得できる。そのため、兼業に相当する時間分の給料を下げたのである。

企業が「副業」ではなく、「兼業」を選択せざるをえない理由は次のようである。

現在、雇用者の四割を占める非正規雇用者の賃金は正規雇用者の60％水準にあるが、これを80％水準までもってくことを「働き方改革」は求めている。したがって、各企業は10％増の給与原資を用意しなければならないことになる。

単純な計算をすれば、企業人件費総額の水準は現在では0.84（＝正規割合60％×賃金水準100％＋非正規割合40％×賃金水準60％）にあるが、これが0.92（＝上記の非正規の賃金水準80％）となって企業の人件費負担がおよそ10％（＝0.92/0.84）高まる。もし、非正規の賃金水準を正規並みの100％の水準にすれば、人件費総額は20％増えることになる、ということである。

企業は、この人件費という固定費の増額に対してどう振舞うのか。

三つの選択肢が考えられる。この人件費の上昇を黙って受け入れるのか、または従業員を減らすか、あるいは現役従業員の給与を引き下げるか、の三つである。

この三番目の選択肢、現役従業員の給与引き下げは、かつて定年制延長の時に給与総額が5％上がったために一部企業でみられたことである。しかし、兼業制を導入せず給与引き下げだけを行えば、社員の士気が下がること請け合いだ。

したがって三番目の選択肢は、「兼業」が導入されればその分給料を下げるというまともな仕組として機能することになる。

だから、「兼業禁止」規定を設ける企業はなくなるし、企業は正規雇用者の雇用システムに手をつけざるをえなくなる。そのひとつの方法として、給料を一部下げる代わりに副業を行えるなどの働き方の自由度をもつ兼業システムを導入する企業が多くなるに違いないと考える。これが本番の兼業社会となる。

折しも、2019年6月みずほフィナンシャルグループは、全社員を対象に兼業・副業を認め同年秋から実施することにした。1週間のうち3日は銀行で本業の仕事をして、2日はメーカーやIT企業など分野の異なる会社に出向する形を想定している。同様に、地方銀行も陸続と副業を解禁しはじめた。2020年に向け、兼業・副業者が世に大量に登場してくるようになった。

彼ら・彼女らが、地方の支援に回る時代が到来した。

フットルースな働き方をする5%のフリーランス

また、フリーランスという働き方が注目されはじめた。

フリーランスとは、特定の企業や団体・組織に専従せず、自らの技能を提供することにより社会的に独立した個人事業主もしくは個人企業法人の形態をもった自由業のことである。フリーランスといわれる人たちは、例えばIT系のWeb編集者や、コンサルタント、カウンセラー、マスコミ系のライター、士業の中小企業診断士などの分野で活躍している。

このような職種例からわかるように、フリーランスは特殊技能を持ち、自らのノウハウを売ることができ、ICT（情報通信技術）を活用することが多いという点において、「フットルース」である。すなわち仕事の場所を選ばない、仕事をやるのにさしたる設備投資がいらないなど、基本的に束縛を受けず自由に仕事ができることに特色がある。

したがって、このフリーランスは田舎に移住して仕事をする場合もあり、都会を本拠地としながら田舎でも仕事を行う「副業者」のような振舞いをすることも期待できる人たちである。

このようなフリーランスがどれくらい存在するのか。

2015年国勢調査によれば、全国の就業人口5,900万人のうち雇用者は5,000万人、87.4%を占め、自営業は520万人、9.2%である。世の中の九割の人はサラリーマンで、一割が自営業となる。昔は自営業者が多くサラリーマンが七割の時代もあったが、年を追うごとにサラリーマン化が進み、自営業は減少してきた。

この自営業520万人のうち、従業員がいる自営業が120万人、従業員がいないのが400万人であるので、フリーランスという点からみれば、従業員がいない400万人がフリーランスに近いのかもしれない。

しかし、この従業員がいない個人事業主400万人の中には農業80万人などが含まれているので、これを除外するとおよそ320万人のフリーランスがおり、就業者全体の5.4%となる。アメリカでは1,300万人のフリーランスがいるといわれており、就業人口1.5億人の8.7%を占める状況にある。

農業を除くフリーランス320万人の内訳は、経済センサスによれば、個人の事業として会社などの経営組織をもっている個人企業法人主はおよそ280万人である。したがって、フリーで法人格をもたない個人事業主は40万人となる。フリーランスといえども会社などの法人格をもって活動している人は多い。

また、国勢調査によってこの5年間のフリーランスの産業別の動きをみると、多くの産業はその数を減らしているなかで、情報通信業は28％の伸びを示し、他に分類されないサービス業13％、学術・研究専門サービス業8％の三つの産業でフリーランスは増加している。この三つの産業で70万人のフリーランスがおり、この5年間で12％、8万人近く増加した。

ギグエコノミーを支える副業フリーランスの登場

さらに、IoTの進展とともに、ギグエコノミーというものが登場した。〝ギグ〟とはジャズの単発ライブ演奏の俗語であるが、これが転じてイン

	個人事業主［千人］		伸び率［%］
	2010年	2015年	
総数	4,121	3,942	-4.3
A 農業，林業	906	803	-11.4
B 漁業	58	48	-17.9
D 建設業	544	558	2.5
E 製造業	236	213	-9.6
G 情報通信業	61	78	27.5
H 運輸業	112	98	-12.1
I 卸小売業	514	427	-16.9
J 金融保険業	34	30	-12.9
K 不動産業	140	138	-1.0
L 学術，専門・技術業	269	292	8.3
M 宿泊・飲食業	223	202	-9.5
N 生活関連サービス業	291	297	1.9
O 教育，学習支援業	173	163	-5.3
P 医療，福祉	94	96	1.6
R 他のサービス業	292	328	12.6

図表03▶フリーランス［個人事業主］の推移　　出所）国勢調査、一部業種は割愛

ターネットを通じて、単発の仕事を受注する非正規のフリーランスの仕事をする人たち、ギグワーカーに支えられる経済形態のことである。本業をもっているが副業として、例えば、空いた時間にネットを通じてフリーに車の相乗りができるライドシェア事業のドライバーをすることや、時間外などにネットで特定顧客のためにサービスをして対価を受け取るなどである。こうした副業としてのフリーランスが登場した。

ランサーズ（株）の推計[★06]によれば、わが国には、およそ1,100万人の広義のフリーランスがおり、そのうち法人格をもつ個人企業法人主は330万人、フリーな個人事業主は60万人である。これは、先に述べた統計よりもやや多く推計されているが、このランサーズ推計の特徴は、広義のフリーランスを対象にしているために、副業者のフリーランスを捉えていることである。

同社の資料によれば、常時雇用されつつ副業を行っている人が460万人いる。この人たちの平均像は、週6時間働き、年間60万円の副業収入を得ている。これは年収に占める比率が20%にあたるので、本業の収入240万円、月収20万円の人が副業として月5万円の仕事をしている状態にあることになる。

また、この副業者のうち、副業の時間を接客や作業のほか営業などの仕事をする人たちが多く47%を占めるという。これに職種がよくわからない人を含めると、70%である。つまり、副業の多くは本業収入の少なさを補てんするアルバイト的な仕事をしていることになる。したがって、この70%の人たちは専門的ノウハウをもった副業フリーランスと呼ぶことは難しい。

このことから、460万人の副業者のうち、残りの30%、140万人が本来の意味のフリーランスらしい仕事をしていることになる。ランサーズの資料によれば、その内訳は、IT系が60万人、コンサルタント・カウンセラー系が50万人、職人・士業系が30万人である。

これらの人々は、ギグエコノミーの担い手いわゆるギグワーカーとして、本業をもちながら副業形態でインターネットを通じて仕事を受注するフリーランスとなっていることになる。

フリーランスの今後

つまり現在のところ、フリーランスは、個人企業法人主280万人、個人事業主40万人に加え、副業のフリーランス140万人、合計460万人いると推定される。これが今後増えていくものと考えている。理由を三つあげておく。

一つは、先の国勢調査でみたように、情報通信業、他に分類されないサービス業、学術・研究専門サービス業に属するフリーランスはこの5年間で平均12%も増加した。また、ランサーズによれば、副業としてのフリーランスはこの4年間に3倍に増えたという。こうしたことから、フリーランスは今後も増えていくことが予想される。

二つ目は、筆者の(株)ふるさと総研が、リーマン・ショック直後の2009年に全国10万人アンケート★07を行ったところ、すでに職を持っている人を含め、実に30%の人が「都会での雇用よりも、田舎で生業をつくりたい」という状況が生じていたことだ。世の九割がサラリーマンであることそのものも異常だが、何よりも「いつ首を切られるかもしれない」という不安感から、生業としてのフリーランスがすでに志向されており、それが徐々に具体的な姿を現してくるだろう。

三つ目は、兼業・副業社会が進展すれば、他企業への雇用者となる副業にとどまらず、ギグエコノミーなどの自立した副業を行う人が増えてくる。この副業としての自立性が軌道に乗れば、軸足を起業に移して独立する人は多数にのぼることが想定される。これらは起業＝独立したフリーランスとして世の中に登場してくる。

このようなフリーランスの人々は、副業者と同様に地方の支援ができる人たちである。

テレワークという働き方

もうひとつの新しい働き方は、テレワークである。

テレワークとは、ＩＣＴ等を活用し、ふだん仕事を行う事業所・仕事場とは違う場所で仕事をすることである。自宅でテレワークを行う「在宅型」、自社の他事業所または共同利用型オフィスなどでテレワークを行う「サテライト型」、訪問先や喫茶店、出張先など移動中にテレワークを行う「モバイル型」の三つのタイプがある。

総務省の2018年通信利用動向調査によれば、テレワークはまだ揺籃期にあるとはいえ、企業の19.0

%が制度化して導入を図っている。

　企業がテレワークを導入するのは、「人手の確保」や「労働生産性の向上」のためである。多くの導入企業ではその効果があったとみているので、今後、「働き方改革」が進めば、テレワークを導入する企業は増えてくるだろう。

介護を目的とした田舎実家型テレワーク

　国交省の2017年テレワーク実態調査によれば、テレワーク制度を導入している企業の七割が利用の制約を設けていないが、制約がある企業では「育児」「介護」「病気・怪我」などの場合は在宅でのテレワークを認めている。そして在宅でのテレワークの活用頻度は、特に制限はない方向に向かっている。

　このように、在宅型のテレワークは「育児」「介護」などの理由で、かなり自由に行える環境ができはじめているようだ。

　さて、介護目的の在宅テレワークのことを考えてみよう。要介護者は全国で658万人いる。2016年国民生活基礎調査によれば、要介護者は施設入居が13%、同居は59%、別居して介護を受けている人は12%である。

　みずほ情報総研の調べ[★08]によれば、家族を介護する40歳以上の人のうち、別居していて介護に行くために必要な片道の時間が2時間半以上の人が12%、4時間以上が8%、合計20%であった。また、シルバーサービス振興会の調査★09によれば、在宅介護のうち2時間以上の遠距離介護をしているのは、30％にのぼるとされる。

したがって、658万人（要介護者総数）×12％（別居の割合）×20〜30％（2時間以上の遠距離介護者の割合）＝16〜24万人が、遠隔地に別居している親の介護を行っていることになる。この数は決して少なくはない。

わが国には、20万人を超える遠距離介護を行っている人がいるのである。これらの人たちは、都会での仕事と田舎での介護の両立に相当難儀をしている人たちだ。

だから、在宅型テレワークを積極的に田舎の実家型テレワークと置き換えてみることは、十分必要なことになる。

親の介護のために田舎の実家で「在宅」して、テレワークすることがあってもよい。この人たちは、第14章に述べるように、田舎の実家で「第2住民票」を獲得することで交通費を低減して、親の介護のために頻繁に田舎に行くことになる。

まさに介護を目的とした田舎実家型テレワークを行うことになる。

彼ら・彼女らは、田舎で介護をしながら会社仕事のテレワークを行うと同時に、機会があれば、副業者と同じように地方の産業にかかわる可能性をもつ人たちである。

セルフケアを目的にした田舎サテライト型テレワーク

このように考えると、テレワークには、セルフケア（自己介助）を目的にした田舎サテライト型テレワークというものもありそうだ。

かつて、埼玉県志木市でサテライトオフィスの実験が行われたことがある。企業内に10％はいるとされる精神的ストレス者を回復させるために、ＩＣＴを活用して転地療法の場としてセットされたものである。

ふるさと総研の10万人アンケートによれば、「自分の健康回復」のために田舎に行きたいとする人は13％に及んでいる。セルフケアを目的として、大都市のこうした人たちがリトリート（一時的避難所）として、田舎サテライト型テレワークを行うことは十分に考えられる。

青森県弘前市では、大阪府泉佐野市のひきこもりなどの若者を対象に、「都市と地方をつなぐ就労支援カレッジ事業」を行っており、リンゴの栽培などの実地研修を行って若者を元気にする成果をあげている。

また、鳥取市に本社をおくLASSIC社は、東京の大企業のストレス者を対象に、鳥取で農作業を行う事業を開始しており、これも成果をあげている。

こうした農業などによる健康回復作業の期間に利用するのが、田舎サテライト型テレワークである。ここで会社の仕事をしたり、副業したりすることも十分に考えられる。

さらに、レスパイトケア（介護者や育児中の親の小休止）を目的とした田舎サテライト型テレワークも考えられる。10万人アンケートによれば、16％におよぶ人たちが「子育て親のリフレッシュ」のため田舎に行きたいと考えている。育児に疲れた母親が都会には多数いるということだ。こうした子育て中の若い親を対象にしたレスパイトケアの場として、ある期間田舎に滞在する。そこで会社の仕事をする、あるいは副業を行う、そのような場面で田舎サテライト型テレワークは十分に役に立つだろう。

この田舎型のテレワーカーは、副業者と同じように地方で仕事をする可能性をもつ人々となる。

新しい働き方を地方に取り込む

兼業・副業やフリーランス、テレワークといった働き方は、まさに「新しい時代」への幕開けにふさわしいものとなろうとしている。

若者がどんどん増えて高度成長を支えた「人口ボーナス期」には、会社が丸抱えする終身雇用制が成り立ったが、いまから四半世紀前に若者の労働参加が細る「人口オーナス期」に入ってから、非正規雇用やリストラ、定年延長など会社組織の不整合の勃発を弥縫策の連続でしのいできた。

いま、これが変わろうとしている。一言でいえば「人生二毛作」へ向けた働き方の変革である。兼業・副業、フリーランス、テレワークという働き方は、その兆しにあたるもので、今後、多様なかたちでますます増えていくにちがいない。

兼業・副業社会が到来すれば、学生たちの就職活動も一変するだろう。これまでのように単に立派な企業をめざすより、就職したらいずれ自分も行うことになる副業を念頭に入れて、他社に行く、あるいはフリーランスになっても使えるノウハウを積める企業が好まれることになる。

地方活力の再生を成功させるためには、こうした「新しい時代」を先取りした変化を取り込むことが肝要だと考える。

大都市に続々と生まれている副業者、フリーランス、テレワーカーという人々のもつパワーを地方に取り込むためには、二つの方法があると考える。

①地方の既存産業の足らざる人材の支援として
②地方に新しい産業を作り込むパワーとして

①「既存産業の支援として」は、福山市にみられたように、地方の足らざる人材の支援に回ることである。しかし実際に、地方の既存産業は人材

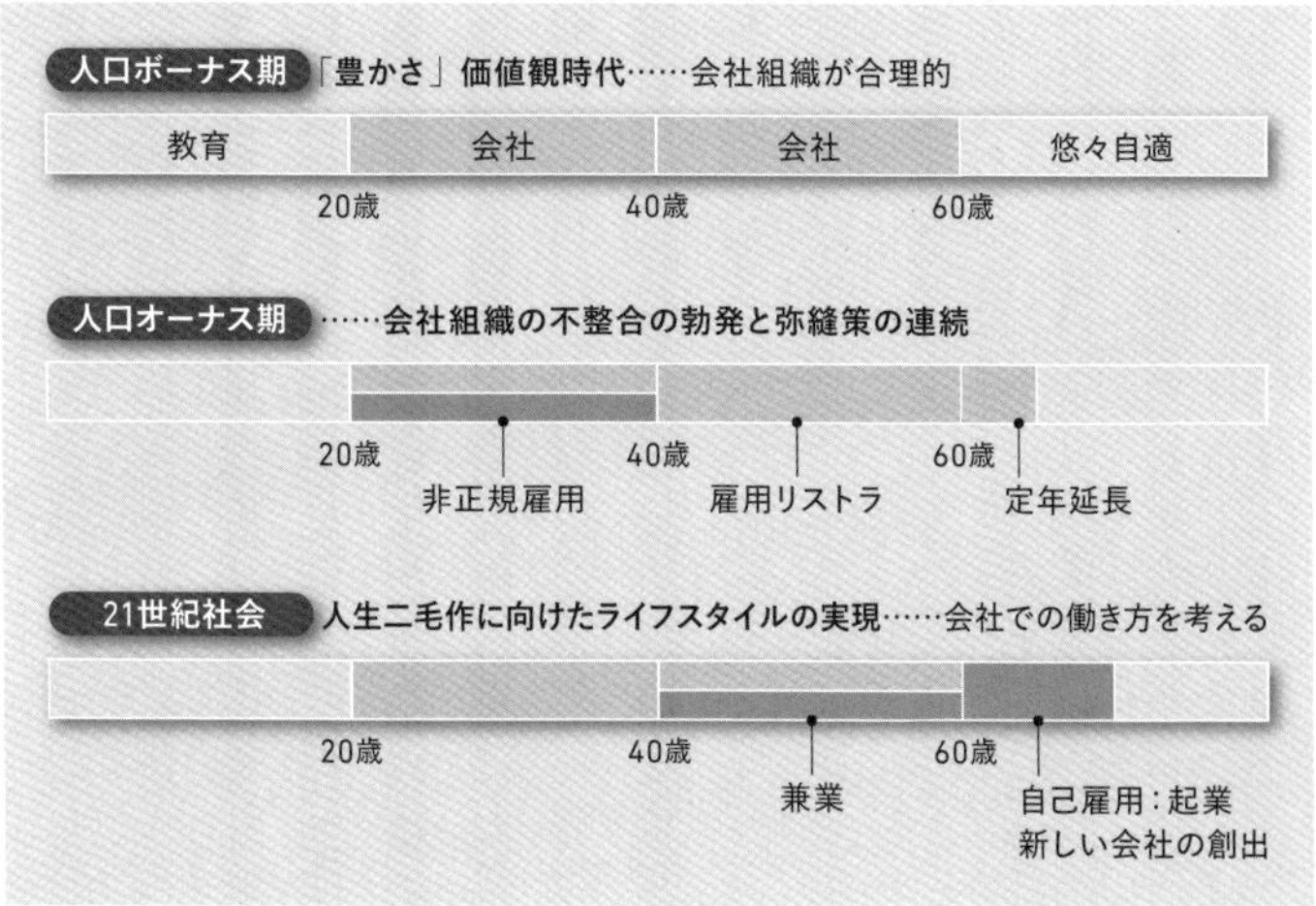

図表04▶新しい働き方：21世紀の仕組は大きく変わる

が足りないのか、このことを次節で確認したいと考える。

②「新しい産業を作り込むパワーとして」は、本書の眼目である。しかし、新しい産業といっても、地方にどのような産業を作ればよいのか、皆目見当がつかない。したがって、このことは、第2章およびそれ以降で詳しく探っていくことにしたい。

3節｜地方企業の専門職を担う副業者

地方には仕事がいっぱいある

都会の副業者の増加にともなって、地方で「兼業・副業者に限定」した人材募集が始まった。兼業・副業の進展は、地方の既存産業の足りない人材を補うことにすでに活かされはじめている。

しかし、地方の人材は本当に足りないのか。福山市や石狩市のような地方からの人材募集は続くのだろうか。

地方の産業に関して巷間言われていることは、「地方には仕事がない」という問題である。地方創生が進まないのは、このためだと言われている。

一方では、この問題に関して、「いや、そんなことはない。地方には働く場所がいっぱいある、人が足りないぐらいだ」という意見が交錯する。

この答えは、「地方には、いっぱい仕事をする場がある」が正解である。

有効求人倍率という指標がある。これによれば、大都市圏（東京、埼玉、千葉、神奈川、愛知、京都、大阪、兵庫）を除いた2018年6月の地方は、平均1.64であった。大都市圏が1.60であったので、地方のほうが求人倍率は高いのである。

兵庫県養父市の事例を紹介しよう。養父市は兵庫県の真ん中にある人口2万4千人の中山間地の都市で、農業で国家戦略特区となって頑張っているところである。

2015年に行われた養父市企業96社に対するアンケートがある。これによれば、96社全体で183人、1社あたり約2人の求人があった。そのうちいちばん多かったのは養父市の主要産業である「食品製造業」で1社あたり3.5人、「医療福祉」3.3人、「生活関連サービス業」3.1人などで養父市の産業構造を反映した求人が行われている。

したがって、地方には確かに仕事があるとみられる。

しかし、地方にはやりたい仕事がない

しかし、地方の企業はこの求人が採用に結びつかないため、人手不足に陥っている可能性が高い。こうした地方の人材不足には、雇用のミスマッチというものがありそうだ。

兵庫県養父市の2018年2月のハローワークでの求人の中味をみると、次のようであった。

養父市企業は合計378人の求人情報を出したと集計された。これは養父市内企業の従業員の5%にあたる。このうち正規社員として求人されたのは44%で半分近くあった。この数は決して少なくはない。

求人した業種は、「建設業」「一般製造業」が50人を超えるが、正社員のほかに非正規の募集も多い。また、「医療」「介護」「スーパー」などの求人も多く、その職種は一般事務や販売員のほか給食調理師や警備関係などが目立った。

このような求人情報からわかるように、問題は、少しきつい言い方になることを承知でいえば、求人

産業	求人数	構成比[%]
農業	5	1.3
林業	2	0.5
建設業	56	14.8
食品製造業	17	4.5
一般製造業	54	14.3
運送業	28	7.4
自動車整備業	13	3.4
家電量販店	10	2.6
一般スーパー	39	10.3
飲食レストラン	14	3.7
宿泊業	5	1.3
理容業	16	4.2
警備業	3	0.8
清掃業	8	2.1
学習塾	5	1.3
医療	43	11.4
介護	50	13.2
保育	10	2.6
合計	378	100.0

図表05▶養父市を勤務地とするハローワーク求人情報[2018.2]

情報を出した職種にあまり魅力がないことだ。

ハローワークの情報が新規採用ではなく期中の求人ではあるとはいえ、地元の人たちが求職することはありえても、都会から雇用者を呼ぶことは難しく、ましてや都会に出た子どもたちをUターンさせるには、力不足であることは否めない。

したがって、「地方には、いっぱい仕事をする場がある」が正解とした先の見解は、仕事をやる側から見れば「地方には、やりたい仕事がない」が正解に訂正される必要がありそうだ。

地方企業の最大の課題は人材確保

どうやら、地方企業の求人の実態を知るには、もう少し深掘りしてみる必要がありそうだ。表層的なデータでは、福山市や地方企業がなぜ副業者限定で仕事のプロを探しているのかを説明できない。

地方企業の求人を、企業が置かれている実情から導きだされる必要人材という観点から、検討してみよう。

参考にしたのは、先の兵庫県養父市の企業96社アンケート結果である。この結果は、全国の地方の企業にも多かれ少なかれあてはまると考える。

養父市の各企業は、今後事業を継続し発展させるために、次のような課題を抱えていた。

「顧客販路の拡大」を課題とする企業が30%、「既存事業の拡大や設備更新等の資金の調達」27%、「新規事業開発力の確保」18％、「新商品開発ノウハウの確保」17％など。

なかでも養父市企業がかかえているいちばん大きな課題は、人材確保の問題である。「専門的な技術・知識・経験をもった人材の確保」をあげた企業は61％、「一般の従業員の確保」40％、「後継者の確保」25％である。

この人材確保問題に対し養父市企業では、「求人に対する応募はあるが雇用したい人材がいない」が42％、「求人はしているが応募がない」26％、「雇用しても長続きしない（すぐに辞めてしまう）」20％、「求人・採用活動のノウハウ不足」13％であった。つまり、かなり苦労をしているということだ。

養父市企業では、こうした課題を抱えながら5年後にどうなっているかを聞いたところ、「拡大」を図っているだろうという企業は25％、「現状維持」であろうとするのは47％である。

しかし一方、5年後に市外へ「移転」するだろうと考えているのは4％、あるいは「事業を縮小」しているると考えるのは8％、場合によっては「事業撤退」を余儀なくされると考える企業が12％、合計25％に上る。この人材確保の問題はきわめて深刻な状況にある。

つまり、養父市企業は、人材確保などの問題解決をしないかぎり、4分の1が5年後には姿を消すことになる。これによって、地域の雇用機会をなくし、さらに人口の流出に歯止めが利かなくなる。

No.	養父市企業の課題	n	%
1	新規事業開発力の確保	17	17.7
2	新商品開発ノウハウの確保	16	16.7
3	既存事業の拡大や設備更新等の資金の調達	26	27.1
4	新規事業のための初期投資資金の調達	8	8.3
5	運転資金の調達	17	17.7
6	一般の従業員の確保	38	39.6
7	専門的な技術・知識・経験をもった人材の確保	59	61.5
8	後継者の確保	24	25.0
9	顧客販路の拡大	29	30.2
10	情報通信環境の整備	5	5.2
11	海外展開ノウハウの獲得	4	4.2
12	その他	6	6.3
13	無回答	4	4.2
	全体	96	100.0

図表06 ▶ 今後事業を継続・発展させるための課題［養父市アンケート 2015］

地方企業は「専門人材」を求めている

その人材とは何か。繰り返し述べれば、それは企業存続のためには「専門的な技術・知識・経験をもった人材の確保」が急務である、ということである。専門人材を必要としているのは、養父市企業の61％に及ぶ。

養父市の企業96社では専門人材として、「製品開発の技術者」を34％の企業が求人しており、また「マーケティングの専門職」を14％、「ＩＴの専門職」を7％、「貿易の専門職」を4％の企業が採用したいとしている。「その他」33％を合わせると90％を超える。実に多くの企業が専門職の採用を望んでいる実態がある。職種を問わなければ1社1人の専門職不足がある。

養父市企業にかぎらず、地方の企業では、専門人材が足りない現実が長年続いている。地方企業

No.	養父市企業が求める専門人材	n	%
1	法律の専門職	0	0.0
2	会計の専門職	1	1.7
3	貿易の専門職	2	3.4
4	マーケティングの専門職	8	13.6
5	ITの専門職	4	6.8
6	製品開発の技術者	20	33.9
7	その他	19	32.2
8	無回答	14	23.7
	全体	59	100.0

図表07▶採用したい専門職種［養父市アンケート 2015］

は全国で数百万社あるので、極端にいえばその分だけ専門職が補われる必要がある状態になっている。

問題は、こうした地方の既存企業が求める専門人材は、大学の新卒者では力不足だ。大都市の大学と地方企業との新卒者をめぐる合同説明会などが行われるようになってきたので、地方企業の一般従業員確保のニーズに応える環境ができはじめた。しかし、地方企業が存続していくために求める専門職は、ある程度、しかるべき企業で経験を積んでプロフェッションを確立した人でなければ対応できない。

移住して応じてくれる専門人材の確保は、夢のまた夢の状態が続いているので、これに依存するわけにはいかない。だから30～50歳代の副業者が求められていることになる。

地方の企業は専門人材が必要にもかかわらず、これまで充たされることはなかったが、ここにきてようやく都会の副業者がそのノウハウを生かして支援する機が熟してきた。

副業者と地方企業のマッチングの仕組

この機を生かし、都会の副業者などが地方の既存企業と結合するしっかりした仕組を作っておくことが重要と思われる。三つあげる。

ひとつは、政府や民間会社、NPOなどが推進するマッチングの仕組である。

政府は、2016年より「プロフェショナル人材戦略拠点」を全国道府県に設けた。これは地域の企業が求める人材ニーズをきめの細かい情報として引き出し、求職者がチャレンジしてみたい求人情報として発信する。これを、各地域にある人材ビジネス事業者がもつ求職情報とマッチングさせる。あるいは、大都市にある転職仲介ビジネスのネットワーク上に特定企業の求人特設サイトを設けてマッチングさせる、ということが行われている。

また政府は、2018年より「地域中小企業人材確保支援等事業（中核人材確保スキーム事業）」として、地方企業の求人と都会の人材のマッチング事業を開始した。これはいくつかの仲介企業を選定して、その仲介企業が決める分野に応じて求人・求職者のマッチングを試行的に行うものである。

これらは、もとより副業者限定のマッチングも行われる。

思えば時代がずいぶん変わった。10年前には、東京商工会議所が音頭をとって地方の商工会と連携しながら、都会のリタイア者を地方の企業に向かわせようとしたことがあった。「生涯現役」社会である。

しかし、高齢者を地方に向かわせるのではなく、現役バリバリの副業者と地方の既存企業をマッチングする時代となった。

まずはこのような政府のマッチング制度をしっかり活用することだ。加えて、民間の転職仲介サイトを活用する。

さらに今後、多様なチャネルの登場が期待される。リアルな公募の場があってもよい。ある市町村の企業何社かが大都市の募集セミナー会場にでかけ、対面で募集活動を行う。例えば、ＮＰＯふるさと回帰支援センターはその活動をすでに開始している。このようなチャネルを多面的に増やしていくことが必要となる。

これらを活用して、大都市の副業者と地方の既存企業の新結合を行うべき時代が到来した。

副業者の企業人城下町づくり

個別企業と副業者個人をマッチングさせるために、政府や民間人材仲介会社のネットワークを活用することは重要である。しかし、もっと泥臭いアナログ的な方法はないか。

地方企業と都会副業者のマッチング法の二つ目は、副業者の「企業人城下町」をつくる、という仕組である。

かつて、企業誘致が華やかなりしころ、地方の行政担当者が大都市企業を訪問する姿があった。しかし今回の場合、地方の特定企業に都会の不特定の副業者を呼び寄せることになるため、かつての企業誘致の方法はとりづらい。

ここで考え方をもう一回転させ、呼び寄せるのは不特定の副業者でなく、大都市の「特定」企業の副業者を対象にする、ということが考えられないだろうか。

大都市のある特定の大企業が副業制度を採用した場合、この1社からさまざまな分野の多くの専門家が地方で副業に従事する機会が生まれる。一方、先にみたように、養父市だけでも製品開発、マーケティング、IT、貿易実務など多様な専門家が多数の企業で必要とされているので、この大企業1社の副業者で養父市企業全体のニーズに応えることが可能になるかもしれない。

大都市の企業側にとっても、特定の地方と結びつくことは、副業者を送りだしやすくなるというメリットも生まれるだろう。

これは、副業者による企業人城下町である。1社でなく複数社になることもあろう。特定市町村企業の多様な専門職ニーズと、特定企業の副業者の多様なノウハウを結びつける。一企業と一自治体のOne to Oneでありながら、複数の副業者と複数の企業を結びつけるMany to Manyの仕組を市町村自らがつくるのである。

だから昔のように、地方の担当者は企業人誘致のため、地元企業の専門職求人情報を鞄に詰めて、大都市に狙いを定めた副業制度を導入した企業巡りを復活させる必要があるかもしれない。

ついでに言っておくと、大都市の企業は地方の既存企業の足りない「専門職」を支援するばかりではなく、地方の「農業」を支援することがありうる。もとより、食品企業や流通企業では自社の原材料確保のため、すでに農業に参入している。それ以外に、気のきいた一般企業では、自社の雇用の安定のために「農業」を新規事業や副業人事制度に取り入れることが始まっている。[★10] したがって、担当者の鞄の中には農業関連のリストもしのばせておくことが賢明となる。

もうひとつ付け加えておくと、政府は企業版ふるさと納税の減税措置を拡充し、九割減税にすることにした。低迷を続ける企業版ふるさと納税のインセンティブを高める措置である。しかし、企業版ふるさと納税の最大の問題は、個人の場合は返礼品があるというメリットがあるが、企業にとってどれだけの意味があるのか、不明なことである。

ここに、兼業・副業を採用する企業が、地方に企業人城下町をつくることになれば、自社の副業者が地方企業の専門家として活躍する一方、自社の社員が都会とその地方で二地域居住生活を送ることになる。そのときに地元では道路の利用、ゴミ出しなどの費用が発生する。その費用を企業版ふるさと納税で負担することが考えられる。

また、自社の副業者が地方に出向いた場合、その地元で起業する場合だってあるだろう。そのときの起業原資として企業版ふるさと納税は有効に機能するとみられる。

地方雇用での「同業他社」要件の緩和

地方企業の「専門職」のニーズは高いため、都会の副業者が地方企業に非常勤にせよ雇用されることはこれからますます増えてくるだろう。

さらに都会の副業者と地方企業のマッチングを推進する三つ目の仕組として、次の追加的政策措置を急ぎ取ることを期待したい。

地方で兼業・副業するさいの「同業他社」要件の取り扱いを緩和することである。

副業は法律で禁止されているわけではなく、本業への支障、会社情報の漏えい、会社イメージの低下などを理由に企業の独自の判断で「原則禁止」とされてきた。今後は、働き方改革や副業社会の進展などで、「原則禁止」を掲げる企業は少なくなってくるだろう。

しかし問題は、副業の内容いかんによっては、会社情報の漏えいをめぐって企業が自社の副業者と係争する場合がありうることだ。こうした係争におけるこれまでの司法の判断では、副業は「過度の疲労を蓄積しない程度」で、「同業でなく」、「イメージの低下につながらない」分野であれば問題ないという判例★11が示されている。

一般的には副業者の就業先として、「同業他社」は認められない可能性が高い。ノウハウが簡単に移転してしまう怖れがあるためである。

この要件を、大都市の副業者が地方の企業に専門家として赴く場合、「同業であっても地方の小さな企業」の場合は認める必要があると考える。

例えば、地方に食品会社は多いが、食品のグローバル化にともない「食品の安全性」という国際基準、ＷＨＯのコーディクス委員会の基準やＩＳＯの基準、農産物の国際認証制度グローバルＧＡＰなどの基準を満たさなければ輸出すらできない。こうした基準を満たす環境を整えるための高いノウハウは、地方に多くは存在しない。したがって、東京の大手食品企業の従業員が地方の中堅・中小の企業に副業として働けるようにすれば、地方食品企業の輸出能力を高めることにつながる。

同様に、地方が求めている「製品開発の技術者」「マーケティングの専門職」「ＩＴの専門職」「貿易の専門職」などジョブ型の専門職種であれば、大企業の従業員が地方の同業他社であっても副業に赴けるようにすることが検討されてよい。

それらのジョブのノウハウ所有者はその業種の付加価値の源泉のありかも知っているので、これが引っ掛かる可能性がある。それを、あえて地方の小さな同業他社であればOKにする。

そうすれば副業者本人の専門性が生かせることになり、ノウハウの積極的な流出が地方企業の底上げに役立つ。こうした副業者を通した大都市企業と地方企業のつながりは、地方企業の総潰れを回避させるとともに、新しい企業関係をわが国につくることにつながる。

何をもって地方企業というのか、何をもって同業他社というのか定義を明確にして、兼業・副業者が地方で働きやすい環境を早急につくる必要がある。

このことは、以前から言ってきたことであるが、政府はまともに検討している気配がみえない。兼業・副業者が地方企業の支援に回っている実態が急速に進んでいるのであるから、急ぎ対応を図らないと思わぬトラブルを招き、この機運を台無しにしてしまうことを危惧する。

第2章 既存産業に代わる「情報通信業」と「研究・技術サービス業」

1節 既存産業では地方の格差は埋まらない

1980年になくなった格差

副業者の力を借りて、地方は既存企業の専門人材を調達する環境が整いつつある。

しかし、地方は既存企業が充実するだけで、今後、成り立っていけるのだろうか。

ここに、次のような議論がある。

「地方は給料が安いのではないか。だから人がいなくなり、誰も行かない」。

つまり地方の給料が安いから人々は離れ、誰も寄りつこうとしない。そのため地方は疲弊している、既存産業では生活できないのではないかという議論である。

これは本当なのか。

しかし、1982（昭和57）年の国民生活白書★12は、「大都市と地方の格差はなくなった」と言っていたはずである。この白書では、1965（昭和40）年と1980（昭和55）年の都市階級ごとに地域の家計分析を行っている。とくに強い印象が残る分析であったので、数字が並び読みにくいと思うが、少し紹介したい。

なお、以下の分析は、都市階級別にしているので、あらかじめその分類を示しておく。

▼大都市（政令市＋東京23区）　▼中都市（上記以外の人口15万人以上）
▼小都市A（5〜15万人）　▼小都市B（5万人未満）　▼町村

1982年といえば、国をあげて東京一極集中の問題を解決するため、さまざまな工夫がなされた時期であり、国民生活白書もこれを意識して都市階級別の分析を行ったものと思われるが、これは重要な視点であったと考える。

同年の国民生活白書が何を語ったかをみておこう。

まず、大都市と地方の所得格差についてである。勤労者の世帯当たりの所得（実収入）は、全国平均を100とすると、1965年時点で、大都市113、町村86と27ポイントの大きな差があった。それが1980年には、大都市が99で第2位になり町村が98であったので、差はなくなった。大都市と町村の所得格差は、15年間に27ポイントから1ポイントへ、大きく差が縮まったのである。

白書はさらに、支出にあたる消費支出について都市階級別の分析を行い、その結果として、家計の「黒字」について分析している。

それによれば、1965年当時は黒字幅に都市階級ごとの差はあまりなかった。全国を100とすると、大都市102、中都市104、小都市A 100、小都市B 105、町村88であった。町村の黒字幅は小さいものの、大都市は所得が高いにもかかわらず多くの消費をしたために、小都市Bよりも黒字幅が小さい状況にあった。

これが1980年では、大都市89、中都市99、小都市A 100、小都市B 101、町村109となって、大都市の黒字額が最も少なく、町村が最も大きくなった。大都市の家計の黒字額は、町村の八割にすぎない状況になったのである。

つまり、地方のほうが暮らしに「ゆとり」がもてるようになったのである。

白書は、むすびに次のように書いている。「大都市部と地方部という地域の視点から国民の暮らしをみる時、その全般的な生活水準や生活条件には、かつてのような明確な大都市部優位の格差がみられなくなっている」。

この格差が縮まった理由について1982年の国民生活白書は言及していないが、後に述べるように、おそらく工業の地方への分散にかかわる工業拠点開発などが全国各地で1965年前後から具体化したため、1980年には地方の所得が急激に上昇したと考えられる。

地方のほうが黒字幅は大きい

1980年以降について、筆者なりに家計調査年報の勤労世帯を追跡してみた。結果は以下のようである。

1980年には、大都市と地方では、ほとんど世帯所得格差がみられなくなった。

これを追跡するかたちでこれを延長して今日までの動向をみておくと、1980年を起点としてその後、2000年、2015年においても、世帯所得の全国格差はほとんどみられないことが確認される。つまり、1980年に達成された所得の全国格差の解消は、今日まで続いているのである（図表08）。

この所得から、税金や社会保険料など世帯の自由にならない非消費支出を差し引いたものが、可処分所得となる。大都市と地方では所得が同じなので可処分所得も差がない。

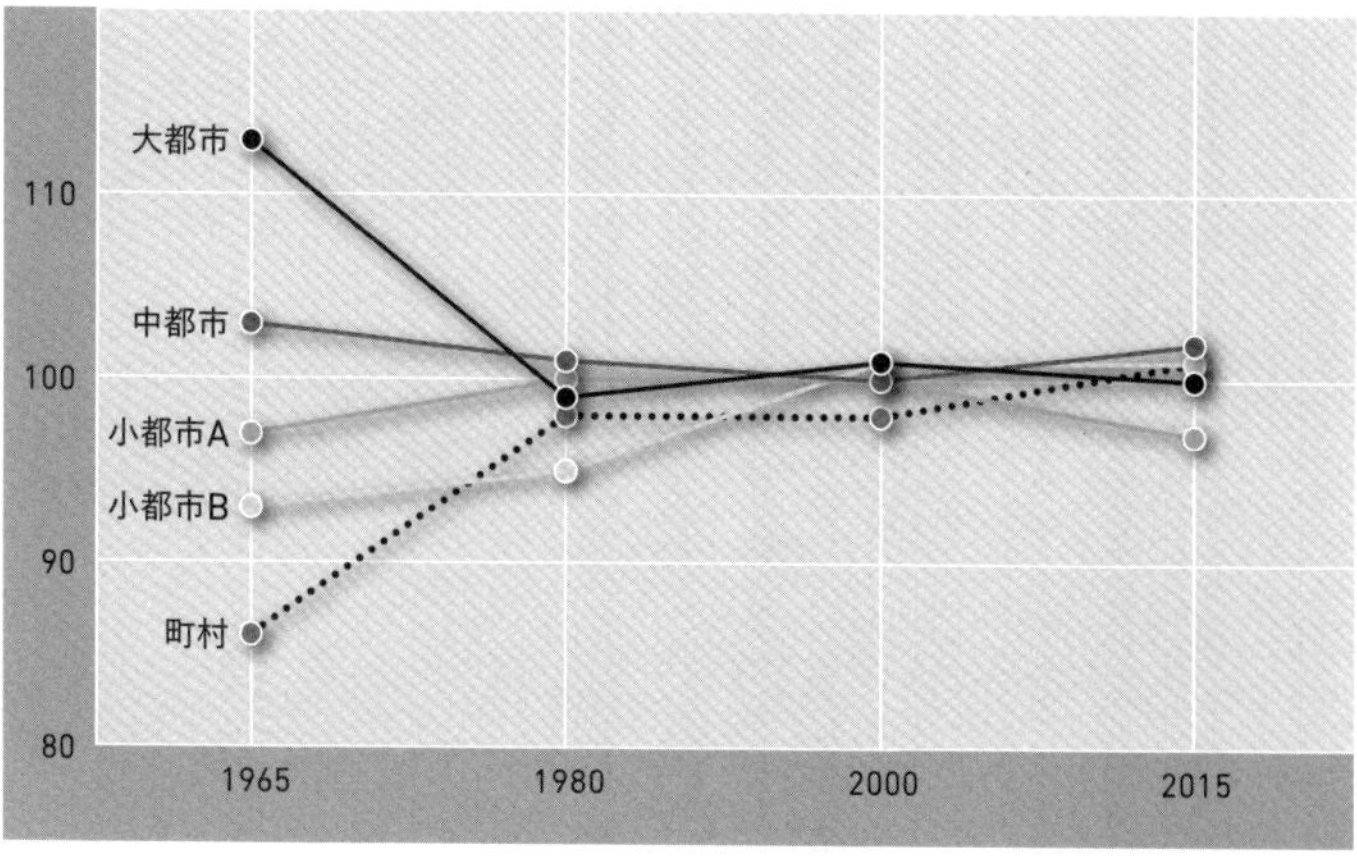

図表08▶世帯所得の水準［全国=100］

この可処分所得に対する消費支出の割合を消費性向という。消費性向は、大都市と地方で差がみられ、大都市のほうが高い。所得の大都市・地方間の差がなくなった1980年では、大都市の消費性向が小都市B・町村（以下、田舎と呼ぶ）より4ポイント高く、2015年ではその差は縮まったものの2ポイント大都市のほうが高い。

お金の使い方には大都市と田舎では違いがある。大都市で田舎より多くお金を使っているのは、塾通いの「教育費」、物価が高く自給自足が難しい「食料費」、地価の高さによる「住居費」などがある。一方、田舎が大都市より大きいのは、自動車がないと生活できない「交通通信費」、子どもへの仕送りの「その他費」などである。

子連れで東京から移って田舎暮らしを始めた筆者の若い友人は、「月初めに5,000円の小遣いを財布に入れたのだけど、月の終わりにそのまま残っていた」と半分嬉しそうに半分さみしそうに語る。これは田舎暮らしのひとつの象徴的な例であるが、要するに大都市のほうがお金を多く使わないと生活が維持できないという状態になっている。

したがって、黒字幅は地方のほうが大きい状況にあるのが現在である。

この傾向は、先に述べたように、1980年から始まっている。2000年、2015年と若干の差はあるが、一貫して地方の黒字幅は大都市を上回っている状況が続いている。

つまり、1982年の国民生活白書が喝破したように、「地方のほうが住みやすい」という状況がそれ以降今日まで続いているのである。

　では、なぜ地方創生が必要なのか、という問いがここに生まれる。

　地方から人がいなくなり、地方が疲弊しきっているから地方創生が必要だと言われている。が、何のことはない、地方のほうが暮らしやすいのだから、何のてこ入れも必要ないではないかという意見が生まれることがありうる。

　しかし、それは本当なのか。

世帯主には格差がある［妻の収入に支えられる地方］

　大都市と地方の世帯の所得の平準化は、実は、地方では妻の収入に支えられているところが多いのが実態である。

　妻の収入の世帯全体の所得に占める割合は、1965年では大都市の2.5％に対し、田舎では8.0

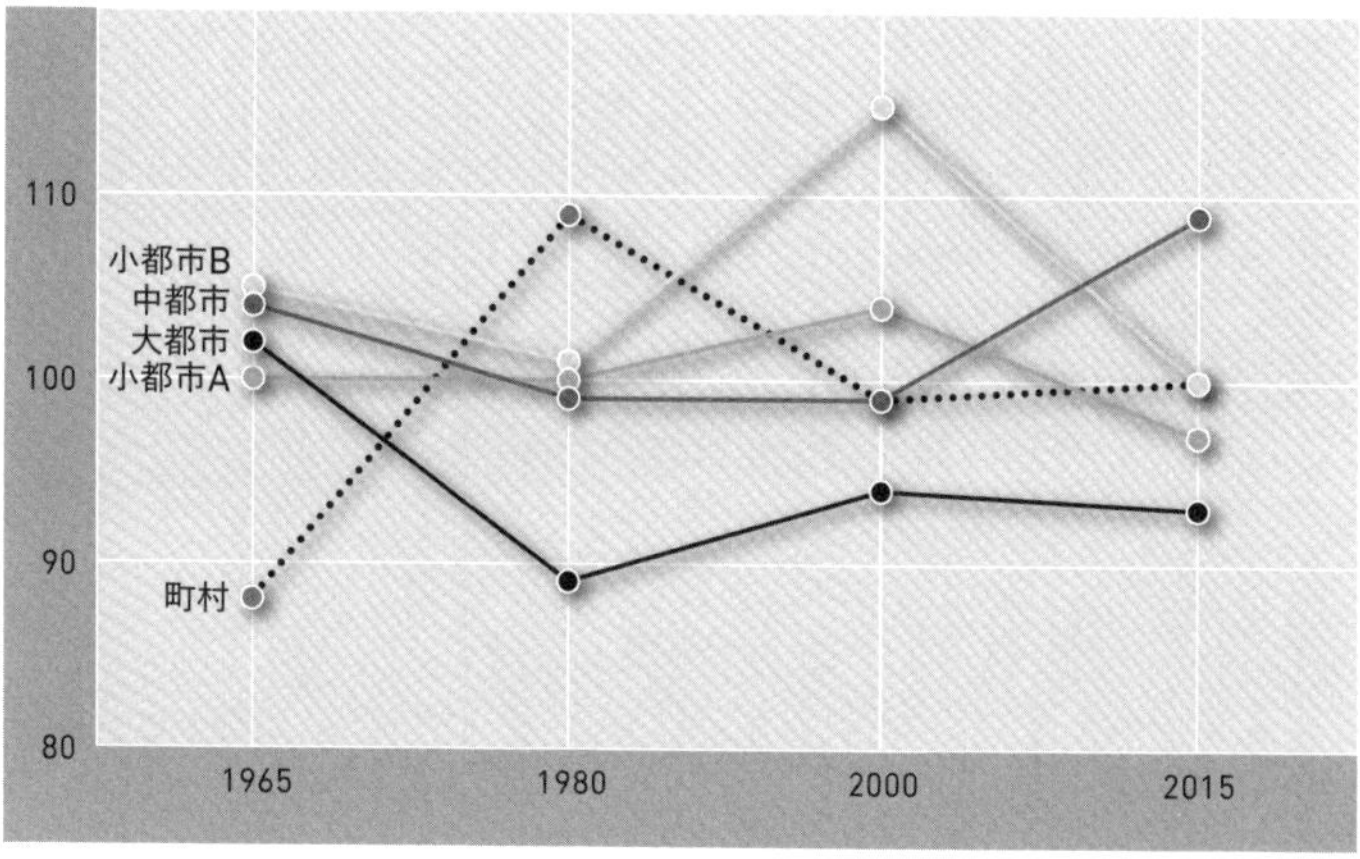

図表09▶黒字額の水準［全国=100］

%であった。この差は5.5ポイントである。

この傾向は今日まで続いており、2015年では大都市10.1％、田舎15.7％で依然として5.6ポイントの差が続いている。

つまり田舎の世帯収入は、妻の収入によって大都市並みになっているということだ。とくに重要なことは、妻の収入が家計を支える構図は年々拡大していることである。田舎では妻の収入の大きさの結果が、大都市との所得の格差を解消するのに大きく貢献していることになる。したがって、地方では世帯主の所得は、大都市に比べて低い状況にあることになる。先に述べた「地方は給料が安いのではないか」という疑問に応えるために、世帯主の収入をみてみよう。

これには大きな差がある。

1965年当時は、大都市の世帯主の収入水準が114に対して田舎が85であり、言いかえれば田舎の世帯主は大都市の七割の給与水準であった。三割の差があったのである。

これが、1980年には大都市104、田舎は93で、その差は一割まで縮まった。そして、2015年の今日でも大都市105、田舎の97で、依然として一割近い所得格差が続いている状況にある。

世帯主の収入には格差があると言わねばならないだろう。

だから「地方は給料が安いのではないか」という問いの答えは、"Yes"であることになる。これが、1980年から今日まで35年間続いている。

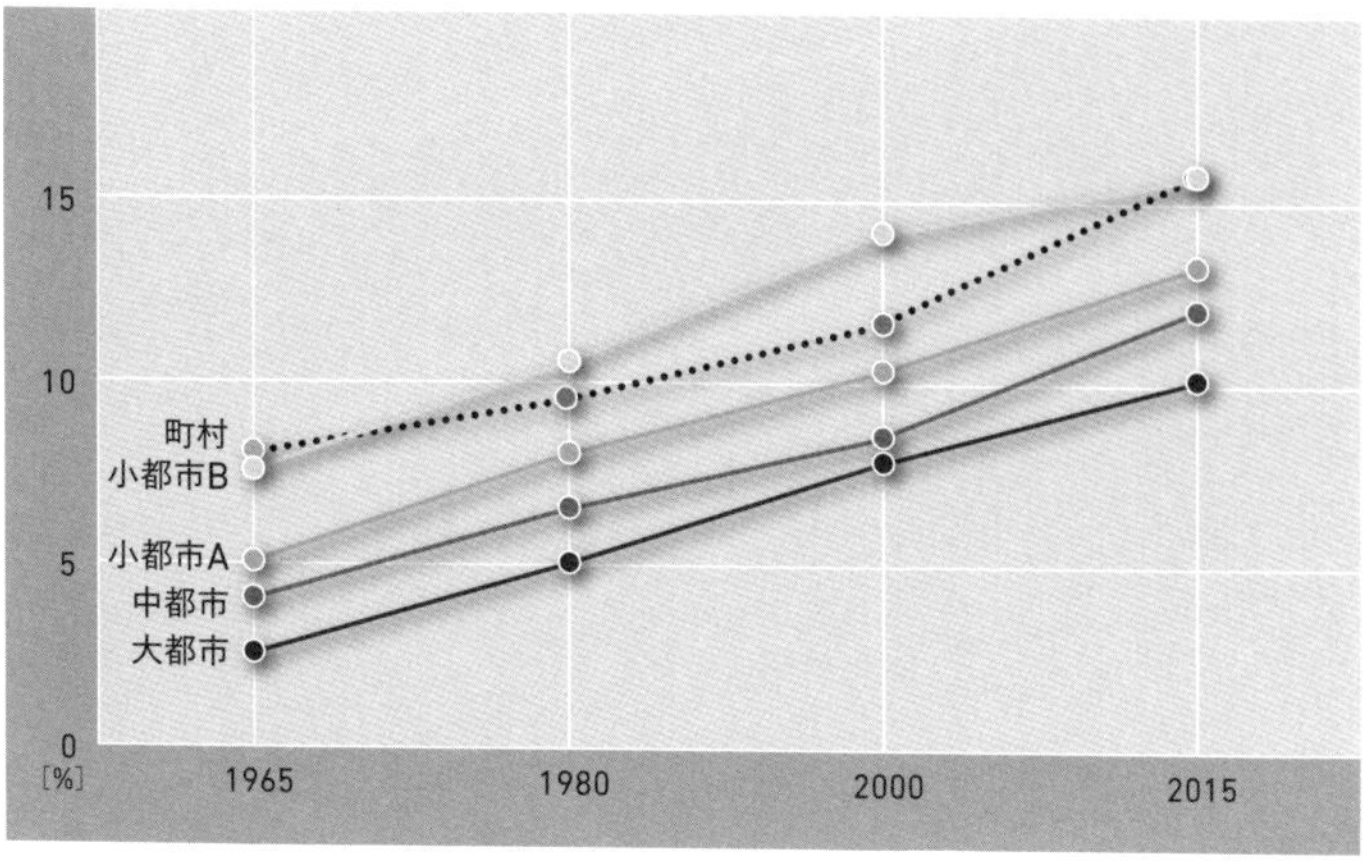

図表10▶世帯所得に占める妻の収入[%]

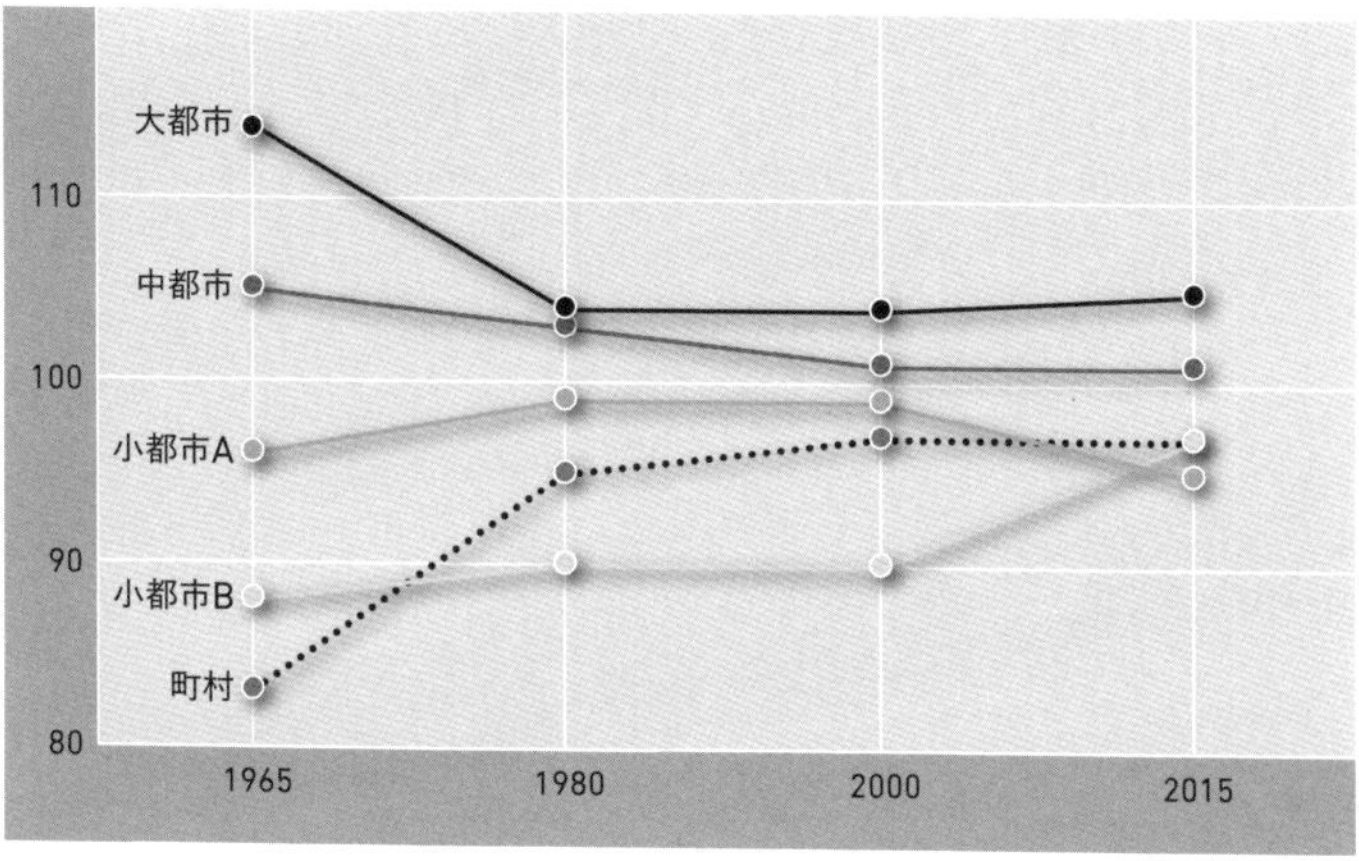

図表11▶世帯主収入の水準[全国=100]

地方のほうが給料は安いのである。大都市にくらべて地方では世帯主収入は一割も低い現実がある。

産業構造による賃金格差3%

それでは、なぜ世帯主の所得格差が生まれているのか。

大都市と地方の世帯主の一割の賃金格差の原因のひとつは、大都市と地方の産業構造の違いにある。もとより、賃金は産業によって異なる。2015年の賃金センサスによれば、男子の全産業の平均の賃金は月収34万円である。最も高いのが金融保険業の48万円、そして情報通信業の41万円である。一方、賃金が低いのは、宿泊・飲食業の27万円をはじめとして、運輸業とサービス業、生活関連サービス・娯楽業の28万円などがある。製造業も32万円で、決して賃金は高くない状況にあることが確認される。産業によって、10~20万円も賃金差がある。

産業ごとに賃金が異なるため、地方の産業がどのような構成になっているかによって、地域平均の賃金水準を決めてしまう。

産業集積の構造は、大都市と地方で大きく異なる。大都市に特徴的に集積している産業は、情報通信業、金融保険業、研究・技術サービス業などである。一方、田舎に特徴的に集積しているのは、製造業、建設業、医療福祉業である。

とくに情報通信業と金融業は大都市にのみに存在し、田舎ではほとんど存在しない。

まず、この違いが、大都市と地方とでの賃金格差を生んでいる。大都市には賃金の高い産業が集積し、地方には賃金がそう高くはない産業が集中しているために、男子従業員の賃金格差が生じている。

この産業構造の違いが生んでいる賃金格差は、全国を100とすると、大都市では101.0の賃金水準にあり、田舎は98.0の水準となっている。したがって、産業構造の違いから、田舎では大都市より3.0％（＝98.0÷101.0）賃金が低くなっていることになる。

企業規模による賃金格差7％

また、賃金の差は、企業規模でも異なる。

従業者数1,000人以上の大企業では月収39万円であるのに対し、100～999人の中企業では32万

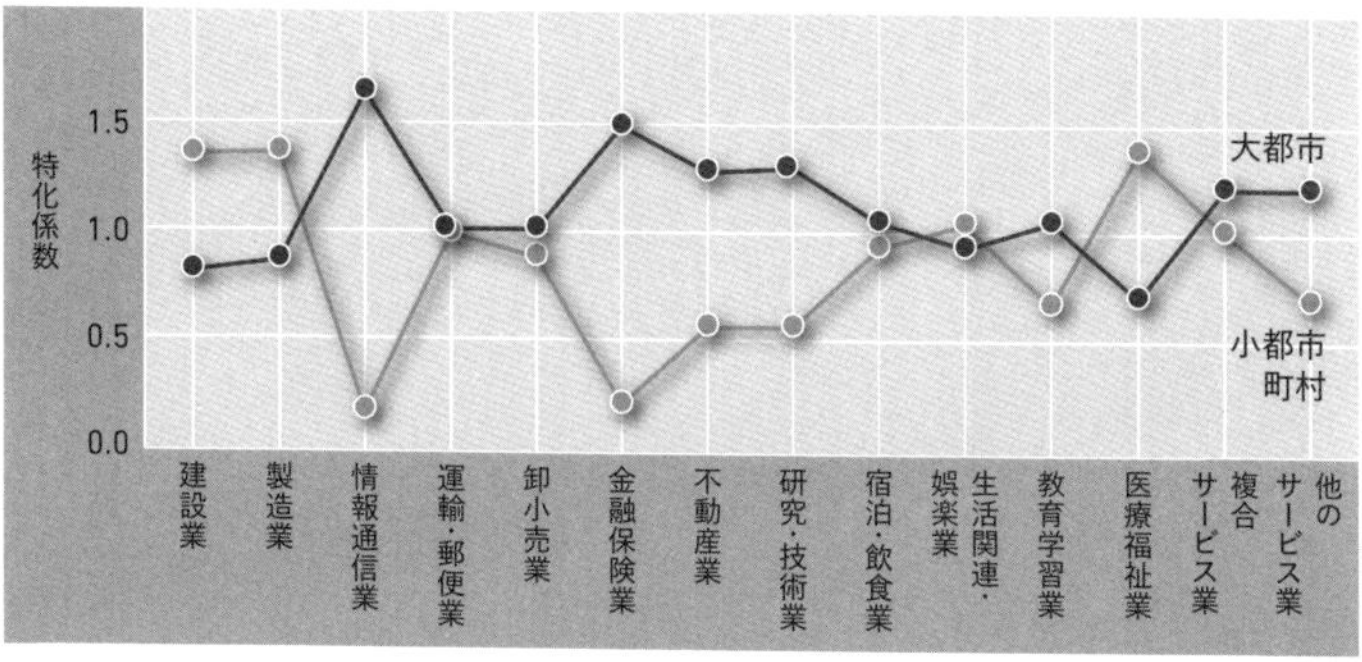

図表12▶大都市と田舎の産業集積の違い［賃金センサス2016；中都市は除外］

	全国	大都市	中都市	小都市／町村
産業別賃金の加重平均［千円／月］	333.3	336.5	333.1	326.8
同上　水準	100.0	101.0	99.9	98.0

図表13▶産業構造による賃金格差

円、100人未満の小企業では29万円であり、大企業と小企業では賃金差は10万円に及ぶ。言い方をかえれば、小企業では大企業の74％の賃金にある。

このように企業規模の違いで賃金が大きく異なっており、この違いが地方の賃金を押し下げている。大都市と地方では、大企業に勤める従業者数は大きく違う。大都市では従業者の25％が大企業に勤めているのに対し、中都市では9％、小都市・町村では6％にすぎない。

この違いが賃金格差を生んでいる。

したがって全国を100とすると、企業規模の違いから、大都市では103.2の賃金水準であるのに対し、田舎は95.1の水準となっている。企業規模の違いから、田舎では大都市より7.8％（＝95.1÷103.2）賃金が低くなっている。

地方の賃金格差―割の正体

地方の賃金格差は、産業構造の違いによって田舎では3.0％の賃金格差が生まれており、また企業規模の違いによって田舎では7.8％の賃金格差が生まれている。

以上から、大都市に比べて田舎の賃金が低いことの原因が説明できる。すなわち、

｛（1－3.0）％（産業構造格差）｝×｛（1－7.8）％（企業規模格差）｝
＝田舎の賃金格差89.4％

が、大都市に比べた田舎の賃金格差となる。約一割である。

この一割の差は、先に分析した家計調査年報の世帯主の賃金格差の一割と同じである。

繰り返し述べれば、その差一割の原因は、3分の1にあたる3%が産業構造の違いによるものであり、3分の2にあたる7%が企業規模の違いによるものである。


地方の賃金差が東京から子どもたちを戻さない

世帯主の給料は、田舎は大都市より一割も低い。この差はたいしたことがないといえばそうなのだが、大都市の世帯主が35万円の賃金をもらっているのに、田舎では31万円しかもらえていないということである。その差を奥方の収入で補足している。

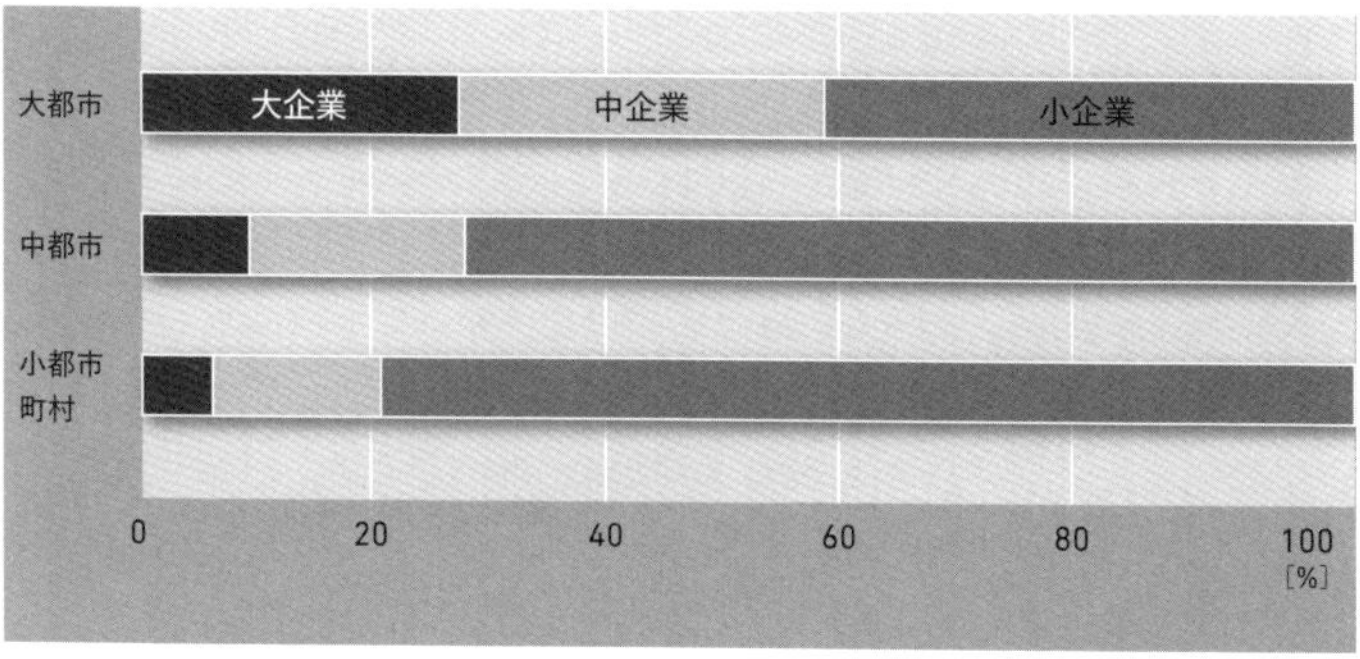

図表14▶都市規模別・雇用者の就業先［経済センサス2016］

	全国	大都市	中都市	小都市／町村
企業規模別賃金の加重平均［千円／月］	314.0	324.1	302.7	298.6
同上　水準	100.0	103.2	96.4	95.1

図表15▶企業規模による賃金格差

田舎にまともな企業が少ないため、周辺の中都市に通勤して給料を得ている人も多いだろう。しかし、依然として大都市に比べ、給料が低いのである。

このことがひとつの要因になって、地方の人たちを大都市に導き、大都市に出た子どもたちを大都市に留め置く結果になっている可能性が高いと考えられる。

問題の根源は、どうやらここにありそうだ。

地方の人たちが東京に出ていく理由については、さまざまな意見がある。大学入学のためだ、いや東京の生活にあこがれているからだ、いや仕事を求めて行くのさ、などさまざまである。どれも正しいのだろう。

少し厳密な議論をすると、東京都が行った理由別転出入の調査[★13]によれば、地方から東京へ移動する最大の理由は、職業的理由、仕事のためである。これが最も多い。次いで大学入学、そして都会の生活の順になる。

しかし一方、転出者も多いので、その差をとった転入超過をみると、「入学」の転入超過を100の大きさとすると「都会の生活」は25に過ぎず、また「職業的理由」は転入超過ゼロ、転入も多いが転出も同じように多い。したがって、地方の人たちが東京に出ていく理由は「大学入学のためだ」という意見が正しいことになる。地方から東京の大学入学が、転入超過の最も大きい唯一といってもいい要因となっているのである。

東京都の調査では、大学に入学した子どもたちの六割は地方に戻ってこない。これは重要な事実である。地方の17歳人口の3分の1に近い27％が大都市の大学に行き★14、その六割は戻らず、残り四割は33歳を平均にして徐々に帰ってくるので★15、地方は結局17歳人口の20％〔＝27％×｛0.6＋0.4×0.37（18〜60歳のうちの16年間）｝〕を失い続けている。これは、地方人口の0.2％にあたる★16。地方から人口全体の0.2〜0.3％が毎年大都市へ漏出が続いていることとは、このことである。

だから、地方の人口減少のほとんどを占める原因は、東京の大学に行った子どもたちが戻らないことによる。このことが、地方の人口減少の最大にして唯一の原因になっている。このことは、地方の人口減少の議論を右往左往させないためにも、是非、確認してほしい。

この地方17歳人口の3分の1に及ぶ大都市大学への流出と六割が戻らないという原因は、これまで述べてきた大都市との所得格差の問題、そしてすでに述べたように地方には専門職のニーズは高いものの、都会に出た大学新卒者にとって「やりたい仕事がない」という問題に帰着する。

地方に新しい産業を作り込むほかない

地方の現在の産業構造がもたらす賃金格差が3％、企業規模がもたらす格差が7％、つまり既存産業がもたらす大都市との賃金格差は合計一割。一見大したことはない賃金格差ではある。

しかし、これが1980年から今日まで35年間も続いている。1965年には三割の賃金格差であったものが、

1980年には一割に縮まった。しかしそれ以降、変わらず一割の賃金格差が今日まで続いている。

これが地方の子どもたちを東京に行かせ、東京から戻らないことによって、今日でも地方の人口が毎年0.2～0.3％滲みだすがごとく減り続ける最大の要因であるなら、何らかの対策は不可欠である。

だからといって、地方に立派な大学をつくる、地方の中心都市の職場が防波堤になって子どもたちが東京の大学に行くことを防ぐ、など長年やってきてできもしなかったことを、ことさらあげつらうことはもうやめよう。

「このうるわしき天地に　父も安かれ母もまて
学びの業の成る時に　錦かざりて帰るまで」

これは、明治時代の詩人、小説家である福岡県甘木出身の宮崎湖処子が早稲田大学卒業後に小説「帰省」に綴ったものである。

わが国ではこれに似た望郷の念を表す童謡が数多く歌い継がれているが、これに対し東京一極集中を是認しナショナリズムを煽るものであるとする意見があるのも事実である。

しかしそうは言っても現実には子どもたちは、いまでも一度は東京をめざす。錦をかざって世界に飛び立つ人もあろう。そしてプロとしての錦を地元で飾りたい人もいるだろう。

これは止めようのないことである。この現実を見据えたうえでの対策が必要なのである。

答えはひとつしかない。

それは、既存産業への依存から脱皮し、もう一歩前進するしかない。そのためには、地方は新しい産業を作り込む次の一手を模索するしかないと考えるのである。

2節　副業パワーと地方の「新しい産業」づくり

地方の「新しい産業」づくりに副業者のノウハウを活かす

地方の既存企業には、専門職の人材が埋まらないことと、大都市とくらべて一割もの賃金格差がある現実が続いている。

だから、都会の副業者などが、地方の既存産業の足らざる部分の支援に回ることは非常に重要なことである。これが燎原の火のように広まることを期待する。

しかし、副業者のパワーが地方の既存産業の支援を行うとしても、地方の既存産業の産業構造そのものが一割の賃金格差を生み、これが地方の疲弊の根源であるとするなら、その既存産業をいくら支援しても地方が活力をもつことはおぼつかない。副業者の支援によって既存産業が活力を復元するまで、地方は持ちこたえられるのかの問題を孕みつづけることになる。

とどのつまり、地方は「新しい産業」づくりが求められている。

大都市で続々と生まれている副業者、フリーランス、テレワーカーを誘導して、この地方の「新しい産業」づくりに一肌脱いでもらいたいのである。

副業社会の到来は、さまざまな点で新しい可能性を秘めている。人々のライフスタイルは大きく変わるだろうし、働き方もこれまでの硬直したものから柔軟で豊かなものへと変わっていくだろう。

このような重大な変化をもたらす副業社会の入口において、この変化そのものに、地方の活力向上の力が生まれるようなある種の構造を埋め込みたいと考える。

そのひとつが、これまで述べた既存産業を支援することである。

そしていまひとつが、一歩進んで、副業者などのパワーが地方の「新しい産業づくり」の担い手になる構造をビルトインすることである。

地方は、こうした新しい時代を先取りした変化を取り込むことが肝要だと考える。

地方の「新しい産業」をどこに求めるのか

地方に「新しい産業」を作り込むことしか、もはや地方に選択肢はないように思える。外部から新しい企業や産業の担い手を「誘導」し育成することを通して「新しい産業」を作り込む。こうした視点がなければ、地方はもたないと結論される。

しかし、地方の「新しい産業」とは何なのか。地方は新しい産業を作り込むために、どのような産業を誘導し育成すべきか。

すでにみたように、産業構造の違いからみると、大都市では賃金が高い情報通信業、研究・技術サービス業（正式には学術研究、専門・技術サービス業）、教育学習業、金融保険業の四つが地方に比べ大きな割合を持っているのに対し、小都市・町村の田舎では賃金がそれほど高くない製造業、建設業、医療福祉業の三つに特化している。

この違いが、大都市と田舎のあいだで3％の賃金格差を生んでいる。

したがって、大都市が有利な「情報通信業」「研究・技術サービス業」「教育学習業」「金融保険業」の四つの産業などを地方に呼び込むことができれば、賃金格差は解消するはずである。

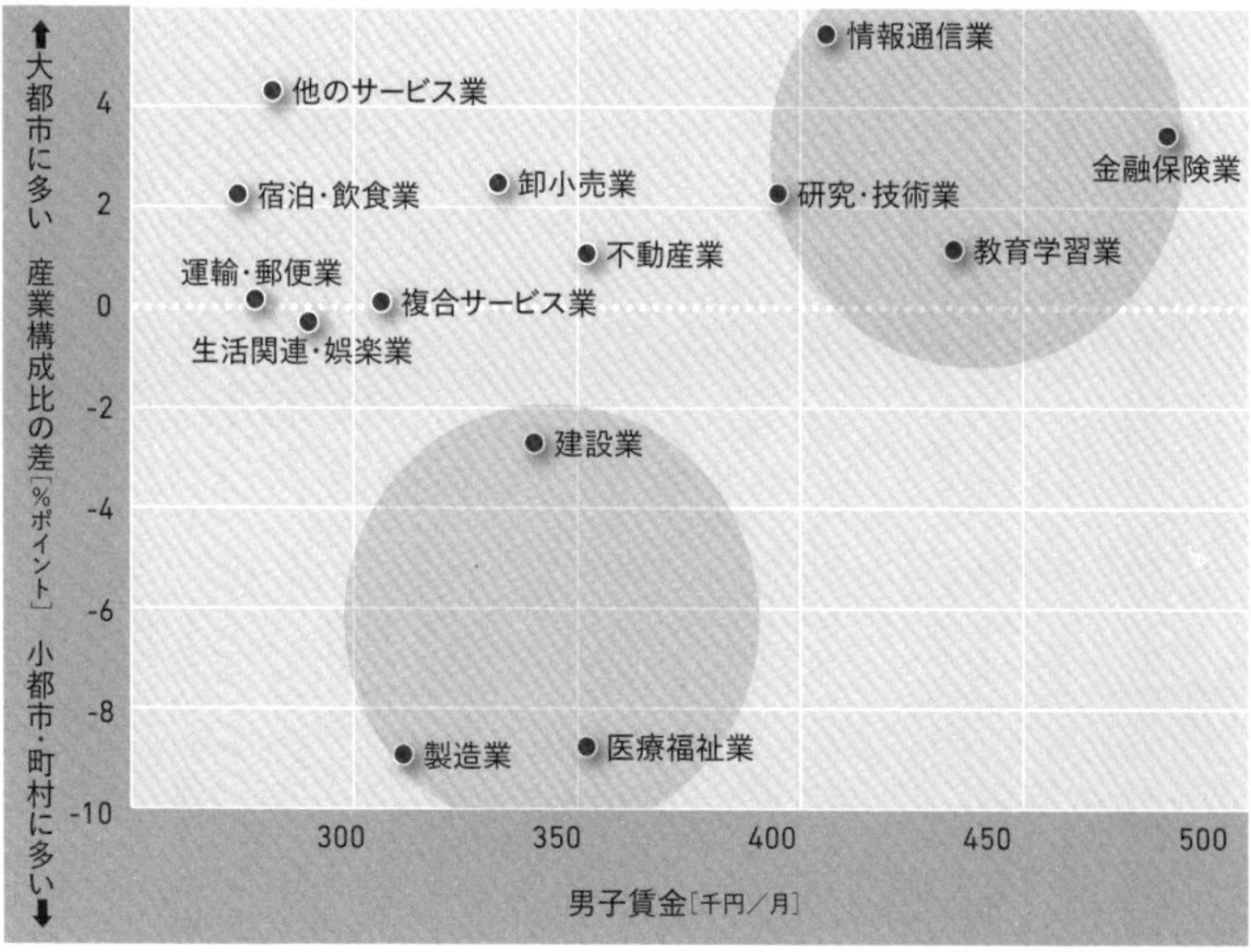

図表16 ▶ 大都市と小都市・町村の産業集積と賃金［賃金センサス2015、経済センサス2016］

地方に30万人の新たな「情報通信業」「研究・技術サービス業」をつくる

ここで筆者は、大胆な飛躍をする。

地方は、四つのうち二つ、「情報通信業」と「研究・技術サービス業」を対象に、新しい産業を作り込むべきことを仮説提案する。

これは、みるからに荒唐無稽ではあるが、後に述べる本書の眼目である「社会システム産業」の担い手をつくることにつながる仮説提案である。

果たして「情報通信業」や「研究・技術サービス業」は、地方で成り立ちうるのか。

事例的ではあるが、すでに地方に拠点らしきものが形成されつつある。例えば、鳥取県では鳥取市に情報サービス業が、米子市にコンテンツ産業の生産部門が立地している。島根県松江市にはオープンソース言語の開発拠点がある。徳島県神山町は芸術家の拠点が形成されている。また、宮崎県日南市はマーケティング担当者を配置し商店街の活性化を図っている。全国にこのような事例はまだ多数ある。

しかし、事例で止まっているかぎりは先がおぼつかない。

だから、この二つの産業群を、地方の田舎に大々的に作り込んで賃金格差をなくしたいのである。

では、どのくらい作り込めば、大都市並みの賃金となるのか。

ここでいくつかシミュレーションを行った。結論からいえば、二つの産業群合わせて30万人の就業機会が生み出せれば、地方の田舎は大都市並みの賃金となるということである。30万人とは、田舎の雇用者数1,200万人の2.5％にあたる。

「情報通信業」「研究・技術サービス業」それぞれに15万人、合計30万人追加誘導して一大産業として成り立たせる。

なにをバカな。こうした数字も、荒唐無稽ではある。

しかし、このような政策目標を掲げ、地方に新たに二つの産業を作り込まなければ、地方はもたないということである。

「情報通信業」と「研究・技術サービス業」が有望な三つの理由

ここで、二つの産業群が地方にとって有望である理由について、その特徴から触れておきたい。

まず一つ目の特徴は、この二つの産業は医療福祉業とともに数少ない成長産業となっていることである。

この10年間、全国の就業者の全体総数は減少の一途をたどってきた。製造業、建設業、卸小売業など多くの産業がその就業者数を減らしたなかで、「情報通信業」では、ソフトウェア業がこの10年間で22％も就業者数を伸ばしている。また、インターネット附随サービス業が10年間で74％の驚異的な伸びを示している。

「研究・技術サービス業」では、社労士などの士業の専門サービス業がこの5年間で5％の伸びを示し、デザイン業や芸術家、経営コンサルタント業、非破壊検査業などの多彩な専門サービス業が10％以上の成長を遂げている。

なお、「医療福祉産業」も成長産業であり、この10年間に30％も増加した。

このように、二つの産業は、わが国では数少ない成長産業である。これを地方に呼ばない手はない。

次に二つ目の特徴は、両産業は、「専門的・技術的職業従事者」を多く含むことである。

全国の産業全体では、専門的・技術的職業従事者は16％、938万人存在する。このなかには、システムコンサルタント、情報処理・通信、製造業関係などの「技術者」、公認会計士、税理士、経営専門家などの「経営・金融・保険専門職業従事者」、個人教師、画家、音楽家、著述業など「他の専門的な職業従事者」がいる。

この専門的・技術的職業従事者は、建設業や製造業、卸小売業、サービス業など、どの産業にもいる。その平均が16％である。なかでも「情報通信業」では従業者168万人の57％を占め、「研究・技術サービス業」では192万人の48％も占める。また、「医療福祉業」も専門的・技術的職業従事者が多い産業である。

要は、二つの産業は成長産業であり、かつ専門的・技術的職業従事者が従業者の半分を占めるという産業であるということだ。

専門的・技術的職業従事者は大学を卒業した高学歴者が多い。だから、二つの産業を地方に新たに作り込むことは、東京の大学に進学した地方の子どもたちが就職や転職、副業を機にUターンする受け皿をつくることになる。

さらに三つ目は、専門的・技術的職業従事者は、従事する企業規模に関係なく高い賃金を得ているという特徴をもっている。

先に、大都市と地方の男子の賃金格差が一割あり、そのうち3%分は産業構造の違いで、残り7%分は立地する企業規模の違いであると述べた。だから、これまで地方に企業規模の大きい本社機能など大企業の地方誘致を政府は行ってきた。

しかし、地方に作り込むべきと考える二つの産業の専門的・技術的職業従事者は、あまり企業規模に関係なく高い賃金を得られるので、別に大企業にこだわらなくともよいということになる。

このことを説明しておこう。世の中には、「職業別×企業規模別」の賃金統計が見当たらない。そこで賃金構造基本統計を活用して、筆者が独自

	[千円/月]	大企業	中企業	小企業	小企業/大企業
	総数	1000人以上	100-999	100人未満	[%]
全職業全体	335.1	387.7	320.3	288.5	74.4
B　専門的・技術的職業従事者	371.3	421.2	353.1	333.1	79.1
B-1 研究・技術者、士業関連	365.1	421.2	339.6	334.1	79.3
システム・エンジニア	375.3	398.4	362.4	355.7	89.3
B-2 医療福祉関連	351.7	380.7	342.7	327.0	85.9
B-3 教育関連	498.0	583.9	456.4	369.3	63.2

出所）平成29年賃金構造基本統計調査 職種別賃金より作成
注）保育士、幼稚園教諭はともに専門的・技術的職業従事者であるが、就業者数が多く賃金が高くないため、全体の傾向を乱しているので除外した。

図表17▶専門的・技術的職業従事者とシステム従事者の企業規模別の賃金

に専門的・技術的職業従事者の企業規模別の賃金表を作成してみた。

作成した賃金表によれば、「専門的・技術的職業従事者」は月収37万円で全職業平均よりも比較的高い賃金を得ており、企業規模による賃金の差は79%と、産業全体74%よりも差が小さい傾向がある。

これを「システム関係者」のみに絞ると、企業規模による差が90%と一割に縮まる。システム関係の職業に就く人は、就業する企業規模の大きさによる賃金の差が小さいという状況になっている。

つまり、「専門的・技術的職業」従事者、とくに「システム関係者」は、別に大企業でなく小企業でもそんなに格差のない賃金がもらえる状況にある。これは、重要なことである。

したがって、「専門的・技術的職業」を多く含む「情報通信業」や「研究・技術サービス業」の二つの産業を作り込むさいは、企業規模による賃金格差7%という問題を無視して、地方には大企業でなく、個人企業や個人を誘導する道もひらかれていることを銘記すべきと考える。

工場誘致から副業者誘導への転換

政府は、これまで長年にわたって企業の地方誘致を行ってきた。2017年の地方創生政策でも、同様の措置がとられた。しかし、2019年3月の共同通信社の全国自治体調査の結果[★17]によれば、企業誘致に成果がみられない自治体は76%にのぼる。

現在ではすでに、地方への企業誘致という政策の限界が露呈してしまったようだ。もはや企業や工場を対象にした「誘致」は功を奏していないのである。

むしろ、「情報通信業」や「研究・技術サービス業」の多くの従業者は企業規模に関係なく高い賃金を得られることから、企業や工場でなくともよい。個人の起業家でもかまわないとみるべきである。

ここではこの二つの産業の担い手を「誘導する」ことを考えたい。あえて「誘導する」という言葉を使うのは、中小零細企業や個人のノウハウを地方に引っ張り込むことを想定しているためである。

つまり、「情報通信業」と「研究・技術サービス業」やそれにかかわる「専門的・技術的職業」を地方に「誘導」することの意味は、こうした産業や職業にかかわる人および個人企業などがもつ「知識やノウハウ」を、地方に「誘導」することにある。

誘導される副業者が地方に新しい産業をつくる

「情報通信業」と「研究・技術サービス業」の二つの産業に携わることのできる経験者や「専門的・技術的職業」従事者を地方に「誘導」しよう。これらの従業者は、大都市の副業者、フリーランス、テレワーカーであり、後に詳しく述べる、新しい産業としての「社会システム産業」の担い手となるものである。

わが国には「情報通信業」は全産業の2.8％、168万人、「研究・技術サービス業」は3.3％、192万人の従業者がいる。これらは、いずれも大きく増えている。

また、すべての産業に存在する「専門的・技術的職業」従事者は16％、938万人いるので、これに二つの産業の重複する「専門的・技術的職業」を除いた従事者を合わせると1,110万人となる。

これら1,110万人の人々の2.7%にあたる人が副業を行って地方に赴くことになれば、地方に「情報通信業」「研究・技術サービス業」を30万人規模で成立させることができる。誘導される副業者が、地方に新しい産業をつくるのである。

あるいは、まずは1,110万人の0.3%、3万人を地方に誘導することで二つの産業の基盤を作る。そしてこの1,110万人は今後5年間で100万人近くは増加する勢いであるので、この何%かを誘導することで、基盤を厚くする。その基盤にUターン者などが集まることで「情報通信業」と「研究・技術サービス業」の産業集積が起こって、地方に30万人規模の一大産業を生むことになる。その結果、地方の賃金水準は大都市並みとなり、地方人口の流出が止まるというシナリオを描くことができる。

第1章冒頭に述べたように、広島県福山市での副業者の募集では、30～50代の企業経験豊富なバリバリの現役サラリーマンが多数応募した。また、地方の既存企業の専門職として都会の副業者は多数これに応募している。

このように、すでに受け皿がある場合は副業者が多数応募する環境ができつつあるが、これから作り込もうとする「新しい産業」に大都市の副業者を誘導したいと考える。

1,110万人の0.3%、3万人は〝政策的〟な誘導の対象である。

しかしそれが実際に可能かどうかは未知数である。

そのため、副業者が誘導されるようになるための何がしかの政策の糸口が求められることになる。これまでの企業や工場の誘致とは異なる、副業者の誘導の糸口とは何か。

次の第3章では、産業政策としてこれが可能であるのかをみていきたい。

第3章

政府の地方産業政策と暗示された「社会システム市場」

1節 地方産業政策の現在の位置

政府による「情報通信業」「研究・技術サービス業」の可能性

これまでであれば、地方に「情報通信業」や「研究・技術サービス業」を誘導するなどとは、夢のまた夢であった。

だが、地方は「情報通信業」「研究・技術サービス業」の二つの成長している産業を適切に新しく誘導・育成すれば、賃金が上昇し、専門的・技術職業就業者を都会から誘導でき、さらに都会の大学に行った子どもたちを呼び戻すことができる可能性がある。

「情報通信業」「研究・技術サービス業」の〝成長産業〟を地方に誘導することが、現在の国の政策として可能なのかを検証する必要がある。

またもうひとつの問題は、「情報通信業」「研究・技術サービス業」にかかわるノウハウが地方に行っても、何をやって仕事を成り立たせるのか。地方にとって何か嬉しいことが起こるのか、どのような意味をもつのか、など不明なことが多すぎる点である。

単純にいえば、「情報通信業」や「研究・技術サービス業」のノウハウをもつ人たちが地方に行って、地方の市場とリンクできるのか、ということである。

この荒唐無稽な仮説は、本当に意味あるかたちで実現する可能性をもつのだろうか。「情報通信業」「研究・技術サービス業」が、地方とリンクした具体的な産業像として形になることが現在の国の政策で可能なのか、このことも検証してみたい。

地方産業政策のはじまり

その前に、やや回り道になるが、国の地方産業政策がどのように変遷してきたかを簡単にトレースする。それは変節の歴史である。

まず、国は、戦後の復興を急ぐために、1952年に企業合理化促進法を成立させ、重要機械の特別償却制度の実施や企業の設備投資の促進策にあわせ、港湾や道路・用水などのインフラ整備を急いだ。ここから、戦後の産業復興がはじまる。

そして、1959年に太平洋ベルト地帯構想が発表された。これは、東京・名古屋・大阪の既存工業地帯の中間地帯、つまり東京から大阪までの太平洋ベルト地帯全体の工業化を意図する構想であった。

しかし、これに対し地方から「待った！」がかかった。地方の人口が大都市に大移動を開始し、大都市と地方の所得格差が拡大する一方のなかで、さらに格差を拡大する政策に異論が唱えられたのである。

この一件は、注目すべきことであった。当時、地方から農家の二男・三男坊の若者が大挙して東京に出ていき、いなくなる。そして後に団塊世代がこれに加わる。こうした事態こそが地方にとって大きな危機であった。これが解決されぬまま格差がいっそう拡大されることに異議を唱えたのである。

現在の地方にとっても、この一件はおおいに参考になる。もし異議を唱えていなかったら、わが国の構造は圧倒的に太平洋ベルト地帯に集中し、地方はまったく別の姿になっていたのではないかと考える。幸いにして、異議を唱えたからこそ、いまの地方はある。地方は、地方にとってまずいことがあれば、国に対して異議を唱えるべきであることを教えてくれる。

さて、そこから、戦後初めての「地方」産業政策が始まる。

戦後のわが国の地方産業の育成に対する国の政策は、前半と後半では、大きくそのスタンスを変化させてきた。

国主導の地方の「産業立地」政策［前半］

前半の地方産業政策は、「国が指定し国が適正と考える産業」の企業立地促進政策であった。そのスタートとなったのが1962年の新産業都市（新産）、1964年の工業整備特別地域（工特）の拠点開発地域の指定である。

新産は全国北海道から九州までの15地域、工特は茨城県から山口県までの6地域が指定された。太平洋ベルト地帯以外への工業の分散を図るもので、素材産業をはじめとする重化学工業がこの新産・工特に立地した。

次いで、1972年に工場三法のひとつである工業再配置促進法が制定され、大都市圏から地方への工場の移転・分散が図られた。

この結果、「1980年には大都市と地方の所得の格差がなくなった」と国民生活白書に記されることになった。

そしてその後、産業構造の変化にともない、1983年にテクノポリス法、1988年に頭脳立地法が制定され、全国26の地域が指定を受けた。ハイテク産業、ソフトウェア産業などの先端技術産業の立地の促進が図られた。

この前半期における地方産業政策は、国の主導により育成すべき産業が指定され、拠点開発方式によって地域の育成が図られたことに特徴がある。

そして、テクノポリスあたりから、米国のシリコンバレーに倣って、企業と大学、研究機関を結びつけネットワーク化を図って工業開発を促進することにより地方経済の発展を意図することがみられるようになった。

この前半の「産業立地政策」によって、地方には多くの工場が立地した。とくに工業再配置促進法に対応して大都市圏には工場等制限区域が設けられ、工場の新増設は地方で行われた。地方は企業誘致条例を制定して多くの恩典を与えることによって、企業を積極的に誘致した。

しかし、経済がグローバル化するに及んで、地方に立地した工場の海外移転や撤退が始まった。そのピークは2002年である。

かつて東北地方が、関東、近畿、東海に次ぐ電気機械産業が集積する地域になったのは、多くの工場が誘致され立地したからである。進出した大手電気メーカーが抱える従業者は、東北地方全体で7万5千人にのぼり、電気機械産業全体に対し36%を占め、また東北地方製造業全体の10%にあたるものであった。

ところが、経済のグローバル化が進展するに及んで、この大手電気メーカーの海外移転・撤退が始まり、2002年度の1年間に20の工場が閉鎖され1万人にのぼる削減・異動が行われたのである。★18
そして、政府は1972年から始まった工業再配置促進法を、2006年に廃止した。

地方の「自立発展」と国の「間接的な環境整備」政策［後半］

このような背景のもと、後半の地方産業政策が始まった。後半は、わが国のバブル崩壊を受け、

1990年代あたりから始まる。産業を新規に立地させるのではなく、「既存産業集積の活性化」をめざして、地域に対して支援体制の整備が図られるようになった。

地方産業政策は、前半の「国が適正と考える産業立地の推進」という考え方から大きく転換し、「地域の自立的発展の促進」というスタンスに大きく舵をきった。

1998年から始まった新事業創出促進法では、「地域の産業資源を有効に活用して地域産業の自律的発展を促す事業環境を整備する」という目的が明記され、「地域産業振興にかかわる国の役割は、間接的な環境整備を行うものと位置づけられることとなった」[★19]のである。

この国の「間接的な環境整備」というスタンスへの変化は限りなく大きい。

このことについては、後に詳しく述べる。

そして、2001年からは産業クラスター政策が始まった。これは、地域の中堅中小企業・ベンチャー企業と大学・研究機関等の産学官等がネットワークを構築し、新事業や新産業が持続的に生み出されることを期待するものであった。全国で18のプロジェクトを推進してきたが、現在では、民間・自治体等が中心となった地域主導型のクラスターとして活動が進められている。

また、2007年には企業立地促進法が成立し、地方の企業立地の促進による産業集積の形成を狙うこととなった。しかし、製造業を中心とした域内外企業の新増設等による産業集積に大きく偏った結果を生んだため、2017年に「地域未来投資促進法」に衣替えして地域中核事業を支援の対象とするよう改められた。

バズーカ砲の水平射撃を受け「先進国」になった日本

このような地方産業政策に関する「国が適正と考える産業立地政策」から「地域の自立的発展の促進」への転換は、グローバル経済の進展と、「日本は先進国の仲間入りした」という意識にもとづくものであったと思われる。

1956年の経済白書が「もはや戦後ではない」と言いつつも、1979年に「ジャパン・アズ・ナンバーワン」と言われ、そして1982年に国民生活白書が国民の暮らしをみて「かつてのような明確な大都市部優位の格差がみられなくなった」と述べるに至る。

さらに、1980年代後半から90年代初頭にかけて、電気機械や自動車の米国輸出にかかわる日米貿易摩擦で米国からさんざん日本の非関税障壁を攻撃されたあたりから、「もしかしたら、日本は先進国にならなければならない立場にある」との思いを生んだとみられる。

当時、日本IBMの椎名武雄社長は「アメリカのバズーカ砲は日本への水平射撃を開始した[★20]」と述べた。米国のバズーカ砲はこれまで45度の角度で日本の上に自慢げに高々と掲げられていた輸出製品である電機や自動車を狙い撃ちしてきたが、90年あたりを境にして水平射撃に転じたという。塹壕の陰に隠れている残りの八割の規模に相当する、江戸時代以来の商習慣に浸り保護されてきた産業を近代化し、先進国並みの国際社会に通用するよう表に晒すことを要求し続けたのである。

このことが、「日本は先進国にならなければならない立場にあったのか」の思いを生み、そして「日本は先進国の仲間入りした」という意識に転化された。

この「先進国意識」がわが国をおかしくした。アメリカをモデルとした先進国意識が、わが国のこれまでのアイデンティティを自ら踏みにじり、一等国というありもしない幻想に溺れ、地方を見捨て、ぼやけた国へと導く結果になったと筆者はかねてより思っている。

この先進国意識は、平成時代を貫いて産業政策や社会制度設計などあらゆる方面で、わが国をおかしな方向へと導く結果となった。

地方産業政策の180度の転換が意味するもの

わが国の地方に対する産業政策は、「日本は先進国の仲間入りした」という意識にもとづいて1980年代後半から90年代にかけて180度転換した。それ以前は国が育成する産業を定めて、それを地方に配置する「国主導の産業立地政策」であった。転換したのちに採られたのは「地域の自立的発展の促進」であった。

地方に対する目線が変わったのである。

日本国土の利用、開発、保全の全体にわたる計画である全国総合開発計画（全総）が、これまでの産業立地の大規模プロジェクト構想から一転して、1987年の四全総で、「地域の整備は地域自らの創意と工夫を基軸として推進する」としたあたりから地方政策のスタンスが180度変わったのである。この四全総は国が何もやらないことを宣言したものとして地方から反発の声があがり、全総法「違反」ではないか、とまで言われた。

国と地方に大きなズレが生じたのである。

この四全総の「地域のことは地域自ら」というのは、産業政策の「地域の自立的発展の促進」への転換と軌を一にして行われたものである。

国の「間接的な環境整備」への転換

こうした転換は、何をもたらしたか。

それは、発展途上国では国の産業を育てるのに国主導の「産業立地政策」が合理的であるのに対し、先進国たるものは企業間や経済主体の「競争政策」を取ることこそが産業の発展のために求められる、というものである。

先進国たる日本は、もう国主導の「産業立地政策」は行わず、地域経済の公正な競争を促す「競争政策」を採用する、ということであった。したがって、国の役割は、「地域の自立的発展」のために、「間接的な環境整備」をすることにあると限定してしまったのである。

そしてその競争政策は、「規制緩和」の一点にのみ絞られてきたのが平成の時代であった。

この考え方は、産業の育成、地方の振興、などいずれも場面でも見られる国の政策スタンスとして今日まで継続している。

しかし、この判断は正しいのか。

米国は、1985年のヤングレポートで国を挙げて日本を猛然と追いかけ、21世紀初頭のITバブル崩壊を受けて2002年から国主導でブロードバンド振興政策を積極的に打ち出した。また、ドイツは2012年よりIoTに対応したインダストリー4.0を国主導で進めはじめた。さらに、中国では、これまでの大量の製品製造の「製造大国」から、IoTに対応した国際競争力の強い高度化した製造業からなる「中国製造2025」戦略を2015年からスタートさせ国を挙げて動きはじめている。

先進国であろうが発展途上国であろうが、国が産業の発展の方向を見定め、官民あげて国全体で共通の目標を持ち、その目標に全員で向かうのが本来の姿なのではないだろうか。

わが国政府は、「先進国たる者は」という過剰な意識にとらわれすぎている。これでは先に進みようがない。

つまり、国民共通の向かうべきわが国の目標を誰も考えなくなったということだ。

脈々と受け継がれる異業種ネットワーク

そして一方、現在まで脈々と受け継がれている産業政策が、異業種交流である。

異業種交流は、中小企業の技術開発支援を目的にして1965年から他国に例をみない独特のものとして展開されている。1970年代以降、全国の多くの県で異業種交流活動が開始され、国が事業や金融面の支援を行うようになって、2000年には全国に3,000を超える異業種交流組織が生まれた。

テクノポリス以来活発化した異業種交流は、産業クラスターにおいても力を発揮し、これは産業を育てるわが国固有の草の根的なボトムアップ・イニシアティブであるという。これまでの国主導のトップダウン・ポリシーとの有機的な連携が必要であるとする意見もある。

しかし現在の最大の問題は、異業種交流と有機的に連携すべき国主導のトップダウン・ポリシーが「間接的な環境整備」の陰に隠れて見当たらないことであり、また地方の産業政策がその異業種交流の〝哲学〟をそのまま受け継いでいることに危惧を覚える。

それは異業種交流が、20世紀の工業社会から21世紀の情報社会への変化についていけるかの問題である。イノベーションとは、これまでの工業社会では、異業種交流によって技術が融合し、技術革新を通して新製品を生むことだと理解された。

だが、これからのIoT社会で〝技術の融合〟がそのまま通用するかが問われている。

2節　地方創生政策の限界

色濃く漂う「連携と支援」のプラットフォーム思想

さて、いま現在の地方産業政策はどのようになっているかである。

地方が「情報通信業」「研究・技術サービス業」の二つの産業で30万人を確保すること、そしてこの二つの産業が地方で地に足のついた具体的な産業像を描くことに関し、現在の政府が有効な政策を用意しているかを検証しよう。

ここでは、政府の「地方創生総合戦略2017年[★21]」を参照しながら、みていきたい。以下は、筆者なりの理解でいくつかに整理する。

地方創生総合戦略で示された地方産業政策で、まず最初に目につくのは、「連携・ワンストップ支援のプラットフォーム」の環境づくりである。

「よろず支援拠点」づくりがある。サービス産業の高度化を図る目的で、地元の商工会議所、地域金融機関、専門人材などが集まって、中小企業に対しワンストップで「よろず相談」を行うものである。これを通じて、「地域のサービス産業プラットフォーム」を形成しようとしている。

また、IoT導入による生産性向上のため、地元のサービス事業者にワンストップで対応できる「地方版ＩｏＴ推進ラボ」を選定し、新しいＩｏＴビジネスの創出を推進する。

加えて、中堅・中小製造業に対してＩｏＴ・ロボット等を活用して生産現場の改善を支援する「スマートものづくり応援隊」の〝拠点〟の整備等を行う。

さらに、「創業支援ワンストップ相談」がある。

このように、産業別や支援項目別に「よろず相談」や「ワンストップ」体制を用意し、「連携と支援」のプラットフォームの環境整備を図ろうとしている。

地域の未来につながる地域経済牽引事業

二つ目の特徴は、企業立地促進法の衣替えへの対応である。

2017年7月に「地域未来投資促進法」が施行した。これは、2007年に始まった企業立地促進法が、製造業寄りであった課題を解決するために作られた新・企業立地促進法ともいうべきものにあたる。

これまでのように産業一般に関する支援ではなく、地域中核事業の創出と支援を目的としていることに特徴がある。

この法律では新たな「成長分野」の例として、成長ものづくり分野（医療機器、航空機部品、新素材等）、農林水産・地域商社、第四次産業革命（ＩｏＴ、ＡＩ、ビッグデータ活用）、観光・スポーツ・文化・まちづくり関連、環境・エネルギー分野、ヘルスケア・教育サービス等をあげた。

ＩｏＴの利活用と社会的事業の環境整備

三つ目の特徴は、ＩｏＴの利活用による地域の活性化と、社会的事業を巡る環境整備である。まず、ＩＴによる変革意欲のある市町村に対し、各種の支援を行う。また、「地域ＩＴ企業スタートアップ推進協議会」を設立し、地方におけるＩＴ起業家・ベンチャー企業等の支援を行う。

さらに、地域住民がＩｏＴ実装の恩恵を感じられる「生活に身近な分野」において、地域課題の解決等に対して高い効果・効用が見込まれるモデルを「分野別モデル」として設定し、その推進を図る。分野としては、教育、医療・介護・健康、防災、農林水産業、地域ビジネス、観光などがあげられた。

加えて、コミュニティ・ビジネスに目配りしていることに特徴がある。地域には、高齢者ケア、育児支援などの社会福祉サービス事業、中山間地域等の暮らしを支える生活サービス事業、農産品・工芸品等を活用した地域産品事業、賑わいのあるまちづくり事業、人材育成・教育支援事業など、社会的意義の高いマイクロ・ビジネスの芽が多数あり、その「事業モデル」を構築するとした。

地方創生政策の限界

このような整理をしたうえで、地方は「情報通信業」「研究・技術サービス業」に挑戦すべきという仮説に対し、政策は有効に機能しうるかをみておこう。

2017年の地方創生基本戦略の地方産業振興策を一言でいえば、20年近く前に宣言された「間接的な環境整備」を具体的に踏襲し実践しようとしていることである。

その最たる例は、色濃く漂う「連携・支援」のプラットフォーム思想にみられる。テクノポリス以来始まった「異業種による結合がイノベーションを生む」ということが神話のように語り継がれ、この結合のプラットフォームさえ作れば地方産業は成り立つとの思いがにじんでいる。政府にとって「間接的な環境整備」のほうが楽だからなのだろう。

しかし、「よろず支援拠点」「地方版ＩｏＴ推進ラボ」「スマートものづくり応援隊」、こうした政策だけで、将来有望な「専門的・技術的職業従事者」を中心とする「情報通信業」「研究・技術サービス業」といった産業の担い手を誘導し育成できるのか、なかなか考えにくい。

国は環境整備を行ったので、あとは地方自らの努力で産業育成をすべきだ、ということを明言したのが地方創生基本戦略なのである。

しかし、何かが足りないように思えてならない。

それは、一言でいえば「仏つくって魂入れず」なのではないか。かつてさんざん揶揄されてきた「箱モノ」に近いものが、「場」というものにすり替えられて登場した印象が強い。別の言い方をすれば、拠点、ラボ、応援隊などの入れ物は作ったが、そこに入れるべきものが見当たらないのである。「手段」ばかりが先行し何を達成するのかの「目標」が見えない、動力が見えないのである。

これは、「間接的な環境整備」に留まった政府の限界である。

政府の「米国追随」の見誤りを正す

繰り返すが、これは1990年前後に日米貿易摩擦でアメリカのバズーカ砲の水平射撃にあって、わが国に芽生えた「先進国」意識によるものである。だから平成の時代の地方産業政策は、国主導の産業立地政策はとらず、先進国アメリカにならって自由な競争ができる政策に意が注がれた。この結果、政府は地方が行うことに対し「間接的な環境整備」しか行わなくなったのである。

しかし、大きな見落としがあったように思う。

それは、米国は連邦政府が競争政策をとり州政府が産業立地政策をとるという、先進国では当然の二重構造を見落とし、連邦政府の動きのみに注目したことである。

米国では州のほとんどが「企業誘致プログラム」をもって、投資、雇用、研究開発、特定地区活性化に向けた企業誘致を、豊富な財源と人材投入によって現在でも活発に行っている。ご存知のように、日本有数の企業がこれによって米国進出した。

米国の州政府のような強い力がないわが国の地方は、企業誘致を行いはしたものの、米国の二重構造を見逃した政府が先進国並みの競争政策に走ったことで、萎えてしまったのである。

米国とは立ち位置が違うわが国が、競争政策を行うだけで経済や産業や社会が成り立つわけもないのだから、この意識を脱却しないと、先に進めるはずもないのである。

3節　暗示された成長分野の「社会システム市場」

政府が暗示的にターゲットにしはじめた「社会システム市場」

しかし、幸いにして、地方創生基本戦略において評価できる重要な指摘があった。〝暗示的〟ではあるが、希望のもてる方向性が打ち出されたのが、今後の「成長分野」とIoTの「分野別モデル」、社会的事業の「事業モデル」である。繰り返しになるが、あげておこう。

「地域未来投資促進法」では今後の成長分野として、ものづくり分野、農林水産・地域商社、第四次産業革命、観光・スポーツ・文化・まちづくり関連、環境・エネルギー分野、ヘルスケア・教育サービス等があげられた。

IoTについては、「生活に身近な分野」を対象に、教育、医療介護健康、働き方、防災、農林水産業、地域ビジネス、観光などにおいて、地域課題の解決等に対して高い効果・効用が見込まれる分野別モデルを設定し、その推進を図るとした。また、「社会的事業」については、高齢者ケア、社会福祉サービス事業、生活サービス事業、地域産品事業、まちづくり事業、人材育成・教育支援事業などの社会的意義の高いマイクロ・ビジネスに対し、その事業モデルを構築するとした。このような政府の「成長分野」の絞り込みは、重要な視点と考える。何を達成しようとしているのかが〝ほのかに〟見えるからである。

これらを整理すると、次のような分野に集約される。

▼情報通信　▼医療福祉　▼環境　▼防災　▼教育　▼農林漁業　▼観光

▼（交通など）まちづくり　▼生活文化　▼地域ビジネス

こうした「分野」は、市場となってある種の産業が生まれることが期待される「分野」である。これをIoTやサービス事業で産業化を図ろうとしている。

これらの分野は、「社会システム産業」が生まれる分野である。政府が指し示すことは、社会の課題解決を図る「市場」、つまり社会システムの「市場」である。そしてここに生まれるのは「社会システム産業」である。「社会システム産業」とは、これまでの製造業やサービス産業ではなく、日常生活や現場仕事の不便さを解消し地域課題を解決する産業の一群のことである。

つまり、「社会システム産業」というものを地方で育てたい、という意識が暗示的ではあるが見えはじめたのである。

二つの産業は「社会システム市場」で花開く

政府がこうした情報通信、医療福祉、環境、防災、教育、農業、観光、生活文化、地域ビジネスなど「社会システム」を対象とした地方の「市場」を掘り起こし「産業」の在り処を示したことは、重要なことであり、大きく評価される。

「間接的な環境整備」から一歩足を踏み出そうとする雰囲気がみえるからである。

これらの「社会システム」分野の〝市場〟を〝産業〟として形にするためには、「専門的・技術的職業従事者」を中心とする「情報通信産業」「研究・技術サービス業」のノウハウの力を借りることが鍵となる。つまり、ネットワーク技術と専門・技術サービスのノウハウや力を借りて、市場を切り開き産業化することができると期待できる。

これまで検討してきた地方の新しい産業、「情報通信業」「研究・技術サービス業」は、政府が暗に考える「社会システム市場」において開花する。

しかし、これらの「社会システム市場」は期待される市場であって、そのまま産業が生まれるとは限らない。ただ「成長市場」と念仏を唱えていても、ことは始まらない。

この分野を産業化するには、これまでの産業の原理が通用するとも思えないのも事実である。これまでの工業製品の開発や一般的なサービス事業とは異質な、「社会システム市場」を具体化し産業化するため、その「市場」の特質を検討しビジネスの方法を具体化することが不可欠となる。

だからこの新しいテーマに取り組むために、まず政府は新しく「社会システム市場」を産業化するという目標設定をして、チャレンジを開始することを期待する。

次のPartでは、政府が考える「社会システム」にかかわる成長市場を、どう具体化し「新しい産業」として作り込むことができるのかを検討する。

Part

2

社会システム市場と「社会システム産業」

第4章

円盤型市場に花びら型「社会システム産業」の登場

1節 円盤型の「社会システム市場」

20年前の成長市場の議論

前章で述べた社会システムの「市場」については、今に始まったことではなく、実は20年以上も前から議論が展開されていた。

このPartでは、社会システムの「市場」とはどういうものなのかの議論を展開し、それが「社会システム産業」を形成することを述べたい。

わが国が、成熟した経済社会に移行してから久しい時間が経過した。かつてのような造船、鉄鋼、家電、自動車のようなリーディング産業は見あたらなくなり、情報、ＩＴ、ＩｏＴなどと言われながら次世代への産業の展望が困難な時代が続いている。

ここで、20世紀から21世紀へと移り変わる時点で、産業社会において大きなパラダイム変化があったことを述べておこう。

バブル崩壊後の経済を立て直すために、1990年代以降、政府は21世紀をにらんだ産業構造の展望と構造転換を模索するいくつかの作業を行った。そのひとつが1997年に策定された「経済構造の変革と創造のための行動計画」である。このなかで焦点になったのは「新規・成長15分野」の育成に向けての全省庁をあげての取組である。

15分野は、医療福祉で130万人、生活文化（コミュニティ）で135万人、情報通信で120万人、環境で80万人、交通・物流で100万人、これらを中心にその他バイオテクノロジー、新製造技術、ビジネス支援、海洋など全体で2010年までに740万人の雇用増、350兆円の市場拡大が予測され期待されたものであった。これらの成長分野の顕在化を支援するために、施策を総動員するとともに、成長分野ごとに全省庁の関連事業の糾合が開始されたのである。

さらにその2年後の1999年には産業競争力会議で産学官共同プロジェクト（ミレニアム・プロジェクト）が構想され、2004年に新産業創造戦略が描かれた。これらは、いずれもが先の15の成長分野に相当するものを「未来市場」として位置づけている。情報通信市場、医療福祉市場、生活文化市場、環境市場などを未来市場として、産学官共同プロジェクトで開拓・推進していこうとするものであった。

亡霊のように現れた現在の成長市場

そして驚くべきことに、これらの20年前に議論された成長市場は、いま再び政府によって成長分野として取り上げられた。

第3章で述べたように、2017年に施行された「地域未来投資促進法」では今後の成長分野として、観光・スポーツ・文化・まちづくり関連、環境・エネルギー分野、ヘルスケア・教育サービス等をあげた。また、「地方創生基本計画2017」では、IoTの活用分野として教育、医療介護健康、働き方、防災、農林水産業、地域ビジネス、観光などがあがった。さらにコミュニティ・ビジネスとして高齢者ケア、生活サービス、地域産品、まちづくり、人材育成・教育支援などの分野が示された。

要は、20年前の情報通信市場、医療福祉市場、生活文化市場、環境市場、交通市場などと同じ分野が、現在でも成長市場と位置づけられた。かつて取り組んでみたものの形をみなかった市場が、亡霊のように再び現れた。

しかし、残念ながらそれらの成長市場を具体的にどう産業化するのか、判然としない。

このままでは、また、20年前と同じことが繰り返されようとしている。

なぜ、うまくいかなかったのか。

「社会システム産業」の登場

ここで登場するのは、これら成長市場を産業化する「社会システム産業」である。情報通信市場、医療福祉市場、生活文化市場、環境市場、交通市場などは、優れて「社会システム」の形成を促すものである。

これまで20世紀の工業社会にあっては、家電、自動車、半導体など優秀な単体製品が競争力を維持してきた。そして、これらを製造する精度の高い製造装置がこの単体製品の品質を高めた。いわば「消費財産業」と「産業財産業」がわが国をリードしてきた。

そして今後わが国が生き延びていくためには、次のような考えをもつことが必要だと筆者は考えている。

「わが国は、複合代替材料などの《高機能産業》、部品や生産技術などの《産業財産業》、そしてITS(Intelligent Transport Systems:高度交通システム)などの《社会財産業》の三つで生き延びることができる」[★22]。

「社会財産業」、それは先端技術を活用した「個」の製品を新しい社会システムの形成に活用する産業である。社会財産業は、言いかえれば「社会システム産業」と同義である。

「社会システム産業」とは、医療福祉や生活文化などの個人の生活にかかわる環境を向上させ、あるいは工場や作業現場の効率化、さらに交通問題、環境や防災問題など社会を取りまく状況の改善を通して、社会全体のレベルアップを図ることを事業目的にした一群の企業が形成する産業のことである。

21世紀は、情報通信市場、医療福祉市場、生活文化市場、環境市場など未来市場に対応する「社会システム産業」が活躍する時代となる。

市場あれども産業なし

だが考えてみれば、「社会システム産業」となる成長市場に対し、かつて政府が行ったような産学官共同のプロジェクトで臨めばこと足れりとなるのか、はなはだ疑わしい。産学官が総力をあげても、成果をみることができなかった市場なのである。

この成長市場は、展望される「市場」にすぎない。重要なのは、「市場」があれば、そこに自ずと「産業」が生まれるという図式はもはや成立しないことである。

確かにこれまでは家電、自動車、VTR、パソコン等の市場の成立は、すなわち産業の成立であった。だが、21世紀への展望のもとに示される情報通信市場、医療福祉市場、生活文化市場、環境市場などの分野は、どうやら「市場≠産業」という構図のもとにあるらしい、ということなのである。

「社会システム産業」の対象となる市場は、そこにすぐ産業が生まれることはありえない市場なのである。「社会システム産業」の成否は、ひとえに「市場≠産業」であると認識できるかどうかにかかっているといっても過言ではない。

大きな市場があるからといって、市場の認識を持たずにこぞって参入するという図式は、これまでと同じ誤謬の繰り返しに陥ることになるのである。誤謬の繰り返しはもはや許されない。

3 台売ったら売れなくなる

では、「社会システム産業」は従来のように市場＝産業ではなく、なぜ市場≠産業なのかを検討してみよう。

20年前の「未来市場」や現在の「地域未来投資促進法」「地方創生戦略2017」が示す成長分野を改めて大括りにして示せば、次のようになる。

▼情報通信市場　▼医療福祉市場　▼環境市場　▼メンテナンス（防災）市場
▼生活文化（コミュニティ・社会的事業）市場　▼ITS（高度交通システム）市場

20年前の「未来市場」ではそれぞれが20～130兆円の市場規模があるといわれていたものである。

しかし、いま妙なことがあちこちで起こっている。未来市場として種々巨大な市場が展望されているにもかかわらず、情報通信分野を除けば、これらに該当する産業が育っていないのである。上記の市場はかなり以前から展望されていたにもかかわらず、である。これらの市場に参入する企業がないわけではない。むしろ多くの企業が参入している。ところが、これらの市場で企業が成長し、一連の産業群が育っているのかといえば、決してそうではない。

医療福祉市場における福祉介護機器は、1兆円を超える市場があるとみられる。しかも政府補助の対象になっているものが多いにもかかわらず、介護機器利用者とのマンツーマン対応が必要なため中小零細企業が参入したにとどまり、大企業は二の足を踏む状態が続いている。現在、介護ロボットなどが盛んに開発され、大企業などが参入しているにもかかわらず、一向に「産業」といわれるまでに育っているとは言い難い。

かつて、ある重工メーカーは40兆円にのぼるとされる環境市場に改めて参入を図り、市場分析の結果、ひとつの環境装置を開発したことがある。しかし、「この装置を市場に投入してみたら3台売ったところで、売れなくなってしまった」という。この企業は環境分野をもっと攻めるべきか、あるいは撤退するべきかで悩んだ。このメーカーのような例は決して少なくない現実が続いている。

では、なぜ3台しか売れなかったのか。

社会システム市場は平べったい

アノマリーの発生である。

これまでの「事業のやり方」が社会システムの「市場」に通用しない、という齟齬が生まれたのである。

アノマリーとは、ある法則や理論からみて、異常であったり説明できない事象が生まれることをいう。これまで常識と考えられていた事柄に、現実的な齟齬が生じたとき、そこに異常なこと、ノーマルではないアブノーマルなことが起こる。計測技術の発達にともなって、天動説そのものに説明できないアブノーマルなことが頻発しアノマリー状態になったとき、地動説の考え方に取って代わられたのは典型例である。アノマリーは、あるパラダイム（ものの見方や考え方）が、次のパラダイムに代わるときに起こる。

環境装置をこれまでの「事業のやり方」で「市場」に投入したら、「3台しか売れなかった」というのは、まさしくアノマリーの発生である。

つまり、これまでの「事業のやり方」がパラダイムが変わった「市場」とミスマッチを起こしたことを示唆する。

ここにひとつの仮説が生まれる。

すなわち、社会システムの市場は医療福祉90兆円、メンテナンス70兆円、環境40兆円と大きく、家電や自動車産業以上の規模をもつ。この市場を下に見下ろして、先の環境装置のようにこの市場に「上から」製品を投入すると、「3台売ったら底につきあたる」ことになる。だから、これらの市場は平べったい構造、「円盤型構造」をしているのではないだろうか。

ひるがえって20世紀工業社会の市場構造を捉え直してみると、縦に長い「円柱型構造」をもっていたものと想定できる。これまでは自動車や家電という工業製品を20~30兆円の縦長の円柱型市場に投入し、円柱の「上から下に」向かって市場を掘り下げ、円柱の途中段階でのシェアを獲得することによって、事業を成立させることができた。これが、これまでの「事業のやり方」と「市場」の関係を示すパラダイムであった。20世紀の工業社会では「円柱型」市場に「縦掘り」の事業で参入することができたのである。

しかし、社会システム市場においてこれは通用せず、3台しか売れないというアノマリーを生むこととなった。

これからの社会システムの市場に対しては、20世紀のやり方である「縦掘り」は通用しない。21世紀ネットワーク社会での市場は、平べったい「円盤型」市場と認識することが求められる。そして、この円盤型市場に参入するためには、この市場を「横にスライス」するしかないのである。

21世紀ネットワーク社会での産業パラダイムの転換の原点は、ここにある。市場のパラダイムが、「円柱型」から「円盤型」に変わったのである。

したがって、市場が大きいにもかかわらず産業が育っていないのは、21世紀の成長市場の構造についての十分な認識をもたずに安易に参入して失敗を繰り返す企業が続出しているという辺りに原因がありそうである。

円盤型市場をスライスする

円盤型市場を顕在化させるためには、20世紀のように市場を「上から」掘るのではなく、図表19のように市場を「横にスライス」するしかない。そして、どのような切口にするかによって、さまざまなビジネスが発生しうる。

例えば、情報通信市場について、20世紀の円柱型市場の見方だと、パソコンや映像機器などの端末単体の市場とみなされ、ここに産業が成立すると考えられた。

しかし円盤型市場ではネットワークインフラ、パソコンなどの端末機器、放送映像、プロバイダーな

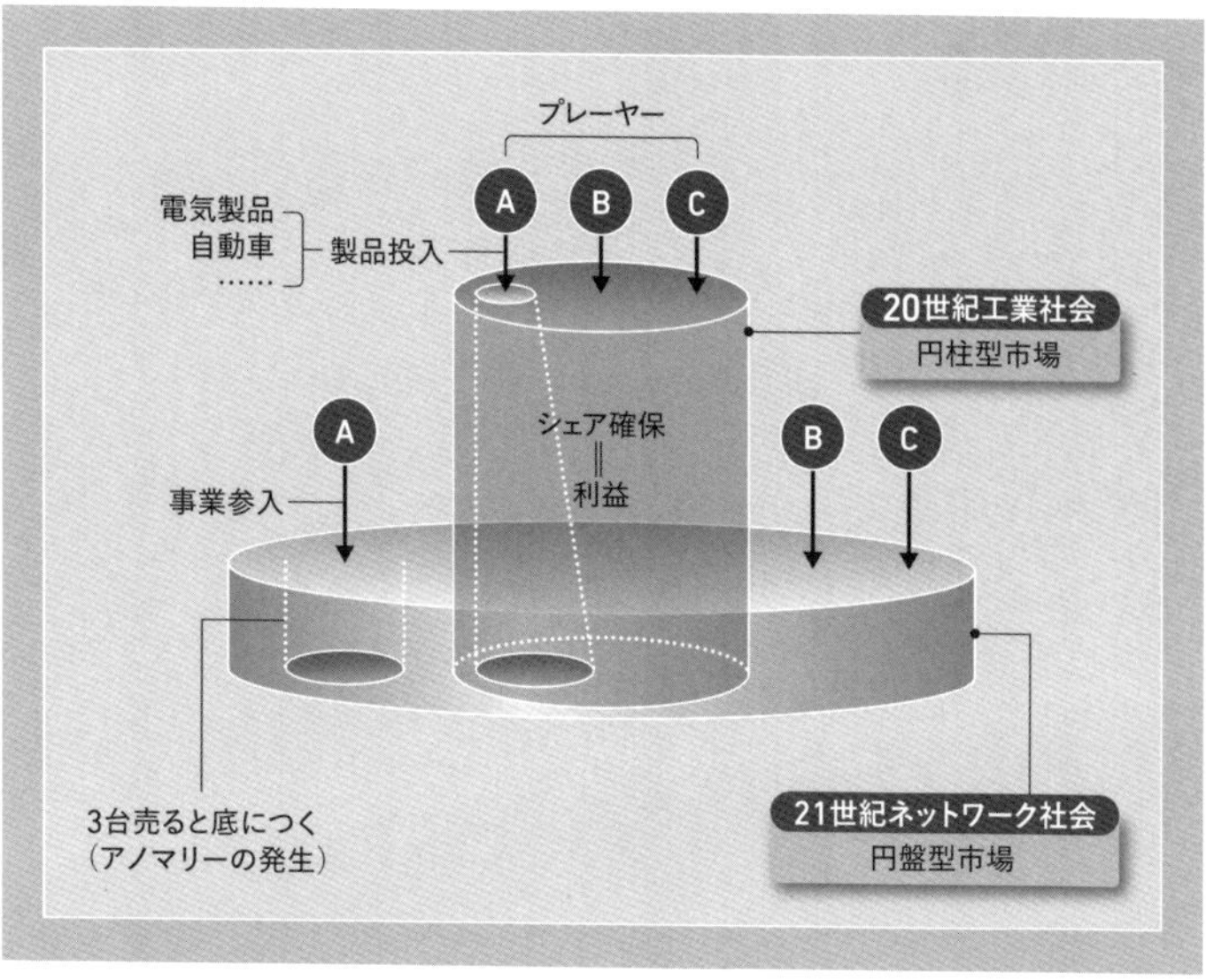

図表18▶円柱型から円盤型に変化した市場

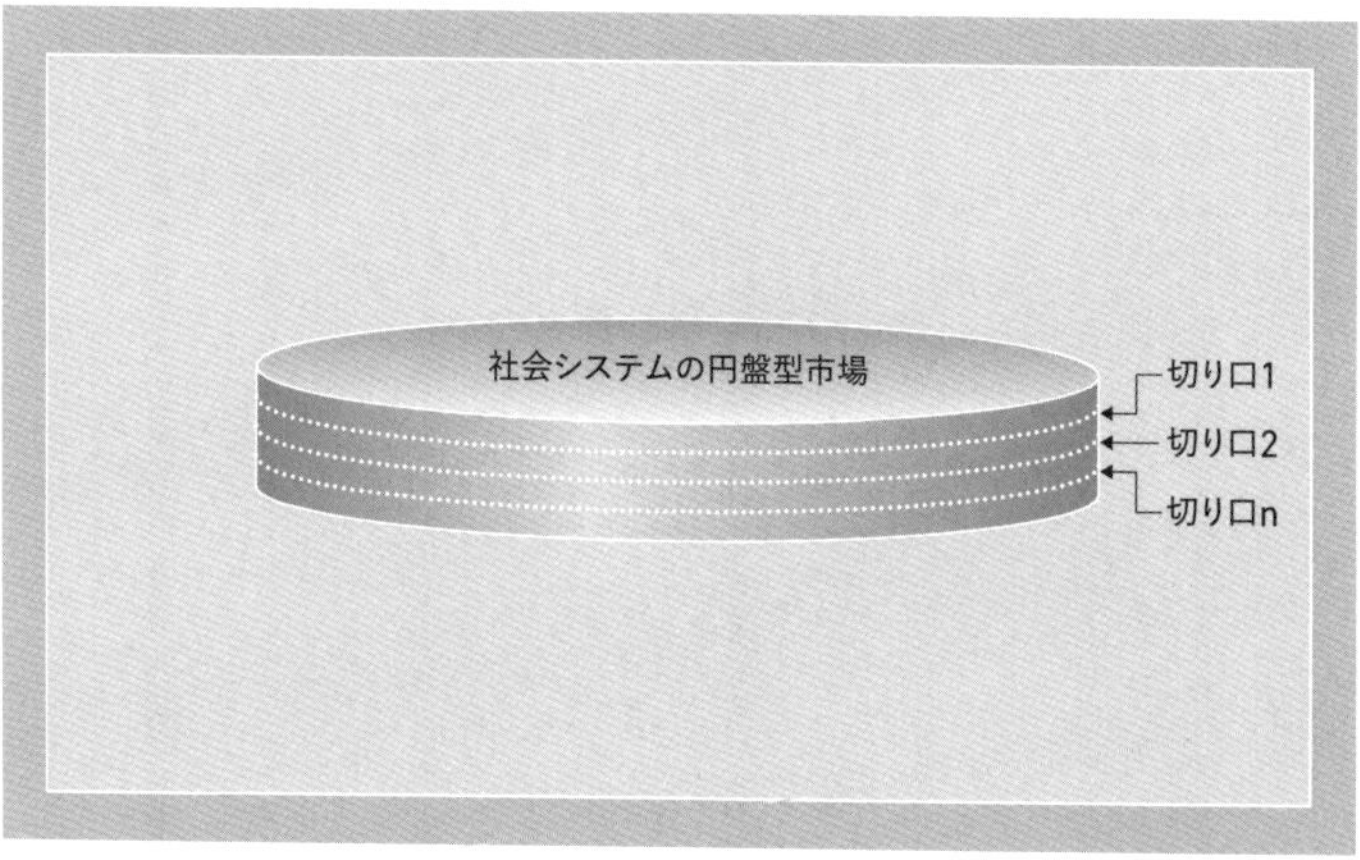

図表19▶円盤型市場のスライス

どの要素が組み合わさって、例えばeコマース市場、あるいはオンデマンドの音楽配信市場が登場した。そして今、ITS市場などを切口にして社会システム市場が捉えられる時代が到来した。

科学技術におけるモード1からモード2への転換と同様のことが、産業社会でも起こっているのである。モード1とは1800年代のニュートンモデルに端を発し、個別学問領域の中で専門化、細分化されていく知的生産形態で、これまでの科学のあり方であった。これに対しモード2は、現実の社会や経済が要請する問題を解くために、領域横断的すなわち専門領域を横断するやり方の知的生産形態である。

モード1ではコンピュータやテレビがエレクトロニクス産業として発展してきたが、モード2ではモード1の科学的発見を横断して束ね、eコマースやITSなどの亜エレクトロニクス産業が発展する。

このように、市場を20世紀の円柱型の発想で掘り下げてみたときと、21世紀の円盤型市場として「スライス」したときとでは、そこに成立する産業の具体的な姿は大きく異なってくる。

これから大きな成長が期待される円盤型市場においては、20世紀の円柱型市場でのビジネスのやり方はもはや通用しない。21世紀の円盤型市場の開拓に向けた、新しいビジネスのやり方を発見することが急務なのである。

2節 「社会システム産業」をかたちにする「花びら型産業」

円盤型市場をスライスする方法

21世紀の円盤型市場を獲得するために、市場をスライスするとしても、どのような切口にしたらよいか、どうしたらビジネスとして成立させることができるかについては、あまり具体的な知恵を持ちあわせているわけではない。少なくともいま言えることは、コングロマリット企業があれば別だが、この市場は1社ではスライスできないだろうということである。

先に示したわが国重工メーカーの環境装置の例でいえば、40兆円ともいわれる円盤型の環境市場をスライスして、「溶融スラグリサイクル」のビジネス化という切口でみてみると、プラントメーカー、溶融業者、スラグ応用製品メーカー、道路等応用製品利用業者という事業者に加え、ゴミを収集し処分を行う地方自治体が勢揃いして、初めてこの環境ビジネスはかたちになるのである。したがって重工メーカは、こうした各種企業や役所の勢揃いの枠組を自ら用意するか、あるいは別途用意された枠組に参加しなければ、事業の展望は開けてこないことになる。

また、メンテナンス市場に参入しようとすれば、点検作業のために測定技術や診断技術が必要となる。さらに、この点検作業そのものを自動化しなければビジネスとして成立しない。加えて診断後の補修もさまざまな技術を要し、メンテナンスを考慮した設計までさかのぼることが必要となる。前者の部分は精密機械メーカーの得意技であり、後者は建設業の仕事である。

花びら型産業の誕生

したがって、異なる企業がそれぞれの強みを持ち込み、ネットワークを組まなければ、横切りによる市場の獲得はおぼつかない。この円盤型市場を各種多様な企業群が取り巻き、ネットワーク化するという構図で全体が成立するのである。

ただし社会システム市場には、わが国産業界がこれまで行ってきた産学連携や異業種交流という枠組では対応できないと考える。この20世紀のパラダイムでは、連携によって新しい技術を開発し新しい製品を作ることはできるかもしれないが、新しい〝市場〟を開拓する方法にはならないとみるからである。

「社会システム産業」の「市場」を拓くということは、これまで経験したことのない円盤型市場に挑戦することであり、切口を明確にした目標が共有されて初めてその可能性が開ける。

したがって、円盤型市場は目的意識を共有化した全く異なった多数の業種・企業が蝟集《いしゅう》し、ネットワーク化することによって、初めて市場を顕在化できる可能性をもつ。

いわば、円盤型市場という蕚《がく》のまわりに、多くの独自のノウハウをもつ業種・企業が共通の理念をもって多弁の花びらのように蝟集し組織化する産業構造が必然のかたちになる。この多弁の花のかたちを

した産業構造を、ここでは「花びら型産業」と呼ぶことにする。★[23]

情報通信、医療福祉、生活文化、環境、ＩＴＳなどの分野の市場を産業化して「社会システム産業」にするためには、これらの市場が「円盤型市場」であると認識し、市場を共同で開拓するという理念や目標を共有して「花びら型産業」の構造をとならなければ成功しないということである。

そこに参加するのは、大企業や中小企業、あるいは零細な地域企業であったりする。また、大学やベンチャー企業、ＮＰＯが参加することもありうる。場合によっては行政の参加が必要なことも考えられる。

このように、多種多様で異質な企業や組織が共有する理念のもと「花びら型産業」の構造をとらなければ、「社会システム産業」の円盤型市場にア

図表20▶花びら型産業の誕生

プローチできない。

パソコン、自動車、家電製品は花びらの一枚となる

円盤型市場に対応する「花びら型産業」にあっては、20世紀の工業製品は一枚の花びらとして登場する。単品の製品として、あるいは生産者と一体となった製品として「花びら型産業」の一構成員となる。

円柱型市場と円盤型市場との間の大きな変化を象徴するものとして、パソコンがあげられる。かつてパソコンはコンピュータの個人所有物として、円柱型市場に投入されてきた。したがって市場のシェア獲得が主要課題であったのである。

ところがパソコンの低価格化とネットワーク化の進展により、情報通信市場が成長を始めると、市場は円柱型ではなく円盤型となり、パソコンはネット会員囲い込みの手段として無料配布の対象となりはじめた。米マイクロソフトやAOLは、低価格パソコンメーカーと組んで市場の獲得に乗り出したことがある。パソコンそのものの位置づけが大きく変化したのである。かつて米デル・コンピュータが、社名からコンピュータの名称を外したのはそのためである。

また、ITS分野の自動車にも同じことが起こりはじめている。EV（電気自動車）へのシフトにともなって、エンジンが不要になりモーターとバッテリーの駆動装置に置き換えられるため、自動車そのものがコモディティ商品（どのメーカーの商品を買っても安価で同じ性能をもつ）となる。いわば車は日ごろ履く下

駄のようなものとなる。加えて自動運転の技術によって、自動車そのものは道路や位置情報などと融合して、モビリティ（移動）という「社会システム」の一部品にすぎなくなる。

ここに自動車を「一部品」として使いこなす新しい運輸システム、ライドシェア事業、タクシー事業、駐車場システムなどさまざまな「ＩＴＳ産業」が生まれはじめている。MaaS（モビリティ・アズ・ア・サービス）は、これを具体化するひとつとなる。

2018年1月にトヨタが「車会社を超え、人々のさまざまな移動を助ける会社、モビリティ・カンパニーへと変革する」と宣言し、同年11月に米国ＧＭが工場閉鎖と15％の雇用削減したのは、自動車への決別という意味で先駆けになるのではないかとみる。

自動車は、ＩＴＳ市場においては「花びら」の一構成員となるのである。

さらに、2019年3月経済産業省は、ＩｏＴで結ばれる「つながる家電」の普及の後押しを開始した。複数の家電製品企業が連携し、各社のテレビ、洗濯機、掃除機などの稼働状況の組み合わせで得られる各種のデータを得て、データ解析企業と警備保障会社が参加して、高齢者の見守りサービスなどを開始する。

この「つながる家電」は、家電メーカーとサービス事業者が一緒になってみごとな「花びら型産業構造」を形成して、医療福祉市場の「高齢者の見守り支援」という市場を開拓しようとしている。このとき、家電は一部品にすぎなくなる。

このように、20世紀の「円柱型市場」を対象にした製品製造を主力とする社会は終焉を迎え、ここで作られた製品を「円盤型市場」の社会のシステムに活用する時代が到来した。これらはいわば「花びら」の部品となるのである。

この円盤型市場では、多くの工業製品はモジュール、つまり一部品に過ぎなくなる。したがって、「ものづくり」の衰退を嘆くのではなく、一歩進んで「ものづくり」の成果を円盤型市場にどのように活かしていくかが問われる時代になったということだ。

第5章 花びら型「社会システム産業」の組織的パワーの獲得

1節 付加価値を最大化するインテグレーション

これまでの付加価値の構造

この「社会システム産業」の原理となる花びら型産業に活力を与え、動態的なパワーをもたせるためにはどうしたらいいのかを、組織論的な観点から考えておきたい。

その活力の源泉の探索には、花びら型「社会システム産業」の付加価値の源泉のありかを捉えることがひとつの糸口になる。

わが国は戦後、常にリーディング産業を頭に据えることによって、日本全体の産業輸出競争力の高度化を図ってきた。とくにカラーTV以降、ＩＣ化の流れは製品の部品点数を激減させ、生産効率を向上させることによって、国際競争力を著しく高めた。いわば、加工・アッセンブル、なかでもインテグラル型の摺り込みを付加価値の源泉とする産業の高度化であった。このような加工・アッセンブルの能力の高さをバックアップしたのが、高い品質の部品、そして優秀な生産設備と制御技術である。

しかし、多くのエレクトロニクス製品は、1970年代のIC化に端を発したモジュール化のさらなる進展によって、組み立て部分の付加価値が低下し、海外移転がはじまった。さらにバブル経済崩壊と経済のグローバル化進展にともない、にわかに産業の空洞化、リーディング産業の不在が問題視されるようになった。加工・アッセンブル産業は中国、東南アジアへ大きくシフトし、一方で先進国にキャッチアップすべき技術がなくなった、という認識であった。そして、情報化社会の進展に伴いIT産業が花開き始めた。

こうした状況のなかで、産業の付加価値の構造は、図表の実線Aから破線Bへシフトしたと考えられている。

図表21は横軸に製品の複合度、部品、加工・アッセンブル、コンテンツを示している。縦軸は付加価値の大きさを示している。実線Aは今までの工業化における付加価値構造で、加工・アッセンブル産業の優位さを示している。しかしこれらは中国、東南アジアへシフトしたため、両サイドの部品およびコンテンツにわが国産業の付加価値の源泉を移していくことが求められるようになった。これは破線Bのかたちに相当する。

こうした実線A、破線Bの概念は、実際の産業の付加価値分析で捉えることができる。パソコンでは、半導体などの部品およびソフトウェアに最も多くの付加価値があり、パソコン本体にはさほどの付加価値が存在しない。この特徴を、台湾のエイサー（宏碁電脳）社のスタン・シー会長がスマイルカーブ（破線B）と称した。多くのパソコンメーカーが撤退したのもこの理由による。これ以後、あたかもすべての産業において、組み立て加工いわゆるアッセンブルに付加価値はないとみられた時期があった。この風潮にしたがい、わが国でも多くの企業が、部品、コンテンツに走り、組み立て加工は海外で行うという状況になった。

だから、わが国の産業の展望がみえない、という悲観論が支配的になるのもむべなるかなである。

だが、果たしてそうなのか。

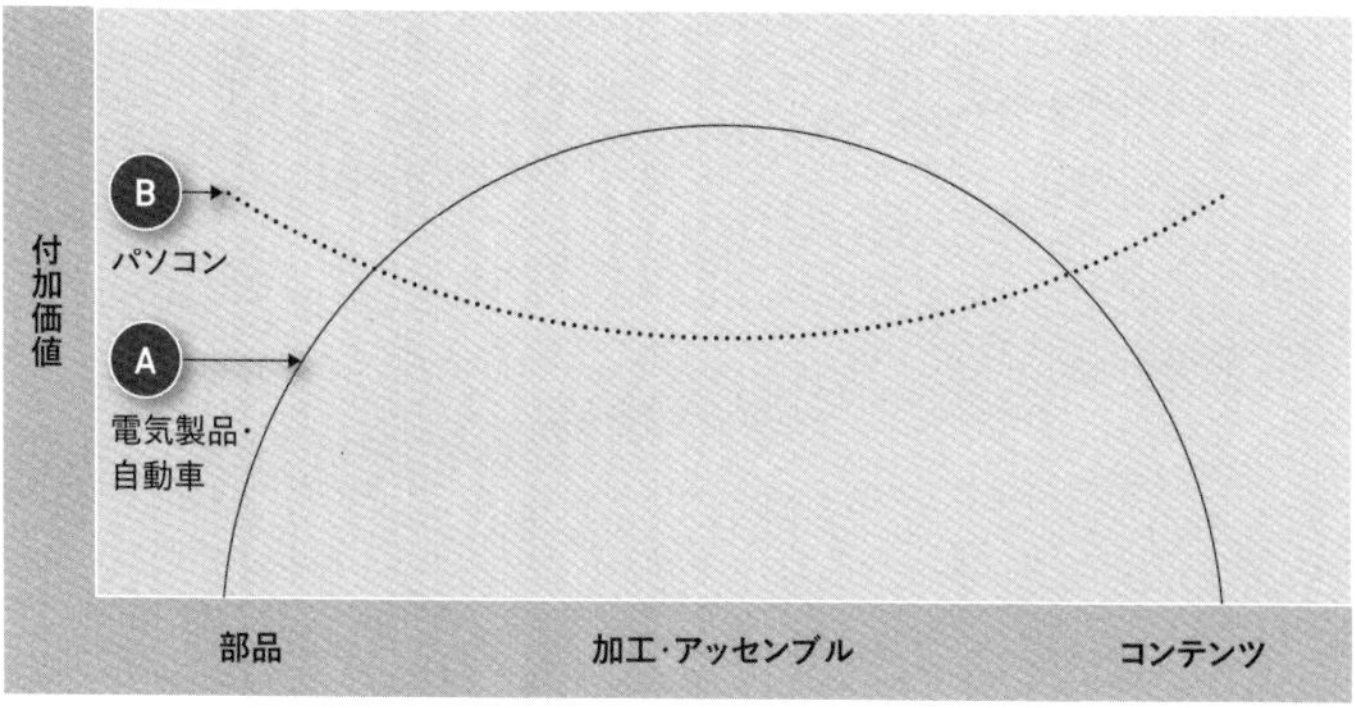

図表21▶これまでの付加価値の構造

新しい付加価値の源泉

わが国は現在、「円盤型市場」と「花びら型産業」の原理により「社会システム産業」を興すことを展望できるところまできている。この市場は、円盤型で裾野が広いため、一企業だけでは攻略できず、多様なプレーヤーの参画を必要とする。

したがって、この市場に参入する企業は、自前主義を捨て、異業種の企業連携によって事業を展開することが必要となる。

ここから言えることは、「円盤型市場・花びら型産業＝「社会システム産業」」にあっては、例えば医療福祉分野で、デジタル機器を〝部品〟として持ち込む企業があり、医療福祉サービスのノウハウを〝コンテンツ〟として持ち込む企業がある。そのとき、参加する企業のそれぞれの製品・ノウハウをアッセンブルし、市場を切り開く事業に「組

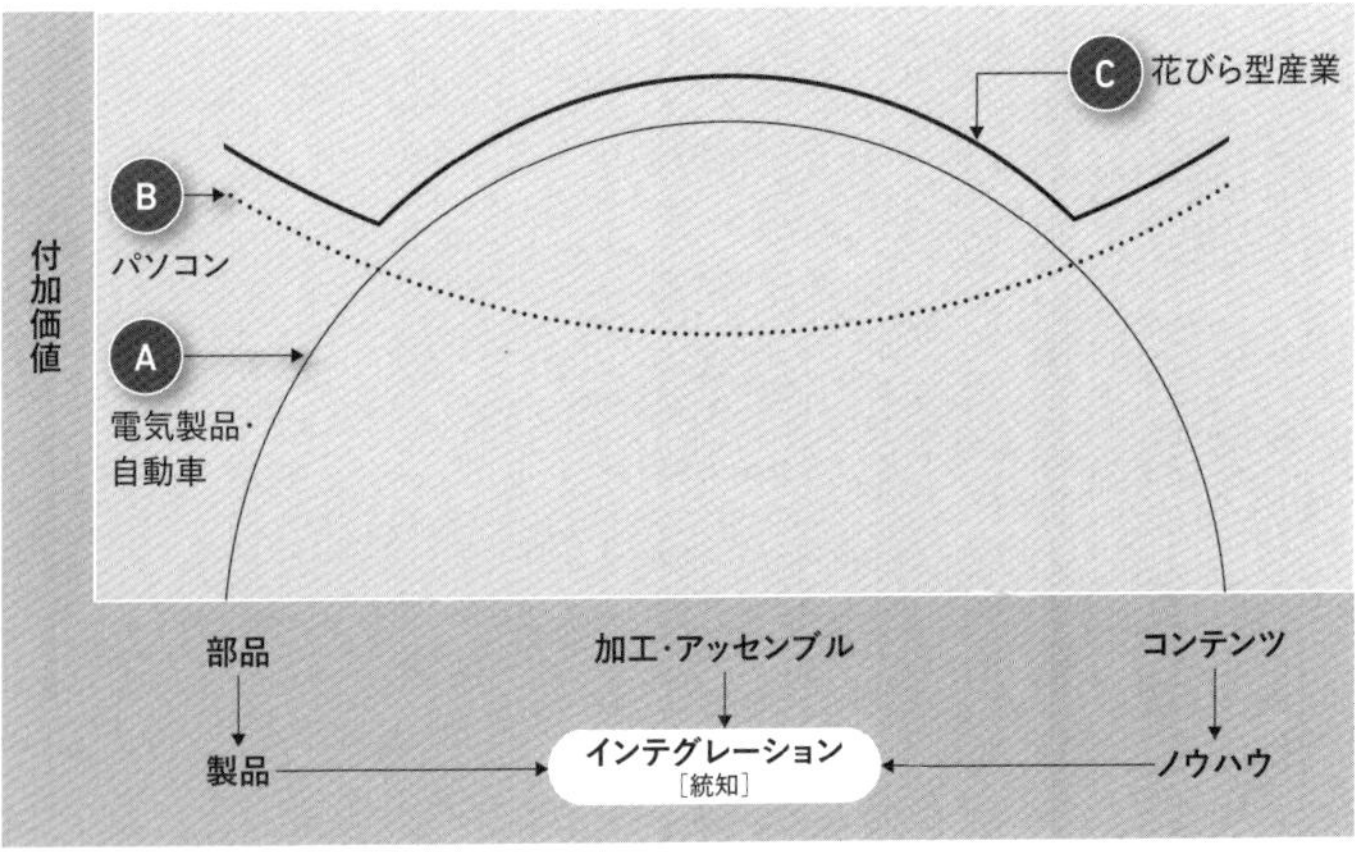

図表22▶付加価値の構造変化[A→B→C]

み立てる」作業が不可欠となるのである。

したがって、「円盤型市場・花びら型産業」にあっては、先の付加価値の図は、さらに図表22として組み替えられる必要があるだろう。すなわち、部品、コンテンツはともに付加価値の源泉として重要ではあるが、21世紀「円盤型市場・花びら型産業＝「社会システム産業」」の時代にあっては、アッセンブルそのものが再び大きな付加価値の源泉となる。カーブBとカーブAの包絡線、カーブCが21世紀の付加価値の山となるのである。

ナレッジ・インテグレーション

ただし、アッセンブルといっても、20世紀のそれとは大きく異なっているであろう。円盤型市場・花びら型産業形態をとる「社会システム産業」にあっては、プレーヤー付の複数の製品・ノウハウをひとつの事業にアッセンブルし、システム化するのである。

工業製品のアッセンブルはテレビでいえば数千点、自動車でも数万点の部品を組立て加工するのに対し、これからのアッセンブルは全く異なった次元の能力が要求されることになる。これは「インテグレーション」と呼ぶにふさわしい。さまざまなプレーヤーのノウハウをインテグレートすることから、知を統べる、すなわち「統知」、ナレッジ・インテグレーションということができる。

これは、部品化した製品や各種プレーヤーの組み合わせノウハウそのものである。

これまでの工業社会では「インテグラル型」すなわち「擂り合わせ」の技術、つまりアッセンブル能力の高さが問われていた。これがIoTの社会になって、さまざまな製品や機能が分解され基礎単位となりはじめた。パソコンや自動車、家電がひとつの部品になり、この単位要素のモジュールを対象にした「組み合わせ」技術、「モジュラー型」の技術が重要視されるようになってきていることと同じである。

こうした点でいえば、花びら型の「社会システム産業」のインテグレーションとは、異業種のプレーヤーがそれぞれ持ち込む単位要素のモジュールを組み合わせる能力、つまり「システム思考能力」ということになろう。

システム思考による新結合・イノベーション

「システム思考」。工業製品や分解された単位要素のモジュールが、再び別の製品やモジュールと結合され、これまでになかったような新しい機能を生んでいく。円盤型市場に花びら型産業として集まる異業種一枚一枚の花びらを、統合する。新結合、イノベーションの発生である。これを「システム思考」で進める必要がでてきたということだ。

イノベーションについて、シュンペーターは著書『経済発展の理論』[★24]のなかで、「新結合」という言葉を使って次のように述べている。

「生産をするということは、われわれの利用しうるいろいろな物や力を結合することである。生産物および生産方法の変更とは、これらの物や力の結合を変更することである。この新結合が非連続的に現れるかぎり、発展に特有な現象が生ずる」。

この新結合＝イノベーションは五つの場合があるとシュンペーターは言う。新しい財貨（製品・サービス）の生産、新しい生産方法の導入、新しい販売先の開拓、原料あるいは半製品の新しい供給源の獲得、新しい組織の実現の五つである。

これまでイノベーションとは、新しい財貨（製品・サービス）の生産のための新結合、つまり「技術革新」と同じであると捉えられることがほとんどであった。だから、異業種交流や産学官連携、産業クラスターといった技術の融合に目が向けられてきた。

しかし、木村英紀早稲田大学教授によれば、「部品の品質を高める要素技術の進歩が鈍化した[★25]」。つまり、技術革新を求めるイノベーションが飽和状態になったということである。

このため、要素技術をつなぎ合わせる「システム技術」の重要性が増した。これぞ21世紀産業社会の特徴である。

システム技術は、要素技術の精度を高めることにウェイトを置くのでなく、要素技術相互間の関係を見極め、それを適切に「結び直す」ことによって、最大の効果を発揮する技術である。これは、花びら型産業構造をもつ「社会システム産業」の〝インテグレーション〟能力であるといってよい。

だから「社会システム産業」では、分析的思考よりも、全体を見極めるシステム思考が要求されることになる。イノベーションは、これまでの技術の革新、新しい製品づくりのための新結合という単視眼から離れ、新しい財貨の生産だけでなく、シュンペーターのいう新しい生産方法、新しい販売先の開拓、新しい供給源の獲得、新しい組織の実現などを含めたことのために、要素技術をつなぎ直して新結合（再結合）を追求する時代となった。

「社会システム産業」はこのようなシステム思考でインテグレートされる産業となる。

課題解決型「市場オリエンテッド」のシステム思考

ただ問題は、わが国ではシステム思考といったときに、陥りやすい欠陥がある。それは、「技術オリエンテッド」なシステム思考に走りやすいことだ。

解決すべき課題領域が〝特定されない〟企業間のオープンイノベーションは、その最たる例になる。各社の得意技術をオープンにし新しい組み合わせで新商品を開発するケースは、これまで自社で行ってきたことに他社を含めるため、システム思考を働かせているように見える。しかしこれは、解決目標を見定めて要素技術や材料をシステム思考で組み立てるわけではなく、各社の保有技術や材料を床にばら撒いて、何かいい組み合わせができないかを考える「技術オリエンテッド」なものに映る。

この「技術オリエンテッド」なシステム思考について、筆者がよく思いだす例がある。ソ連崩壊直後のロシアのある機械製造企業は、戦車のトランスミッション事業がなくなったため冷蔵庫製造事業に切り替えたが、その切り替える間、会社が鍋、釜づくりをやっていた。つまり、「技術オリエンテッド」な思考を働かせ、技術と材料があるから鍋、釜をつくる。「開発屋ひとりよがりで悦に入り」なのである。これに似たようなことは、わが国企業の事業開発でさんざんやられてきたことであり、最近の政府や各機関によるIoTに関するビジョンでもこの傾向が色濃くにじんでいる。

しかし、「社会システム産業」に求められるシステム思考は、「市場オリエンテッド」でなければ成立しない。後に述べる「インダストリー4.0」や「Fin tech」のように社会が困っていること、社会の特定のある課題に対して「怒り」に満ちた気持で解決する。そのために異業種がオープンイノベーションを行って初めて、社会システム産業が立ち上がる。

だから、「社会システム産業」の事業を成り立たせるためには、製品開発に通じた企業の技術職や製品開発部隊が前面に出てくるよりも、社会的課題に接近しやすい営業職やマーケティング部隊が先陣を切ってシステム思考を働かせ、事業全体をインテグレーションすることがあってもよいとみられる。

工業社会と異なり、「社会システム産業」では企業内のプレーヤーの変更も視野に入れて考えることが必要となる。

「社会システム産業」をかたちにするインテグレーション

このように考えてくると、21世紀においてわが国で最も重要となるのは、如何にインテグレーション、統知機能を高めるか、ということに尽きる。

例えば、ソニーの「発泡スチロール・リサイクル事業」がある。ソニーはオレンジを原料とした酵素により発泡スチロールを分解する技術を自社開発した。自治体や産廃業者が回収した廃棄物の発砲スチロールを、三井造船がペレット化しそれを大塚産業やいそのが再生樹脂に仕上げ、これを積水化学や日立化成が製品化し家電メーカーなどに供給する。ソニーは、円盤型の環境市場において、発泡スチロール廃棄物の再生という切口を示して花びらのように自治体や各社を組織化し、ソニーは全体のインテグレーター・統知企業であるとともに、花びら型産業の一部の工程を担った。

一方、ある紳士服のメーカーは、「ウール・リサイクル事業」を開始した。このウール・リサイクル製品は、車の内装材、農業用シート、家の断熱材などに使えるため、巨大なマーケットが期待されるものであった。このメーカーは、お客から中古スーツを買い取り、同業他社や百貨店、国際規格事務所、再生処理をする紡績会社などを巻き込んで事業の拡大を図ったものの、製品化企業や最終ユーザー企業、運輸事業者などの花びらが欠落し、加えてインテグレーター・統知企業の役割が不明確であったため頓挫した。

このように、統知、インテグレーションは、「社会システム産業」をかたちあるものにするためにきわめて重要である。

医療福祉市場の分野では、これまで中小零細企業の事業参入が主流であった。「在宅サービス」という切口を模索しても、いままではホームヘルプ、訪問入浴、福祉用具レンタル販売、配食サービス等にサービスが細分化され、企業はそれぞれのサービスへの単体参入がほとんどであった。このため、一向に産業という大きさに育ってこなかった。

もしこのような領域に、IoTによる健康管理サービスを導入し、商品開発、顧客管理、流通管理などのノウハウや経営資源を使えるインテグレーターが登場したらどうなるか。上記の細分化されたサービスの総合化・アッセンブルはもとより、IoTによる多面的な介護サービスが可能になるだろう。ロボットによる在宅介護支援、生活習慣病の管理、介護予防などに加えて、趣味学習サービスや財産管理サービス、冠婚葬祭サービス、さらには痴呆老人介助システムや遠隔在宅診断など先端技術を活用した在宅医療サービスをも付加統合し、在宅高齢者にとってのワンストップサービスを実現しうるだろう。

このようにインテグレーターの登場によって、いままでとは一変した高付加価値の事業構造をつくることができるのである。

円盤型市場を産業化するとは、社会ニーズに対し従来では家内工業的に対応していたものを転換し企業経営のノウハウを導入することによって、高い生産性と高い付加価値を達成する。これを通じて産業の担い手を具体化し、ユーザーの満足度をより高めることにほかならない。この鍵を握るのがインテグレーターである。これが「社会システム産業」を成立させる。

2節　花びら型「社会システム産業」を動態化する組織的パワー

インテグレーション能力をいかに高めるか

だが考えてみれば、インテグレーション機能はわが国が不得手としてきたところである。かつてITSのひとつである高速道路のETC（自動料金収受システム）の開発においては、自動車、電気、建設等のハード13業種、銀行・クレジット、通信、交通管理等のソフト13業種が蝟集していたにもかかわらず開発が遅れたのは、これらをどのようにインテグレートすれば事業が組み立てられ、さらには世界標準を獲得できるのかの知恵や率先する力に欠けていたのである。

ITS関係者によれば、これができるのは航空宇宙産業しかないのではないかといわれている。10万点を超える部品点数のアッセンブルができて、初めてITSのインテグレーションが可能だというのである。

思えばわが国は、国産航空機YSX機の開発において独自性を発揮できずにきた。さらに、アジア諸国と共同で立ち上げた小型機アジアコミュータの開発構想もなかなか進展をみずにきた。このような遅れが、インテグレーション機能の開発においてハンディキャップとなっている。

しかし、近年、わが国の航空機開発や宇宙ロケット開発はめざましいものがある。これは、その市場に参入し産業を育てることのみならず、インテグレーターを育成するという観点からも、重要だと思われる。

インテグレーターの育成

インテグレーション機能についての不断の探索と、統知企業の育成が求められる。一般的にインテグレーターに求められる能力には、次のようのものがあげられる。

①円盤型市場を探索しスライスする切口を発見する能力
②その切口で利益を最大化するビジネス・アーキテクチャーの開発能力
③アーキテクチャーの標準化と部品プレーヤーを組成する能力
④ビジネス・アーキテクチャーの開発時に同時に顧客を組成できる能力
⑤既存部品の低価格化誘導や先端利用技術を発見する能力
⑥障害となる規制や阻害要因を取り除く能力

すなわち、①不断の探索を通じ未知の円盤型市場をスライスできる、新しいタイプのマーケティング能力がまず必要になる。そして、②この切口に参加するパートナーの利益最大化のため、パソコン無料配布のように既存製品をインフラとして活用することや、バーチャル医療などの先端技術活用などを視野に入れビジネス・アーキテクチャーを組み立てる能力が求められる。そして、③これを標準化することを通じてパートナーをネットワーク化する能力がいる。さらに、④マーケティング・サイクルの短縮化に合わせ顧客を巻き込んだ開発コンソーシアムを作る力も必要となる。⑤先端技術を発見し、取り込むことも必要だろう。加えて市場を顕在化させるにあたって、⑥種々の障害を発見し、取り除く力も要求される。

いま必要なことは、こうした機能を実現できるインテグレーター育成の動きを加速することである。今後21世紀を展望するとき、このプレーヤーすなわち「インテグレーター＝統知人材」というべき人材を育成する目標が立てられるべき時代に入った。この統知・インテグレーション機能の成立があって初めて花びら型産業に動態的活力が注入され、あだ花として散ることなく大輪として花開き実を結ばせることができるのである。これが、花びら型産業である「社会システム産業」に動力を与える原理となろう。

こうした方向に誘導するために、大学教育の見直しや、国家資格としての産業インテグレーター制度を検討してもよいだろう。

阻害要因を取り除く能力

「社会システム産業」を実際に事業化するときに、最も必要とされる能力が、⑥の「障害となる規制や阻害要因を取り除く能力」である。

「社会システム産業」は、医療福祉市場、環境市場、メンテナンス市場、防災市場、生活文化市場、ITS市場などの社会の課題を解決する産業である。そして、これらの市場の多くは、医療や介護、廃棄物処理、道路や橋梁、教育、交通管理など、これまで政府や地方自治体が公共政策として行ってきた分野でもある。

「社会システム産業」が課題を解決したいと考える多くの市場は、公共領域と重なっていたり接したりしている場合があるため、インテグレーターは、政府や地方自治体と一体となり協働して花びら型産業を形成することや、各種の規制をクリアしていくことを念頭におかなければならないことになる。

介護ロボットスーツ「HAL」は、優れて「社会システム産業」の重要な要素になると考えられる。足の不自由な人がこの介護ロボットのスーツを着て、この力を借りて歩行できるようにするものである。これは20年前から開発が始められたものであるが、筆者は「社会システム産業」の一翼を担うものとして、面白いと思って注目してきた。当時は歩こうとする脳や体からの信号とロボットの動きが同期化できずに倒れてしまうところをイベント実演で何度も目の当たりにしたものである。そこからから始まったHALは、現在では欧州や米国、日本の認証を受け、さらに多様な部位のスーツの開発に進み、単なる介護機器の領域を超えて身体能力の改善や再生医療の役割を演ずるところまで発展してきた。

これを開発した山海嘉之筑波大学教授・㈱サイバーダインCEOは、人間・機械・情報の融合した新しい学術領域「サイバニクス」分野を立上げ、その研究成果を「生活支援」に活用するという理念のものとにＨＡＬを開発してきた。しかし、新しい学術領域から生まれたものであるだけに、ＨＡＬをここまでもってくるのに、適用すべき制度が見当たらない、治験は海外から始めるなど遅れた日本の制度が障害になり、制度クリアに相当の労力を使ったようだ。

山海教授によれば、これは「ひと支援産業」の形成に連なるもので、こうした産業を育てるには、ロボット開発という技術的な取組もさることながら、国際規格や社会実装など社会的な取組が欠かせないと言う。

これはひとつのインテグレーターの例である。「社会システム産業」を形あるものにしようとするとき、これまで全く世の中に存在しない新規のアイデアが多数飛び出すことが考えられる。そのとき公共領域と重なる部分において、もし制約になることがあれば、これをブレークスルーするのがインテグレーターのひとつの役割になる。

花びら型社会システム産業の自己組織化

さらに、組織ノウハウの開発も必要である。花びら型産業＝「社会システム産業」における組織のインテグレーションは、単に中央コントロールという技術ではない。

おそらく、自律分散型のコントロールを組み合わせて、全体を整合させるノウハウである。鳥が群をなして飛んでいくときの原理に近いものが要求される。複雑系の科学によれば、鳥一羽一羽に「隣の鳥と同じ早さで飛ぶ」「隣の鳥と近づきすぎたら離れる」「同じ方向に飛びたい」という三つのルールを与えるだけで、鳥は群をなして飛ぶという。そのときリーダー鳥は決まっていない。

「社会システム産業」の〝花びら〟の組織化は、このような自己組織化の原理を応用するものとなろう。価値観の異なる企業同士、加えてNPO組織、このようなプレーヤーの参加によって成り立つ花びら型「社会システム産業」においては、インテグレーターは資本力による統合者というよりも、参加する鳥一羽一羽に共有する価値を伝導する自己組織化の触媒であり「簡単な三つの活動ルール」すなわちビジネス・アーキテクチャーの創発者なのかもしれない。

結局のところ、花びら型の「社会システム産業」は、ビジネス・アーキテクチャーの標準化と自己組織化という二つのテーマのスパイラルな発展と、インテグレーターという企業や職種をいかに育成するか、ということが重要な探索課題になろう。

既存組織の分解・ブティック、モジュール化

「社会システム産業」のひとつである住宅という市場をめぐって、これにかかわる「花びら」である住宅設備、建材会社などが企業統合してひとつの会社になった例がある。いわば、住宅設備市場をめぐるコングロマリット企業の出現である。これは、一見、強固な花びら型産業を形成したようにみえるが、吸収合併など資本力による統合の面が色濃くあるため、旧来の企業論理が優先される懸念はぬぐえない。

「社会システム産業」は、さまざまな異業種の大企業に加えて、中小零細な例えば工務店や大工、あるいは畳屋などの最終消費者に直接サービスを提供する企業の参画によって、重層的な花びら型産業構造をもつことが要求される。

刻々と変化する状況に対しては、大企業体質では対応しきれない可能性が多いにある。

そこで、ネットワーク社会にふさわしい組織パラダイムの探索が必要となる。

21世紀の成長産業となる「社会システム産業」に参入するために、大企業はコングロマリットを目指すよりも、むしろ企業の既存組織を分解・ブティック化して〝花びら〟の一枚として他の〝花びら〟との結合によって円盤型の社会システム市場を開拓する、という姿勢をもつことが求められることになろう。

これからは、企業は統合されるよりも、分解されモジュール化される。そして再結合される。企業の既存組織の一部が社会システム産業に加わることもあれば、場合によっては企業人である〝個人〟が参加することも十分ありうる時代になる。シュンペーターのいう組織のイノベーションの発生である。

IoT＝社会システム産業の時代にあっては、小規模単位の企業や個人単位の事業主の存在が鍵を握る。だから、副業者やフリーランス、テレワーカーの存在が重要になる。

間接制御型ネットワークの形成

そして、この分解された多様な組織や個人を組み合わせ、ひとつのまとまりを得ることが求められる。

花びら型の「社会システム産業」として自己組織化を図るために、そのひとつの方法として、間接制御型ネットワークの形成がある。これは、直接的な資本関係や取引関係を通じない新しい企業間関係の形成である。

例えば、TVゲーム産業におけるソフト開発において、直接的な資本関係や取引関係に依存しない、契約等のルールにもとづく企業関係がみられるようになった。

大阪国際大学の小橋麗香助教授（現、名古屋女子大学、坂本麗香准教授）によれば、任天堂のファミコンのソフト制作におけるネットワークは、ルールにもとづく場の形成による一種の間接制御型ネットワーク・モデルである。★26 次のような特徴がある。

▼任天堂と個々のソフト企業との間に、従来のような資本の所有関係や商品の取引関係が存在

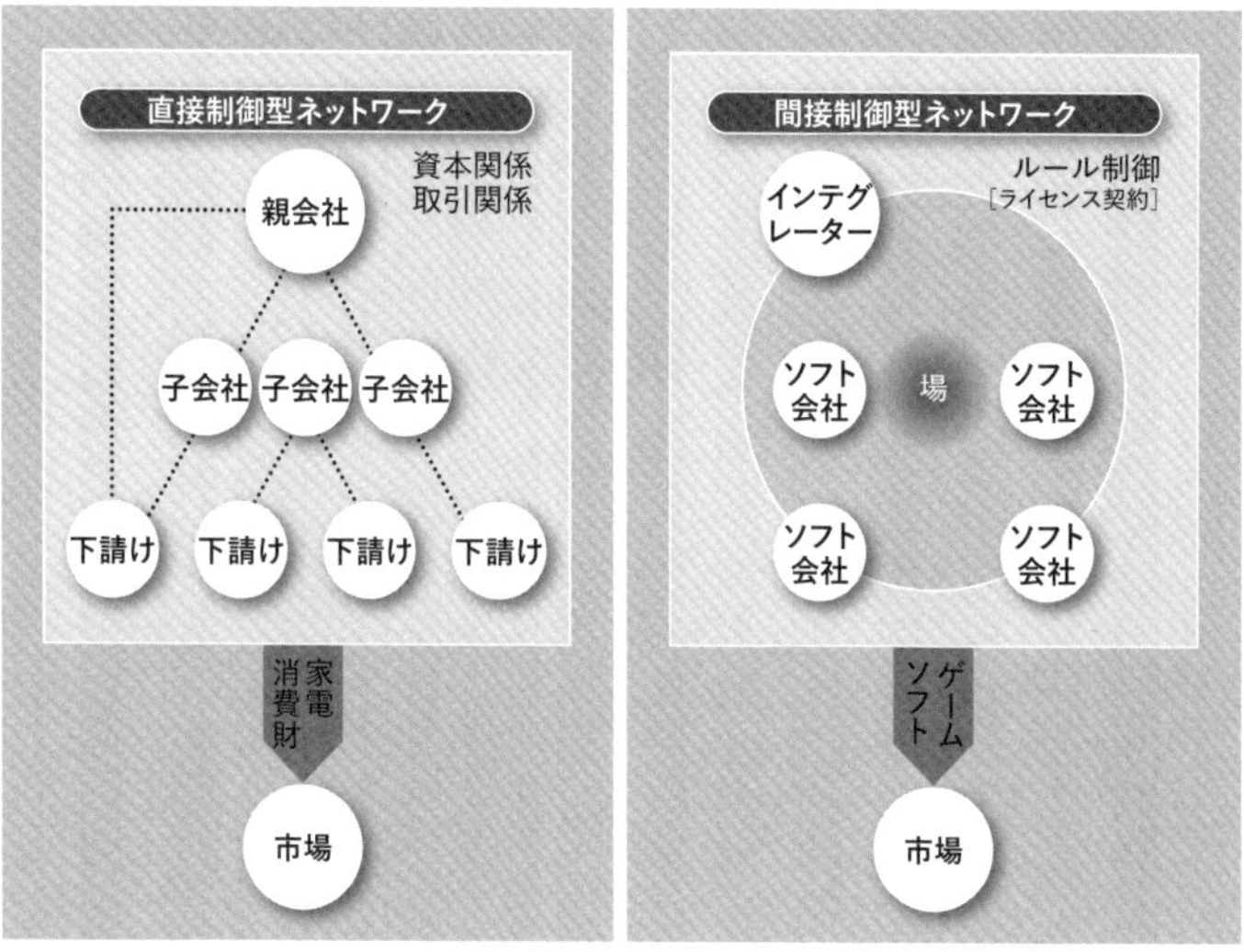

図表23▶企業間コントロールの2形態

していない。

▼これら諸企業による活動のコントロールが、さまざまなルールによって制御されている。

▼任天堂はコアとなるハードの提供とともに、ライセンス契約という制御ルールによって、ソフト会社が自社で開発したソフトの販売という形で参加できる「場」をつくっている。

なぜ、このような形態をとったのか。一般的にいえば、ソフト会社が開発したソフトを、版権はソフト会社に与えて任天堂が選別して発売することも可能であった。また、企画段階で面白いソフトを作りそうな会社に資金を与えて介入することもできたはずである。

しかし、そうしなかったのは、小橋はゲームソフトのもつ事前評価の困難さ、不確実性の高さにあるのではないかと考えた。ヒット商品は事前に見抜けないし、またその確率も低いという特性があるため、任天堂としては、直接型コントロールではリスクが高すぎた。そのため「場」によって不確実なリスクを分散したのである。

任天堂はゲームソフトの開発の場で間接制御型ネットワークを構築し、「統知企業」の役割を演じた。

このような「ルールにもとづく場の形成による間接的コントロール」のような企業提携のありかたの模索が、花びら型産業を開花させるインテグレーション、統知の重要なノウハウとなる。

円盤型の市場に対し「社会システム産業」を起こそうとする時、インテグレーターはどこからスライスすれば事業化が可能かを探り、花びら型産業の形成を行う。そのとき、切口はあくまで見当にすぎず、そこにはリスクがともなう。そのため、間接制御型ネットワーク組織を形成せざるをえないかもしれない。このノウハウを早く取得することが、「社会システム産業」で事業を確立する近道となるのである。

Part

3

IoTを使って「社会システム産業」をつくる

第6章 IoTと社会システム産業

1節 IoTは何を可能とするか

IPv6とセンサーがあらゆるものをつなげる

これまで、医療福祉、環境、メンテナンス、生活文化（コミュニティ・社会的事業）、ITS（高度交通システム）などの社会システムにかかわる市場は円盤型市場であって、花びら型産業構造をとらなければ、「社会システム産業」が成り立たないことを述べてきた。

ここで、いま一歩進んで、この「社会システム産業」と「IoT」とのかかわりについて述べたい。まず、IoT（モノをつなぐインターネット）のもつ技術的な特徴とそれがもたらす効用について概観しておこう。これについてはすでに多くのところで語られているので、多言を要する必要はないが、議論を進めていく糸口となるので、簡単に述べておくことにする。

ＩｏＴについて考えるうえで、まず二つの簡単な技術的特徴に触れておく。

ＩｏＴの特徴の一つめは、ＩＰ（インターネットプロトコル）が進化し、「無限アドレス」といいうるものが使用可能な世界になったことである。かつてのバージョン４（IPv4）では、全世界で43億個のアドレスしか取れないため、せいぜいパソコン同士しかつなげなかった。

これがバージョン６（IPv6）に進化して、ＩＰアドレスの数は一挙に340澗個（340×10^{36}）にまで増えたのである。

数の単位は、一、十、百、千、万、億、兆、京、垓、秭、穣、溝、澗、正、載、極、恒河沙、阿僧祇、那由他、不可思議、無量大数まである。「澗」という単位がどこにあるか、確認してほしい。われわれが想像したこともない単位の数となる。

世界人口一人あたり10の28乗個、すなわちほぼ無限のＩＰアドレスを保有することが可能になる。モバイル端末やあらゆる物すべてにインターネット上のアドレスが付いたうえに、未使用のアドレスが無尽蔵にある状態となるのである。

二つ目は、これまでになく各種センサー、RFID（ＩＤ情報をもった無線通信タグ）やＩＣタグ（無線荷札）などのセンサーが効用を発揮する社会になることである。

これは極小の端末で、このセンサーにIPv6のアドレスが付けられて、センサーの情報がインターネットにつながるというのがＩｏＴである。まさに「モノ」の情報が、人や他の「モノ」に伝えられ、ネットワークが人と人から、人とモノ、モノとモノそれぞれがつながる世界が到来した。

センサーは光、温度、磁気など多種多様生まれており、対象が何であるか、対象がいるのかいないのか、対象がどうなっているか、対象を取り巻く環境はどうか、などの情報を提供してくれる。このセンサーがひとつの端末となり、これにIPv6のアドレスがうまく付与され、ネットワークと組み合わさることによって、ＩｏＴは加速度的に進化しはじめた。

まさにモノとモノの結合（ＩｏＴ＝Internet of Things）の始まりである。

モジュールとＡＰＩがあらゆる機能を分解し交換可能にする

さらにＩｏＴは、モジュール化の進展とその接続のためのＡＰＩを生んだ。

モジュールとは、ひとつの機能単位のことである。細かい単位でバラバラになった製品や部品、機能、ノウハウなどである。

ＩｏＴは、企業の生産から販売までの一連の流れをバラバラに分解する。これをアンバンドリング化というが、このアンバンドリング化で生まれるモジュールは、交換可能な構成部品となり、他のモジュールと一定のルールをもって結合することにより、新しい機能や製品、生産体制を生みだすことを可能にした。

そして、一定のルールによってモジュール間の結合を可能にするのがＡＰＩである。

ＡＰＩ（Application Programming Interface）とは、あるソフトウェアから別のソフトウェアの機能やデータを呼びだす手順や仕組、規則のことである。これによって、外部のプログラムやサービス、データを「部品」として簡単に活用できる。

アンバンドリング化されたモジュール同士がつながるためには、標準化されオープンなインターフェースを必要とする。この役割を果たすのがＡＰＩである。これによって、遠隔地にあるコンピュータの提供する機能やデータを取り込み活用したソフトウェアを開発することができる。

ＩｏＴはモノとモノがつながる社会において、モジュールとＡＰＩを出現させることを通して、革命的な力を発揮する。

ＩｏＴがもたらす社会的課題への対応の広がり

IPv6、センサー、モジュール、ＡＰＩなどのＩｏＴがもつ技術的な特徴が、われわれの社会に大きな影響を及ぼしている。これもすでに多くが語られているので、筆者なりにその姿を簡単に素描しておく。

◉第一に「生活支援」をしてくれる。

一人ひとりに寄り添って生活を支援する。人の置かれた状況や気持ちを判って、さりげなく必要なサービスを提供してくれることができる。

安全安心サービス——ひとり暮しの老人がお風呂に入ったときの安全確認や、窓ガラスに埋め込んだセンサーによる空き巣対応などが行われる。

健康管理サービス――便座に座ったまま健康管理データの測定を行い、「面倒で習慣化しにくい」、「つい測定を忘れがち」な生活習慣病の改善支援が可能となる。

文脈サービス――かつてのマス・マーケティングが、個人に対応するワンツーワン・マーケティングに進化し、IoTでは、コンテクスト、文脈、その人がどういう状況におかれているのか（Context Awareness）ということを把握してサービスを提供できるようになる。

◉第二に「知の集積・分散・移転」が起こる。

IoTによって、世界中にある「知」の集積が起こり、また分散する。そして「知」がやすやすと移転することになる。

知の集積――IoTにつながる人たちは、単なる情報の受け手でなく情報の発信者になることができ、ユビキタス（いつでも、どこでも、誰とでも）につながる状態をつくれるため、知が結集してビッグデータとなり、製品やサービスの開発改良や新しいアイデアの出現が可能になる。

知の分散――特定の場所にしかない高いノウハウを分散させることも可能となり、建設機械をオフィスから操作する、遠隔手術をする、テレビ電話薬剤師、遠隔ピアノレッスンなどができる。

知の移転――製造業では「つくりこみ」のコツ（技能）は暗黙知としてなかなか人に伝えることはできなかったが、IoTでは、膨大な情報によってコツのなかからその一部であるウデ（技法）というものを形式知として浮かび上がらせ、伝達可能にする。

◉第三に「資産管理」を可能とする。

あらゆるモノにセンサーがつけられ、そのモノの動きを監視し管理する。

資産管理――各種センサーを工場や倉庫、駐車場、農場などに設置し、環境の状態や異常を監視し、工場設備の管理や商品の在庫管理、建設機械の稼働管理、防犯管理を遠隔コントロールする。

商品管理――一つひとつの商品にICタグが付けられ、仕入から販売までの動きを追跡・管理し、POSレジの機能をレベルアップして無人レジとなる。

◉第四に「大域監視」を可能とする。

監視・追跡能力が飛躍的に向上するため、広いエリアをくまなく漏れなく監視や計測することが可能となる。

交通管理――どこでもタクシーの呼び出しができ、また車がセンサーの塊となって自動走行や交通管理、物流管理、駐車場管理などが行われる。

広域管理――廃棄物管理をはじめ、鉄道・道路・橋梁・トンネル・建物などの管理、ひいては国土の歪み具合や、地震、火山噴火の予知が高い精度をもって大々的に行われる日もそう遠くはない。

ＩｏＴは現実社会を支援する

このように、ＩｏＴが実現するサービスは、人々の健康管理や人々の安全、車の自動運転や公共サービス、いま欲しいものに対する情報提供など「現実」の生活を支援してくれる。

また、企業の製造現場や工事現場、病院、農場、さらには店頭、あるいは資産や商品管理、橋や鉄道管理などの「現場」の仕事そのものを支援してくれる。

いわば、ＩｏＴは「現実生活や、現場仕事を支援してくれる」という特徴をもっている。この特徴は、いままでのIPv4のＩＴ環境下では見られなかったことである。

90年代に現れたインターネットのＩＴ時代には、ｅコマースが脚光を浴びた。そして、ブロードバンドが注目されるようになってからは、映像・音楽に関心が集まった。

しかし、いま始まっているＩｏＴの時代にあっては、「現実生活を支援する」「現場仕事を支援する」、つまり「現実社会」を支援することがクローズアップされることになる。

2節　ＩｏＴによる現実社会支援

ライドシェア事業の登場

ＩｏＴを使った「現実社会」を支援するビジネスが現れた。米国のウーバーや中国DiDi（滴滴出行）による自動車の相乗りができるライドシェア事業である。

タクシーに乗りたいときに路上では捕まえにくく、一般の自家用車の空いた席に乗せてもらうにしてもその術がない、この現実問題を解決するものとしてＩｏＴを使ったライドシェア事業が始まった。ライドシェア事業は、ＩｏＴの普及によって、一般の自動車の所有者・運転者と、自動車に乗りたい利用者を効率よく結び付けることが可能となって生まれたサービスである。

なかでもDiDiは、タクシーを対象にしたライドシェア事業で、先行した米国のウーバーを超える発展をとげている。

中国の国内ではわが国と同じように、白タクは違法で仮に乗ったとしても各種のトラブルを起こす可能性がある。このためDiDiのライドシェア事業は、乗客相手に直接サービスするのではなく、タクシーのドライバーを共同事業者として、このドライバーとタクシーの利用者とをマッチングさせるものとして始まった。

そして、複数のタクシー会社のドライバーを加えたことで利用できるタクシーが増え、また利用者が直接タクシーに乗車依頼できるプラットフォームへと拡大した。

米国では白タクが認められているために、ウーバーはタクシードライバーに加え、一般の乗用車をドライバーにして事業を展開している。

この事例は、二つの示唆を与えてくれる。

ひとつは、IoTで現実社会の支援を行おうとするとき、第2章で述べたギグエコノミーというものを活用していることだ。

いまひとつは、交通問題という社会システムの市場に対し、IoTを活用して「社会システム産業」を起こしていることである。

この二つの意味することについては、後に詳しく述べよう。


わが国のIoTによる先進的「社会システム」事業

わが国でも、IoTを使った「現実社会」を支援する多様なビジネスが登場している。

2016年、日本郵便、日本IBM、NTTドコモ、かんぽ生命、第一生命、セコム、綜合警備保障、電通の8社が新会社を立ち上げ、IoTを活用した高齢者の支援に向けたサービスを実施することになった。「高齢者支援に郵便局網」である。

また2018年、トヨタは車を作る会社を超え、人々のさまざまな移動を助ける会社、モビリティ・カンパニーへと変革する宣言をし、ソフトバンクをはじめとする企業と組んでMaaS（Mobility as a Service）を実施することになった。IoTによる〝コネクテッドカー〟という旗印のもと、自動車が小売業や物流、金融、不動産などとつながって、街なかの移動や移動に伴う現実を支援するサービスを開始した。

さらに2019年、政府はテレビ、エアコンなどがＩｏＴで結ばれる「つながる家電」の普及の後押しを開始した。これまで、個々の家電製品づくりが得意であった企業が、自社の家電製品にこだわるのではなく、複数の企業と連携し各社の製品、テレビ、洗濯機、掃除機などの稼働状況を組み合わせ各種のデータを得る。これにデータ解析企業と警備保障会社などが参加して、高齢者の見守りサービスなどを開始した。

これらのビジネスは、高齢者の見守りや街なかの移動に伴う各種生活サービスなどを提供するものである。ＩｏＴを使って医療福祉や交通問題などいわば社会のシステムにかかわる「現実生活を支援する」ことが行われ始めたのである。

これらのビジネスは、社会の諸課題を解決する「社会システム産業」を担う企業になろうとしている。

IoTはモノをつなぐCPSから始まった

ＩｏＴの時代と言われてから、その黎明期を含めると20年あまりが経過した。

当時すでに、ＩｏＴのパワーは「社会的課題の解決に向かう」ことが認識され、「ユビキタス・ネットワーク」と「ＣＰＳ」という二つの考え方が世に示された。

ユビキタス・ネットワークは野村総合研究所が標榜したもので[★27]、いつでも、どこでも、誰とでもつながるネットワークという特性を捉え、これから新しい市場や新しい社会システムが生まれることを提唱した。

CPS（Cyber Physical System）は、NFS（米国国立科学財団）が提唱した考えで、インターネットの「デジタル空間」と「現実の空間」が結びつくある種のシステムが形成される社会を表したものである。IT（Cyber System）が、センサーを介して、実世界（Physical System）と結びつく。そのことによって、各種の変革が起こることを展望した概念である。これは、IoTの本質をみごとに言い当てている。現在、このCPSの考え方にもとづいた各種の研究が進んでいる。

そして社会を対象とするCSSへ深化した

しかし、世の中はもっと進んでいるようだ。CPSが示す実世界「Phyical」という言葉は、一義的には物質、身体、自然科学などを意味し、転じて広い意味での製造現場や工事現場などを「モノ」にまつわることを表す概念であるが、今日のIoTの様相の広がりにくらべるとすでに概念的に狭すぎるようになってきた。

IoTは日々進化し、物理的なモノのシステムにとどまらず、「社会」のシステムにまで及びはじめている。

むしろ、実世界という場合、いまや、われわれを取り巻く現実社会、「Social」という言葉のほうがふさわしいように思える。

だから、ＩｏＴがもたらすものは、ＣＰＳを超えＣＳＳ（Cyber Social System）であると考えたい。ＩＴ（Cyber System）が、センサーを介して、現実の社会システム（Social System）に結びつく。ＩｏＴが行うのは、「現実社会」の支援だからである。

これが産業化したとき、CSSI（Cyber Social System Industry）、「社会システム産業」となる。

ＩｏＴはわれわれの「現実社会の課題解決」の支援を、実際にしてくれるところまで到達したのである。「ライドシェア事業」のタクシー配車や、「高齢者支援に郵便局網」の高齢者サービス、「MaaS」の移動時の各種サービス、「つながる家電」の家庭での各種サービス、これらはＩｏＴを使って〝現実や現場〟を支援する「社会システム産業」の一翼を担うものとして始まった。

そしてこれから世の中に新しく現れるＩｏＴを活用したサービスや事業の多くは「現実社会」を支援するものとなる。いわば、ＩｏＴを使った事業を実施するということは、現実社会と向き合う「社会システム産業」が存在することを意識せざるをえなくなるのである。

3節 ライドシェア事業のウーバーが提起した二つの問題

ライドシェア事業の運転手を従業員にする

ＩｏＴはいまやＣＰＳを超えＣＳＳ（Cyber Social System）に進化した。ライドシェア事業は、その代表例である。これはＩｏＴを使って空いている車に相乗りするシステムであり、ギグエコノミーというものを活用している。

ＩｏＴの進展とともに、ギグエコノミーというものが登場した。インターネットを通じて、単発の仕事を受注する非正規のフリーランスの仕事をする人たち、ギグワーカーに支えられる経済形態のことである。

米国のウーバーは、このギグエコノミーを活用することで進展をとげた。

ここに、何やら面白い事例が現れた。「ライドシェア運転手を従業員にする」という法案が米国カリフォルニア州の議会で可決された。またフランスの最高裁は「ウーバーと運転手は雇用関係にある」との判断を示した。

このカルフォルニア州法制化の背景には、二つの理由が存在する。

第一の理由は、米国のライドシェア事業ではドライバーだけで生計を立てている労働者が少なくないことが背景にある。この車のドライバーを副業者が行うのでなく、いわばフリーランスが専業のドライバーとして働いている人が少なからずいるということだ。ガソリン代は自分持ち、売上の20%はウーバーなどのライドシェア事業者に払っているので、生活が成り立たなくなるドライバーも現れた。

ライドシェア事業では、ウーバーがインテグレーターであり、ドライバーが花びらの参加者である。このドライバーは、ギグワーカーとして、一般には四つのケースが考えられる。タクシー運転手を本業とする人が副業でライドシェア事業に参加する、一般企業の副業者が行う、フリーランスがやる、この一形態としてリタイアした健康な高齢者がやる、の四つである。

カリフォルニア州で問題となったのは、おそらく、フリーランスが専業としてウーバーのみのライドシェア事業のドライバーをやっている場合なのだと思われる。「専業」としてライドシェア事業のドライバーをやれば、生計が成り立たないケースがでてくるようだ。

だから州政府が、ドライバーはフリーランスとしてではなく、フルタイム従業員にして最低賃金と社会保障をカバーするよう求めたものである。

IoT＝社会システム産業時代の「会社」とは何か

ライドシェア事業のような交通問題を解決する事業は、「社会システム産業」であると捉えられる。したがってその組織は、花びらのように参加するメンバー同士に自己組織化の原理が働くようになるのが理想である。固定された組織ではなく、自由でありながら先に述べた「ルールにもとづく場の形成による間接的コントロール」が必要になる。

こうした点から考えると、カリフォルニア州の例は自己組織の原理ではなく、これまでの組織形態である「会社」にドライバーを押しこめてしまうことになる。

問題は、ＩｏＴを使った「社会システム産業」の時代における「会社」とは何かが、問われるということだ。より単純化していえば、フリーランスの社会的立場をこれからの社会でどう位置づけていくかの問題である。

そもそも現在の「会社」という組織は、20世紀の産物である。

シュンペーターは、「会社とは、新しい結合によって生まれたものを持続化するためのものである」と定義する。イノベーションの結果生まれたものを持続化することを目的にしているので、この会社というものには本来イノベーションは存在しない。イノベーションによって生まれた新しい製品を、ひたすら作り続ける存在だというのである。

これは、第一次世界大戦時に欧州に起ったことであり、戦時物資の大量生産を続けるために従業員を抱える会社組織が効果的であると位置づけられたことによる。それまでは、従業員は〝必要に応じて〟会社に召集される存在であった。

わが国では、第一次世界大戦の特需に対応するため、優秀な人材の引き抜きを防止し、従業員の固定化を図るために終身雇用制が採用され、第二次大戦後、これがより強く補強されたことはよく知られるところである。

つまり、今の会社というのは、第一次世界大戦の特需に端を発し、その後、米国のモノの消費文明に由来する大量生産を持続することに意が注がれ、従業員が固定化された結果なのであって、いわば20世紀の産物である。

これが「社会システム産業」の時代にあっては、会社と従業員の関係は固定されたものではなく、いやむしろ第一次世界大戦の前にみられたように、必要な人材は〝必要に応じて〟会社に召集される自由度の高い関係になるかもしれない。

したがって、IoTを活用した「社会システム産業」の時代は、個人のノウハウが活躍する時代となることを見据え、「会社」というものをもう一度考え直してみることが必要なようだ。カリフォルニア州の議会は、その問題を提起した。

これまでの「会社」というのは旧いパラダイムになって、「社会システム産業」の時代では、企業組織の分離・モジュール化が当たり前となり、加えて兼業・副業社会を迎え、「会社」はあたかも従業員の教育機関として存在することにのみ意義を見出すことになるかもしれないのである。

これからの時代における「間接制御型ネットワーク」の深化が期待されるゆえんである。

IoT＝社会システム産業時代の「社会保障」はどうあるべきか

そして、このような時代の社会保障のあり方も新たに検討する必要がある。

カリフォルニア州のドライバーの従業員化は、「社会システム産業」の時代に即した社会保障の改変に手をつける時間がなかったことが原因と思える。

「社会システム産業」の時代は、従業員の自由度が高くなり、場合によっては個人事業主を大量に生むことになるため、「会社」を前提にした社会保障制度は成り立たなくなる。

だから、わが国でフリーランスの社会的立場や企業との契約形態のあり方などの議論が開始されたことは、重要なことである。

フリーランスとしての個人事業主は、わが国では国民健康保険や国民年金に加入するが、雇用保険や労災保険には加入できない。雇用保険や労災保険は従業員の失業時や事故時の保障をするものであるが、個人事業主は事業主であると同時に従業員でもある場合がほとんどであるので、雇用保険や労災保険の適用が検討されてもよいと思われる。これから大量に増えるはずのフリーランスが、事故時などの一時的な失業状態を乗り越える手段が確保されていることは、社会を安定させるためにも必要なことだと考える。

また年金の問題も同様である。会社をやめフリーランスとして独立した場合の年金のポータビリティはもとより、給付型の国民年金だけでは将来がもたないため、個人型確定拠出年金（iDeCo・イデコ）を年金の補完的なものとしてではなく、これを主軸にした体制に切り替えることは不可欠のように思える。

これまでわが国では「豊かさ」価値観に依拠して、親方日の丸、おんぶにだっこの給付型年金制度を当然としてきた。世代間の仕送りの仕組と会社組織を前提にしたこのシステムが立ち行かなくなることは、目に見えている。

「社会システム産業」は、産業形態の変更はもとより、会社組織の変革、社会保障制度の改革など、多くの社会を取りまく仕組の変更を要請するだろう。

このような事態に対し、これまでの経営組織論や社会制度論が役に立つだろうか。しかし、いまのところ有効なものは未知である。

モノの文明たる大量生産の産物である会社組織や社会保障制度に早々に見切りをつけ、自己組織化の会社組織や社会の仕組みに変わったとき、われわれは初めて20世紀を乗り越えることができるだろう。20世紀の産物としてのアメリカを模倣することなく、われわれはこの未知の世界に挑戦し、手探りでもいいから、まだ発達を続けなければならないと考えるのである。

誰も知らない見たこともない大海原への船出である。

ウーバーのもうひとつの蹉跌

「ライドシェア運転手を従業員にする」という法案が米国カリフォルニア州の議会で可決された第二

の理由は、ＩｏＴと「社会システム産業」にかかわる問題である。
それは、ライドシェア事業の雄であるウーバーのビジネス・スタイルが社会から問われたことだ。[★28]

ウーバーは、自らやっているライドシェア事業をＩｏＴ活用のテクノロジーサービスと考え、「テクノロジー」の会社だと定義する。「輸送会社」ではないとするのである。したがって、ドライバーは「労働者」ではなくウーバーが提供するソフトウェアの「顧客」と捉えられる。ドライバーはウーバーがもつＡＩ（人工知能）の指示に従うのみで、ドライバーの事情が斟酌されることがなく、ＡＩの指示に従わない場合はドライバーの立場を失う。

加えてウーバーはライドシェア事業が、あたかも昔のＩＴ時代のｅコマースのように乗客という消費者にモノを売るかのようにして事業が成立すると錯覚したようである。

こうしたことが、社会の軋轢を生んだ。ウーバーに関するアメリカ全土での労働訴訟や抗議、ドライバーとの衝突が増えているにもかかわらず、ウーバーは労働者問題をひとつも抱えていない立場を貫いている。

これがもうひとつの理由になって、「ライドシェア運転手を従業員にする」ことが法制化された。

必要となる「社会システム産業」の自覚

ここに示されたことは、ウーバーのＩｏＴへの技術の過信があり、ＩｏＴは「現実社会を支援する」点が見落とされたことである。

ウーバーはIoTを売っているのではなく、「配車」を売っているのだという米国中から湧き上がる意見を顧みず、ウーバーが「テクノロジー」の会社を標榜し続けているために、輸送にかかわる「社会システム産業」をやっている自覚がないことが、社会の混乱を大きくした。

これは、「IoT」と「社会システム産業」は一体の関係にある、という問題を世間に再認識させた。IoTだけを強調しても、所詮、ウーバーのように世の中には受け入れられない。一体関係にある「社会システム産業」に意を注ぎ、現実社会と向き合うことがIoTを生かすことになるのである。

これを踏み外してIoTのみで事業を行うことは、事業として成り立たないばかりか社会に無用の混乱を起こすだけである、と自覚する必要がある。

4節 現実社会の支援で表裏一体となる「IoT」と「社会システム産業」

IoTと「社会システム産業」は一体となって現実社会を支援する

ウーバーの例にみられるように、IoTのビジネスをやるということは、「社会システム産業」を実践していることと同義であると捉える必要がある。

「社会システム産業」は、医療福祉、環境、メンテナンスや防災、交通などがもつ課題を解決し「現実社会の支援」をする。社会全体を構成する「社会システムの市場」を産業化する産業である。

だから、IoTのパワーは「現実社会の支援」において、この「円盤型」の社会システムの市場を通じて「社会システム産業」に投影する。「IoT」と「社会システム産業」は社会システムの市場を通して一体化するのである。

いまここに、社会全体を覆うような「現実社会の支援」をする仮想的巨大な一枚の社会システム市場のコインがあるとすると、「IoT」と「社会システム産業」は、コインのオモテとウラということになる。コインのオモテ面にあたる「IoT」は技術の塊である。この技術を使うことは、「現実社会の支援」をすることとほぼ同義になるので、結局、これは社会システム市場に働きかけてコインのウラ面にあたる「社会システム産業」を湧き立たせることにつながるのである。

IoTを活力あるものにすることは「社会システム産業」を振興させることであり、「社会システム産業」を振興させることはIoTに活力を与えることである。この二つは、表裏一体の関係にあるとみなすことができる。

「社会システム産業」は、現実の社会において、個人の生活環境を向上させ、あるいは工場や作業現場の効率化、さらに交通問題や環境、防災問題など社会を取りまく状況の改善を通して、社会全体のレベルアップを図ることを事業目的にした一群の企業が形成する産業のことである。

これを、IoTを活用して高度な産業に仕立てる。

したがって、「高齢者支援に郵便局網」、「MaaS」、「つながる家電」は、いずれもがIoTを活用して社会の現実的な課題を解決するものとして登場した点で、「社会システム産業」にかかわるビジネスである。

別の言い方をするなら、IoTを活用して事業を立上げるとき、その多くは必然的に「社会システム産業」を形作るものとなるということである。

社会システム産業の側から考える

こうしたことから、IoTを使ってビジネスを行うためには、「社会システム産業」をどう振興させるかを考えることが不可欠になる。

IoT側からビジネスを考えるだけでは、それが産業を形成することや市場があるという意識にはなかなか辿りつけない。だからウーバーのような問題が生まれ、社会の混乱を招いた。

IoTがCPS（Cyber Physical System）であるという止まった議論が繰り返され、IoTがすでにCSS（Cyber Social System）にまで辿りつき、現実の社会システム（Social System）にまで影響を及ぼしているという認識があまりないせいだとみる。

だから、もう一面の「社会システム産業」の側から〝現実社会の問題解決〟を考え、IoTを活用する社会を見つめ直すという作業が必要だということだ。

この作業の延長上に「産業」をつくるという視点がある。

2016年に政府の科学技術基本計画で示された「Society 5.0」はわが国の未来を展望するものとして、いつも取り上げられ話題となっている。

「Society 5.0」は、狩猟社会（Society 1.0）、農耕社会（Society 2.0）、工業社会（Society 3.0）、情報社会（Society 4.0）に続く新たな社会を現すもので、わが国が目指すべき未来社会の姿として提唱された。「Society 5.0」で実現する社会は、ＩｏＴで全ての人とモノがつながり、さまざまな知識や情報が共有され、今までにない新たな価値を生み出すことで、各種の課題や困難を克服する。また、ＡＩやロボット、自動走行車などの技術で、少子高齢化、地方の過疎化、貧富の格差などの課題を克服する。社会の変革（イノベーション）を通じて、希望のもてる社会、世代を超えて互いに尊重し合あえる社会、一人ひとりが快適で活躍できる社会を描いた。

同様に、2016年に経済同友会が発表した「Japan2.0」は、「過去の延長線上に未来はない」という認識のもと、2045年を念頭に将来像、社会像を描いた。

いずれもが、未来を語る上で重要な示唆を与えてくれるものである。ＩｏＴが社会の諸課題を解決し、いままでにない新しい価値を生み出し、希望がもてる社会を提示してくれた。

しかしこれらは、ＩｏＴの側でしかものごとを語っていない。

IoTの技術的特徴が何をもたらすか、社会をどう変えるのかは語られるが、経済の根幹たる産業の展望がみえないのである。

これらに欠けている「産業」の展望を示すことが、いま必要であると考える。その産業としてIoTと表裏一体となった「社会システム産業」があると筆者は考える。

そもそも、「社会システム産業」という言葉は、あまり耳慣れた言葉ではない。よく思い浮かぶのは、鉄道やインフラ事業を行っている企業を社会システム産業と呼ぶことがある。それ以外に、産業界ではセコム社が社会システム産業をめざす企業であることを標榜しているほか、この言葉が使われているのはいくつかの企業の一部門の事例があるにすぎない。

IoTの技術的特徴に依拠してあれもこれもと無制限に拡散するビジネス議論を収斂し、IoTは「社会システム産業」を形作るものであるとの認識を世の中全体が共有できれば、ウーバーのように挫折することもなくなり、政府をはじめ民間の活動が一点に集約され、「社会システム産業」が一気に花開くことになる。

まずはIoTビジネスが優れて現実社会を支援する「社会システム産業」という産業群を形成するという認識を共有していただきたい。そしてこれをわが国のアドバンテージをもつ産業の柱となして、世界に冠たる産業を作りたいのである。

必要となる市場の認識と理解

加えて、IoTを使って「社会システム産業」を興そうとするとき、現実社会の課題が何であるのか、その課題を取りまく市場をどう理解するかは重要なことである。

IoTの技術論に注目するあまり、「ひとりよがり」の事業モデルを描いてしまう優秀な企業の例があとをたたない。IoTを使えば何でもできる、という意識が先行してしまっては現実社会の課題解決はおろか「社会システム産業」は形にならないのである。

IoTを使えば何でもできる、それは確かにそのとおりなのだが、その応用すべき「市場」について十分な認識をもつことが必要と考える。

社会システム市場は、第4章で述べたように、「円盤型」の平べったい広がりの大きい市場である。このような市場の存在に気づけば、この市場にどう取り組むかについて考えることができる。

こうすることによって、「何ができるか」ではなく「どうすればできるか」の議論が可能になり、新しい産業が生まれる。この社会システムの「円盤型」市場がどういう市場であるのかの認識と理解を深め、この市場にIoTを使ってサービスを提供するために「どうしたらいいのか」を考えることが不可欠になる。

工業社会はもとより、eコマース時代のビジネスモデルのパラダイムを払拭し、さらにIoT偏重の議論に終止符を打って、この新しいIoT活用の「社会システム産業」に臨まなければ成功はおぼつかない。この市場の特質をみきわめ、これを乗り越える戦略の一端を共有したい。

第7章 円盤型市場の克服

1節 円盤型市場のもつ特質への対応

円盤型市場で新事業を起こすには

社会システム産業には、それに付帯する社会システムの市場がある。この市場は平べったい「円盤型」の市場で、相当に厄介な性質をもっている。

ここでは、この市場はどういう市場なのかをまず理解し、その上で「どうしたらこの市場で新事業を起こせるのか」について考えてみたい。これはIoTで社会システム産業を作ろうとするときの、最大の問題である

この円盤型の社会システム市場を開拓するために、社会システム産業は市場をスライスして「花びら型」の産業形態をとらねばならないことは、第4章と5章で述べた。

問題なのは、この「円盤型市場」にどうアプローチするのかである。医療福祉という円盤型市場を「高齢者支援サービス」という観点でスライスするにしても、依然としてそこには平べったい広大な円盤型市場があることには変わりがない。また、ＩＴＳ市場の「移動」あるいは生活文化市場の「家庭」という切口でスライスするにしても同様で、そこには平べったい広大な円盤型市場が広がっている。

そもそも、こうした「高齢者」や「移動」、「家庭」という切口は、市場を大括りな属性で「厚切り」にすることによって市場を確保するひとつの方法とみられるが、しかし、それでは市場戦略が曖昧模糊となり、何をやっているのか判らなくなる。もう一回切っ先の鋭い問題意識にもとづいた切口で、市場にアプローチすることが求められるだろう。

また、この市場を確保するために関係しそうな多くの企業の集合体、コンソーシアムをつくることもひとつの手になりそうに見える。円盤型市場にアプローチするために、「花びら」を〝分厚く〟組成することを通して、搦め手でものにしようとする方法である。これは、新しい事業を開始するときにわが国ではよくみられる光景で、まず整然と隊列を整えてから〝どこからでもかかってこい〟とばかりにコトをはじめるというものである。しかし、わが国の過去の例では、必ずしも目的意識を共有しているわけではない集合体のコンソーシアムが成功を収めた例はほとんどないに等しい。

このように、「社会システム産業」の医療福祉、生活文化、環境、ＩＴＳなどの市場の分野をさらに細分化し、高齢者、移動、家庭というように市場を分厚く切り取ったところで、また「花びら」のプレーヤーを分厚くしたところで、依然として茫洋とした広大な円盤型市場が広がっているのである。

したがって、「社会システム産業」をかたちにするためには、社会システム市場に特有の円盤型市場にどうアプローチするのかがわからなければ、先に進めない。

いい知恵があるわけではないが、このことを少し考えてみよう。

必要とされる毛細血管サービス

医療福祉、生活文化、環境、ＩＴＳなどの「円盤型市場」を改めて考えてみると、いくつかの特徴がある。

ひとつは、ニーズは多様でマーケットの幅は広いことである。この市場では、工業製品のようにひとつの製品で何百万の需要に対応することができない。ユーザー個人個人へのサービス対応を必要とすることが多い。したがって、円盤型市場が円盤型であるゆえんは、ひとつのアイテムの需要が少なく、市場の底が浅いことである。その分、市場の広がりが大きい。

いまひとつは、この裏返しであるが、この市場に参入するには幹線大量サービスではなく、毛細血管サービスを必要とする場合が多いということである。つまり、ローコストの大量生産、画一化したサービスでは、市場の評価を得ることができず、むしろきめ細かい製品やサービスが必要となる。

このことは、円盤型市場は、20世紀工業化社会における円柱型市場とは全く異質な市場であることを意味する。円柱型市場における大量生産、大量販売のパラダイムは、この円盤型市場ではほとんど意味をなさない。

サービス事業のジレンマ

ここで、円盤型市場における毛細血管のようなサービスとは、どのようなことなのかをみておきたい。

一般的にサービスは、「相対」「非移転」などの性格をもつと言われている。工業製品は、作り手と使う側が遠く離れてどこにいてもよいが、床屋などのサービスでは供給者と消費者が相対していないと成立しない。また工業製品は消費者に渡してしまえば生産者側にそのものは残らないが、サービスの場合は相手にサービスを供給しても供給者側にサービスしたノウハウそのものは移転せずに残る。

サービス事業を遂行する側は、常に顧客に相対するために、毛細血管サービス、つまりきめ細かい対応が要求される。事業者は顧客を満足させて対価を払ってもらうために、高いノウハウをもつことが要求されるが、このノウハウは顧客にサービスを提供しても減ることはない。したがって、ノウハウは高ければ高いほど繰り返し顧客に満足を与える可能性をもつ。結局、サービス事業を行おうとするとき、〝高いノウハウによるきめ細かさ〟という「品質」が必要不可欠な条件となる。

しかし、高いノウハウが属人レベルにとどまっていては、企業規模のサービス事業はおぼつかない。

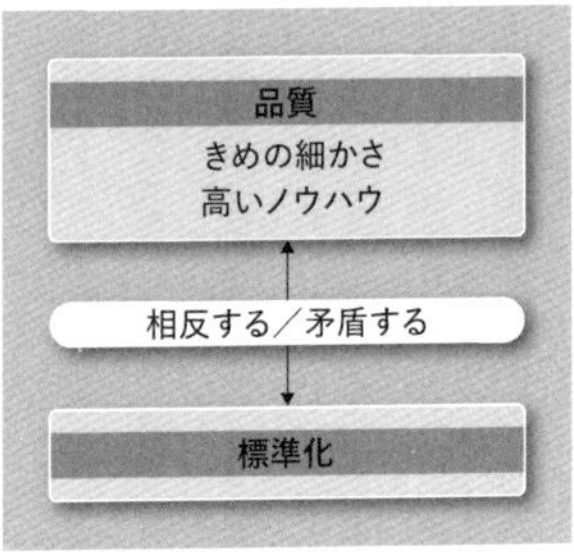

図表24▶サービス事業のジレンマ

そこで、必要不可欠な条件の「品質」を、できるかぎりマニュアルなどで「標準化」することが必要となる。これも、サービス事業を企業化するときに必要不可欠の条件である。

しかし、ともに必要不可欠な条件である「品質」と「標準化」はなかなか相容れないところがある。矛盾するといってもいいだろう。マニュアルなどで標準化すればするほどきめの細かさは失せ、高いノウハウの発露ができにくくなるからである。逆に、きめ細かさを重視すればするほど標準化が困難になる。

スケールメリットの模索

このことから、円盤型市場をめぐる「社会システム産業」に参入する企業が産業化するためのネックは、利用者のニーズが多様で量産が難しく個別に近い対応が必要なため、従来のようにスケールメリットがなかなか効きにくいことである。そのため、低コスト化が困難で価格が高止まりする可能性がある。

この点を克服できないかぎり、企業は参入リスク、収益性などの点で二の足を踏むことになる。これまで、医療福祉や環境などの円盤型市場でこれができなかったため、小さな分割した市場を相手にした中小零細企業の参入しかみられなかった。

したがって、花びら型産業たる「社会システム産業」を蕾から大輪へと花開かせるために、何らかの方法で、スケールメリットの効きにくい部分を解消する必要がある。これらの点が克服されないかぎり、新しい産業は生まれない。また21世紀の産業社会でのわが国のプレゼンスは消滅していることになろう。

円盤型市場が要求する毛細血管サービスを克服し、「社会システム産業」を開花させるために、以下に、IoTを使った三つの方法を提示しよう。

2節　IoTを使って「円盤型市場」を克服する三つの方法

「社会システム産業」の円盤型市場のもつ特質を克服する方法は三つ考えられる。

第一は、製造業や金融業がすでにIoTを取り入れて変革しはじめていることに学び、「社会システム産業」への知見をうることである。

そこから得られる結論の一つは、IoTがもつ技術的な特徴であるモジュール、APIの効用を活用することが市場を手にする可能性をもつことである。

モジュール、APIによるサービスの細分化

IoTは企業と企業をつなぐ。企業と消費者をつなぐ。消費者とモノをつなぐ。モノとモノをつなぐ。そしてその技術から、あらゆる機能が分解するモジュール化がおこり、このモジュールがAPIという技術で他のモジュールと相互に結合できるようになった。

このモジュール化とAPIが、社会的課題を解決し、円盤型市場を手にするカギになりそうだ。

つまり、モジュール化によりサービスを細分化し、それをAPI接続して、円盤型市場に対して「きめ細かい」サービスをするのである。

また、モジュール化とAPIは、円盤型市場に世界中の資源を掘り起こしつなぎ合わせることで、「円盤型市場」において新しい経営資源を獲得する手段をもたらしてくれる。

コミュニティ効果によるサービスの標準化とビッグデータの活用

第二は、ビッグデータはどうしてできたかに学ぶことである。

まず、IoTは事業者とそのサービスを活用する利用者の間で双方向のきめの細かいやり取りを可能にすることを最大限に活用して、円盤型市場が要求する毛細血管サービスに対応することである。

IoTは、その性質からネットワーク外部性において「コミュニティ効果」を生む。これを活用してサービスの「品質」と「標準化」という相反する条件を矛盾なく同時に高めながら、質の高い標準プロトコルを開発することができる。

また、「コミュニティ効果」は、一方で世の中にビッグデータの出現を容易にする。これが「社会システム産業」に有用なプラットフォームを提供し、円盤型市場を確保するさいの強力な手段として機能する。

「B'〔Bダッシュ〕」を加えた社会システム産業ビジネスモデルづくり

第三に、「社会システム産業」に参入した失敗例から学ぶことである。

すなわち、円盤型市場の広大さを克服するためには、B to Cというこれまでのビジネスモデルを払拭し、現場ですでに活動している中小企業者「B'（Bダッシュ）」を「花びら型産業」のプレーヤーとして迎え、B to B' to Cというビジネスモデルにすることである。

この市場は毛細血管サービスを必要とすることから、これまで大企業が手を出せず、家内工業的な中小零細企業にまかされてきた。あるいはＩｏＴのビジネスモデルにもとづいて大企業が参入しても挫折して撤退するほかなかった。

「社会システム産業」を起こそうとするには、この中小零細な企業を「花びら型産業」の一枚の花びらとして加え、一緒に仕事をする枠組をつくる必要がある。

以下、「社会システム産業」がもつ特有の市場、円盤型市場を克服する三つの方法について、それぞれひとつの章をさいて述べていくことにしよう。

第8章 モジュール、APIによるサービスの細分化

1節 IoTによるモジュールとAPI

モジュールの登場

「社会システム産業」の円盤型市場を克服する方法のひとつは、IoTによって生まれたモジュールとAPIを活用することである。

IoTの登場によって、モジュール化が進展している。

モジュールとは、青木昌彦スタンフォード大学教授によれば、「半自律なサブシステムであって、他の同様なサブシステムと一定のルールをもって互いに結合することにより、より複雑なシステムまたはプロセスを構成するもの★29」である。

〝技術〟というサブシステムや単位はもちろん、もう少し大きい〝機能〟単位での要素の分解、あるい

は〝製品〟そのものをひとつの要素にする時代がはじまった。この分解された要素、あるいは単一製品を「モジュール」という。一連の業務システムなどがIoTによってアンバンドリング化・分解され、モジュールが続々と生まれることによって、産業の革新が起こっている。

モジュールは、建築の世界では古くから設計上のインチ・メーター・尺などの基本寸法として使われているものであるが、最近では1980年代に現れたコンピュータ業界のモジュール化がある。IBMのSystem/360はアーキテクチャー（構造の様式、設計思想）の考え方を導入して構成要素（ユニット：モジュール）が標準化されたため、他社互換機メーカーの装置に交換できるようになり、業界が変革された。

そして、1990年代に自動車産業の生産工程においてモジュール化が起こった。自動車の組立ラインで身をかがめて各種パーツを取りつけるよりも、それ以前にラインの外で自動車のフロントエンド、ドア、コックピットなどをあらかじめモジュールとして組み立てることが行われた。ドイツのフォルクスワーゲンは、2010年頃より、これを進化させた基本骨格（車台：プラットフォーム）＋構成要素（モジュール）のパッケージによる生産に入っている。

このように、「モジュール」という概念は、産業界では以前から使われていた。それが、IoTの時代となってにわかに脚光を浴びはじめたのである。

モジュール化が進展する理由

ひとつの製品を完成させるのに、インテグラル型とモジュラー型の二つの方法がある。インテグラル型は、「摺り合せ」の技術とも呼ばれ、自動車などの完成品を作るのに部品を微妙に相互調整しないとトータルなシステムとしての性能が発揮されない製品づくりに向いており、わが国の得意技である。一方、モジュラー型は、摺り合わせや相互調整があまり必要でなく、構想力によって部品を巧みに「組み合わせ」て完成品を作るやり方である。

電話の時代からインターネットの時代になって、通信手順(プロトコル)がデジタル化され単純化されたために、すべての送信データを「カプセル化」して相手に渡すことが可能になった。このことが、「モジュール」というものを切り出すきっかけを与えた。

柳川範之東京大学教授によれば、インターネットによってすべての送信データをカプセル化して相手に渡すことが可能になったため、「(インテグラル型のように)摺り合わせなど事後的調整コストが大きく、一方、(モジュラー型のように)技術の標準化によるロスが小さい場合には、コスト的にみてモジュール化が望ましい」状態が生まれたという[★30]。

つまり、IoTの社会では、モジュラー型開発のほうがインテグラル型のような「非モジュール」型開発よりも経済的合理性に優れているため、あらゆる機能はアンバンドリング(アンバンドル)化・分解され、陸続と「モジュール化」が進んでいるのである。

APIの効用

IoTは、さまざまなモノがネットワークにつながる社会である。さまざまな製品、機器、装置、構造物などのいわゆるモジュールが圧倒的な量の「つながり」を生む。この「つながり」方にさまざまなケースが生じ、「組み合わせ」方を模索することが必要になる。このことは、ある種の「システム」が作られることでもあり、ここに新しいイノベーションが生まれる。

このモノとモノの結合、つまり、アンバンドル化されたモジュールを結合し直すツールが第6章でも述べたAPIである。

API（Application Programming Interface）とは、あるソフトウェアから別のソフトウェアの機能やデータを呼びだす手順や仕組、規則のことである。これによって、外部のプログラムやサービス、データを「部品」として簡単に活用できる。

APIは個別の接続の仕組構築が不要であり、利用者が相互のサービスを提供し合えるため、外部の優れたサービスが利用可能となる。さらに、このAPIを公開することによって、新たな活用方法が開発されるという利点をもつ。

これによって、遠隔地にあるコンピュータの提供する機能やデータを取り込んで利用したソフトウェアを開発することができる。

Web上で公開されている各種の情報の多くは、このAPIが活用されている。身近な例では、レストランやお店の情報はＡＰＩ接続された登録店舗から得られる。その場所を確認しようとすると、Googleの地図が出てくる。これはＡＰＩを使ってGoogle Mapに接続し、その情報を引き出している。また、多数のホテル情報を比較検討できるのも、ＡＰＩを使っているからである。

こうしたソフトな情報を取得・編集するという枠組を超えて、ＩｏＴにより温度や湿度、重力、人やモノの動きなど現実世界の情報を取得し、これを生かしていくことが開始されている。

さらに、別企業のモジュールを活用して自社にふさわしい機能を組み立てることも簡単に行えるようになった。加えて、自社で保有するデータやシステム、アプリケーション、サービスなどの機能をＡＰＩで公開する企業が増えている。ここに多くの頭脳が集積して、システムやアプリケーションそのものにイノベーションが起こることが期待されはじめたのである。

以上のようなＩｏＴのもつ技術的な特徴を生かし、製造業や金融業では大きな変革がすでに始まっている。

2節　インダストリー4.0にみるモジュール化とAPI接続

インダストリー4.0にみる製造業の革新

ＩｏＴのもつ技術的な特徴を生かした製造業の変革が、円盤型市場への対応に多くの示唆を与えてくれる。

ドイツが始めたインダストリー4.0（第四次産業革命）。これは、第一次（蒸気機関）から始まる産業革命が、第二次（電力）、第三次（電子機器、ＩＴ）を経て、ＩｏＴを活用することにより産業に革命を起こすものとして掲げられた。

製造業がＩｏＴを活用して製造工程をモジュール化し、原材料調達・生産管理・物流・販売までの連続したシステムであるサプライチェーンを分解・革新する動きである。

これに関しては、野村総合研究所の藤野直明主席研究員ら3人が書いた「第四次産業革命にかかわる欧州の最新事情[★31]」という優れた論文があるので、それを引用させていただく（以下、藤野論文）。それによれば、

「まず、欧州企業はグローバル化に対応するため、生産拠点を東南アジアなど新興国に移転を行ったが、ここで二つの問題を抱えることになった。一つは、生産拠点の戦線が拡大したために、技術者の不足が

起こったことである。二つ目は、新興国での生産を通じて生産技術の漏えいが起こり始めたことである。この問題を解決するために、欧州企業は生産技術の《モジュール化》を進行させた」。

欧州にこうした動きがでてきた背景は、二つあると考えられる。一つは、先に述べたように、ドイツの自動車業界が早くからモジュール生産に取り組んできた経緯があったことである。そして二つ目は、藤野論文によれば、次のようである。

「欧州にはSAP社やシーメンス社という企業の存在があったことである。SAP社は、統合業務パッケージ（ERPシステム：Enterprise Resource Planning Systems）という企業活動の管理、製造スケジュール管理など企業全体を一元的に管理するシステムを先進的にもっていた。またシーメンス社は、製造活動における企画、製造、販売、保守、廃棄など全般にわたる製品ライフサイクル管理のシステム（PLMシステム：product lifecycle management）をもっていたからだ」。

ドイツはこうした背景をもとに、国をあげてモジュール化に取り組むこととなった。

「2012年、産学官の有識者からなるインダストリー4.0ワーキンググループが《標準化》を提言した。これは、《モジュール化》を産業全体に《標準化》して行きわたらせ、一企業だけでなく、企業間で《つながる》状態にしようとするものである。このため、モジュール間インターフェースを国際標準として公開しようとする意欲的なものであった」。

モジュール化とAPIが「各種問題解決」への柔軟さを生む

この結果、グローバル化によって生じた問題の解決に至る。

「ドイツ企業は、アジアにおいて生産のモニター制御、技術支援を本国のマザー工場からネットを介して提供できるようになった。設備の自動化と遠隔監視制御によって、技術者の不足とノウハウの漏えいという二つの問題の解決が図られている」。

そしてより重要な点は、これによってインダストリー4.0、第四次産業革命が起りつつあることだ。モジュールはある意味で自社のノウハウの塊である。これをブラックボックス化し、他社のブラックボックスであるモジュールをつなぐインターフェース部分を標準化してAPIでオープンにする。こうすることで、他企業の生産プロセスに容易に接続できる。

したがって、藤野論文はこう述べる。

「これまでわが国が得意としてきた密に摺り合わせをした一連の生産プロセスはガラパゴス化して意味がなくなり、取り換え可能な生産プロセスへと置き換えられる。これがIoTによるオープンイノベーションである」。

製造業のIoT化によって、これまでの製造業のサプライチェーンの多くがモジュール化されアンバンドリングが可能になった。そして、分解されたモジュールがAPIで参照され、他のモジュールと置き換えが可能になった。

いわば、これまで自社企業内に隔離されていた資源がモジュール化されAPIによって表舞台に飛び出し、他の資源と結合が可能になった。モジュール化された部品が、他と〝取り換え〟が可能になったため、これまでの工業社会での大量生産というシステムに風穴をあけ、「多様な要求をもつ市場」にきめ細かく柔軟に対応できるようになったといえよう。

このようにモジュールとAPIは、分解され細かい単位となった各種機能を生みこれを活用できる社会を生んだ。市場の多様な要求に応えることができるものとして、社会システム産業はこれを活用する。

自社資源のオープン化

そして、インダストリー4.0を先行例として、切り出されたモジュールを核にした製造業の分野に柔軟な新しい事業、新しい産業形態が生まれはじめている。

例えば、「ものづくり」のノウハウの一部を形式知化しモジュール化しAPI接続して、このノウハウをIoTのクラウド技術を活用してサービス提供する事業が可能になることだ。藤野論文によれば、レーザー加工機メーカーは加工機の運転プログラムをクラウドで提供し、また同様に重工メーカーGEは発電設備の運用をクラウドサービスとして提供する事業を開始している。これらはいずれも、自社で開発し切り出されたノウハウの塊であるモジュール単体を、IoTを活用することによって他者へのサービスとして事業化するもので、こうした分野はこれから多数輩出されるとみられる。

このようにオープンにされたノウハウの塊モジュールはAPI接続によって、これから思いもよらない産業と結びついて、けた外れのイノベーションを生み出すに違いない。

製造業は、これまで自社技術を高めるため、異業種交流や産学官連携などをずいぶん行ってきた。このようなことも重要だが、これで蓄積された自社技術を「外販」し、シェアリング・サービスを実施して高い収益力の基盤をつくることにも挑戦できる時代となった。

そしてこの外販したモジュール、技術・ノウハウが思いもよらない産業と結合したとき、各種のイノベーションが起こり、「社会システム産業」が隆盛する可能性を高める。例えば先に述べたGEの発電設備の運用サービスは、電力会社の大型設備にとどまらず、田舎にある農業用の小型水力発電などと結合したとき、農業や環境の分野において新しい「社会システム産業」を生むことを期待させる。

製造業など既存産業がもつノウハウがモジュール化されて、医療福祉、環境、メンテナンスや防災、ITSなどの市場のセグメントされた部分と結合したとき、円盤型市場にきめ細かいサービスの提供が可能となって「社会システム産業」が起こることが期待されるのである。

一方で、モジュールのオープン化は、自社のノウハウそのものを改良することを可能にする。フランスのクレディ・アグリコル銀行は、APIを公開してここにアプリの開発者を集め、同行のサービスをバージョンアップすることを開始し、さまざまな改良を行って、より質の高いサービスを提供しはじめている。

同様に、日本航空は航空機の「機内」をひとつのモジュールとみなし、機内ラボを設置して、ＩＴ系のスタートアップ企業など100社との連携関係で「機内」の改革のための事業アイデアを検証することを開始した。

「社会システム産業」としての空き家trivago

インダストリー4.0から得られるさらなる知見は、モジュール化とＡＰＩ接続によって世界中にひそんでいる資産を活性化する可能性があることだ。まず自社の技術や資産が、ＡＰＩによって公開されることで、その技術や資産の価値が高まる機会を得ることができる。

そして、モジュール化やＡＰＩ接続は、世界中にある技術や資源との結合が「社会システム産業」の円盤型市場に欠かせないきめ細かいサービスの源泉になることを意味する。

例えば、不動産仲介業は、後に述べるように、顧客の満足度の低いワースト7の業種のひとつである。ここに、Real-e-Tech、つまりＩｏＴを活用した不動産事業が生まれてくると考えられる。

地方の戸建てで使える空き家は140万戸ある。そのうち、地元の不動産屋に預けられている物件はわずか3％にすぎず、空き家バンクの登録は0.2％しかない。しかもそのほとんどは「塩漬け」にされたままで、流通していない状況にある。

これは、国や業界団体が、ＩｏＴに対応しきれていないことにも一因がある。現在は、ネットワーク技術を使って、地元の不動産屋はホームページを作り、政府や業界団体は地方の空き家物件データベースを作ってこと足れりとしているので、覗きに行っても物件の数が少なすぎて落胆することが多い。

一方、ホテルでは、空き室の情報がネットで比較検討できる状態がすでに生まれている。ドイツ企業が行うtrivagoである。これは、ホテルの空き室情報が旅行代理店などで把握され、これをモジュールとしてAPIで公開しているからできることである。

さらに、ホテルと直接リンクして空き室情報を公開する取組がはじまっている。ホテルはそれぞれが異なる部屋管理システムを持っているため、これを統合することは至難な業である。イギリス企業のImpalaは、そういう違いの大きいホテルシステムの上に標準的なAPIを被せて、ホテル側の作業は一度だけひとつだけ作ればそれでAPI接続作業は終わりという状態にする取組を開始している。こうすることで、空き室情報をホテルから直接集め、代理店を介さず直接予約できる事業を行うことを可能にする。

地方の不動産屋が「塩漬け」にしている空き家物件をモジュールとして捉え、APIを活用して公開したらどうなるか。都会で田舎暮らしをしたい人は、このtrivagoのような空き家情報を比較参照して、田舎住まいの場所を決めることができる。

不動産業界はIT化に遅れがちな産業であるが、IoT時代に対応したシステムに変換することを急いだらどうか。地方の不動産屋が抱えている空き家物件をAPI接続することになれば、政府や業界団体がわざわざ固定化したデータベースを作るまでもなく、日々変化する物件情報を閲覧し比較検討が可能になる。

こうすることで、不動産業以外からさまざまな事業主体が地方の空き家を市場化するために参入する。〝空き家tech〟、いわゆる〝空き家trivago〟事業を立ち上げ、地域別や環境別、家賃別などさまざまな角度から田舎の空き家物件を都会の住民に情報提供ができる環境を用意する、ひとつの「社会システム産業」が生まれることが可能になる。

このことが、多くの田舎の空き家物件が不動産屋に預け登録する契機をつくり、物件数が豊かになって、空き家の市場化の一歩を踏み出すことができる。

3節 Fin Techの登場とMed Techの可能性

Fin Techによる新業態の発生

ＩｏＴのもつ技術的な特徴を生かした金融業の変革が、円盤型市場への対応に多くの示唆を与えてくれる。

ＩｏＴを使ってこれまでの一元化した金融業務を分解・アンバンドル化して、多様な顧客の細かいニーズに対応を始めたのがFin Techである。

金融業界は、ＩｏＴによってこれまでの悪弊が分解・アンバンドルされはじめた。

少し旧い資料になるが、野村総合研究所が2003年に1,869人を対象にサービス業47業種の満足度調査を行った。このなかで満足度の低いワースト7の業種は、消費者金融、パチンコ、病院、駐車場、不動産仲介、質屋、銀行であった。[★32] 先に述べた不動産仲介業もここに含まれている。なかでも銀行の評価は、サービスの水準が低い、従業員の対応が悪い、利用したい時に混雑しているなど、他のサービス業に比べて桁違いの不満の理由が存在した。

ＩｏＴの進展は、ここにFin Techを生んだ。野村総合研究所の横手実常務執行役員が明快に書いた「進化するFin Tech」[★33]を参照しながらみていこう。

横手論文によれば、こうした状況は米国でも同じであった。

「Simple社は、《ムカつかない銀行》をコンセプトとして、銀行業務の一部を切り出しスマートフォンで完結する銀行サービスの提供を開始した。金融（Finance）とＩｏＴ技術（Technology）の合成により、いわば本来なら銀行がやるべきことを事業化した」。

このように始まったFin Tech、金融業界のＩｏＴ化は、進化を遂げているといわれる。

これまで金融機関は、金融機関に対する高い不満を見て見ぬふりをしてきた。そこにFin Techが起こった。横手論文は次のことを指摘する。

「米国では銀行サービスを受けられない人は人口の3分の1にあたる1億人おり、また全世界では半分の人が正式な金融サービスから排除されている現状がある。世界銀行はこうした状況を打破する必要があるとして、次のようなメッセージを発信した。《すべての人々が、機会を活用し金融サービスにアクセスでき利用できる状況、金融包摂（ファイナンス・インクルージョン）が必要である》」。だから、Fin Techの新しい金融サービスとは、すべての人が金融サービスを受けられるようにするために起こった。

これまでの金融機能を分解・アンバンドルして、金融弱者がアクセスしやすいもの、スマートフォンの活用、シンプルな画面、使いやすい操作方法によって高い満足感を与えるものとして始まった。

例えば、横手論文によれば、銀行からお金を借りずとも金利を下げながら借り手と貸し手のマッチング機能を迅速に行う「P2Pレンディング」、与信審査を短縮化するためオンラインショッピングのプラットフォーム企業がそこに出展する中小零細企業に資金貸し出しを行う「トランザクション・レンディング」がある。また、銀行になかなかアクセスできない人のために「ネットバンキング・トレーディング」、「クラウド・ファンディング資金調達」などが始まっている。さらに、「金融機関向けセキュリティ・サービス」、「投資・運用サービス」、「決済・ペイメント」、「家計簿・経費精算」、「経理・会計のクラウドサービス」など多様なFin Techが生まれている。

そして今、金融機関の過剰品質に対して、破壊者がこれを解体し簡素な商品を提供するところまで進化している。

モジュール化で「円盤型」の幅広いニーズに対応するFin Tech

そして横手論文は次のように言う。

「今後こうしたアンバンドルされた金融サービスが陸続と起こってくると考えられる。今や、《銀行の提供するあらゆる金融サービスが既に何らかのFin Tech企業によって提供されている》（ウェルス・ファーゴ銀行）とさえ言われるようになった」。

Fin Techは、IoTを活用して顧客の多様で幅広いニーズに個別に応える社会システム産業の「円盤型市場」にみあった毛細血管サービスを実現化し、金融業界の長年の課題を解決しつつある。

APIの導入によってFin Techはもう一段拡大しようとしている。分解された金融機能がAPIによって他産業の部品とつなぎ合わされ、より高度な金融サービスや金融サービスを取り込んだ事業が登場してくる。ここに、モジュール化された金融機能を取り込んださまざまな「社会システム産業」が起こる可能性が生まれてくる。

例えば、日常生活と保険機能の合体がある。これまでの自動車保険が進化し、IoT環境での日々の運転監視のもと、運転データが自動車保険の料率に反映することが開始された。トヨタとあいおいニッセイ同和損保は、個人の自動車の乗り方や運転の仕方に応じて保険料を設定する「運転挙動反映型自動車保険」を開発した。

また、住宅保険も進化し、IoT環境での住宅の24時間監視のもと、設備故障や火災など資産価値や保険のあり方を大きく変える。

金融機能のモジュール化を契機に、このようないわゆるIns Tech（保険と技術の組み合わせ）などが今後拡大していくとみられている。

「社会システム産業」としてのMed Tech

IoTによる金融業界の革新にみられた業務のアンバンドル化とモジュール化は、今後、産業全体、「社会システム産業」分野に波及してくる。

そのひとつが、医療福祉分野の革新である。

すでに述べたようにサービス業47業種の満足度調査では、病院は、銀行にならんで評判の悪いサービス業である。ここにIoTの技術が活用されてモジュール化が起こり、医療福祉分野の円盤型市場に対して、多くの新しい病院関連の「社会システム産業」が起こってくることが期待される。

例えば、日米の電話帳を比較してみると、米国では医療関係のサービス事業はすでに細分化・モジュール化が進んでいて、電話帳の職業区分が日本では83なのに対して米国は188の区分がある。「緊急医療」

に関して独立した職業が多数あり、また「歯科医《紹介》サービス」なども存在する。[★34] 病院のアンバンドル化が始まっている。

要は、これまでの病院の不便さをＩｏＴによって解消する動きが出てくると予想され、この動きを捉えることが医療福祉市場の「社会システム産業化」につながる。

これまでなかなかできなかった、ＩｏＴを使ったレセプトやカルテ管理を通して医療の質の向上と、医療現場と保険者の間の風通しをよくして医療費を切り下げることも起こるだろう。カルテ管理については、後に述べるように、セコム社ですでに行われている。

病院の待ち時間は、異常さを超えて「悪」に近い。これがこれからもまかり通る社会を許容してはいけない。ＩｏＴを活用してこの異常さを解消する社会システムの開発も進むだろう。

第9章に述べるように、弘前大学では県民の健康ビッグデータを開発し、病気の予防の診断はもとより、このデータを活用して各種の新しいヘルスケア事業を立ち上げる事業者が集まりはじめている。

今後、医療福祉分野でもMed Tech（医療×ＩｏＴ技術）というものが湧き起こって、医療関係者以外の事業者からＩｏＴを使った問題解決の「社会システム産業」が発生する。

4節 モジュールとAPIによる「円盤型市場」への対応

モジュール化によるきめ細かいニーズへの対応

先行するインダストリー4.0から得られる知見は、モジュールとAPIによってこれまでの製造業の生産プロセスが解体され、より効率的なものと置き換えられ市場に柔軟に対応できるようになったことである。

また、ノウハウの一部が切り離され、市場のニーズに多様なサービスの提供が可能になったこともあげられる。こうした製造業での先行する知見は、社会システム産業での「円盤型市場」にきめ細かく対応するさいに大いに参考になる。

さらにFin Techから得られる知見は、モジュールとAPIによって金融機能を分解し、社会のきめ細かい市場に対応できるようにしたことである。

「社会システム産業」の裾野の広い「円盤型市場」に対応するためには、IoTの特性のひとつであるモジュール化を図って業務を分解し、きめ細かいニーズに対応した毛細血管のようなサービスを可能にすることがひとつの方法になる。

逆の言い方をするなら、「社会システム産業」を興そうとするとき、その対象市場を高齢者市場、移動市場、家庭市場などのような大きな塊として捉えるのではなく、対象市場が要求する細分化されたニーズに分解し、毛細血管のようにして解決する課題を鮮明に浮かび上がらせ、ＩｏＴのモジュール化とＡＰＩで対応することが必要になる。

ネットワーク接続による世界中の資源の活用

また、製造業や金融業の変革から得られる知見は、ＡＰＩ接続によって世界中に広く分布する資源を結合することができることであり、これは円盤型市場への対応にも大いに参考になる。

自社技術を開示することや空き家trivago事業はそのひとつの例であるが、ある社会的課題に対応しうる資源をＩｏＴを使って集めることで、その課題に応える「社会システム産業」を生むことができる。そのひとつがライドシェア事業による分散したタクシー事業者の発掘であり、それを活用したビジネスである。

こうした考えを敷衍していけば、ＡＰＩへの接続にこだわることなく、ＩｏＴそのもののネットワークを活用して分散する各種データが接続され集積されれば、「社会システム産業」の円盤型市場に対応するある種の基盤を形成することができる。

第9章ではそのことを述べよう。

モジュールの再結合による新しいイノベーション

その前に、一言述べておきたい。

製造業や金融業の現在までの動きは、アンバンドル化とモジュール創出という動きである。要するに、分解のベクトルの過程にあり、そのことだけで多彩なビジネスが発生しているということだ。

より重要なことは、これから、このアンバンドル化されたモジュールが、再結合、リバンドル化することである。自動車運転と保険の結合、住宅維持と保険の結合の例にみられるように、業界の枠を飛び越えて別業界のモジュール同士が思いもよらない新結合を行い、これによってまったく新しい産業が生まれることが十分に期待される状況にあるということである。これが、ＩｏＴの本当の意味を現してくる場面と考えられる。

「社会システム産業」では、一つひとつのモジュール化した要素技術・単品製品を新しい供給源として再結合する。そして〝現実社会の支援〟、現実社会の問題解決を新しい市場とすることになるのである。だから、ＩｏＴを活用し花びら型産業構造をもった「社会システム産業」は、多面的な新結合の「塊」みたいなものである。

ＩｏＴの進展とともに、製造業や金融業がもつサプライチェーンが分離、アンバンドル化する。そこにモジュールが生まれる。そしてこのモジュールが再結合、リバンドル化することによって、さまざまな様態の事業が起こりはじめている。そしてこの動きは、医療福祉や構造物のメンテナンスなど他の産業でも起ってくるとみる。

これから始まる〝現実社会を支援〟する医療福祉、メンテナンス、生活文化、環境、ＩＴＳなどの分野を「社会システム産業」として〝産業化〟するときに、アンバンドル化された製造業や金融業のモジュールが、これらと結合して思いもよらない「現場サービス」を実現することは十分考えられる。

現在までのところその例は多くはないが、シュンペーターのいう新結合、「物や力の結合を変更する」ことによるイノベーションはこれから本番を迎える。

第9章 コミュニティ効果によるサービスの標準化とビッグデータの活用

1節 コミュニティ効果の出現

円盤型の社会システム市場を克服する手立ての第二は、ＩＴやＩｏＴはなぜビッグデータを産んだのかを考えることである。

それは、ＩｏＴがもつ特有の効果、コミュニティ効果を活用することである。

ＩｏＴを駆使して「社会システム産業」を具体化するために、確認すべきことがある。ＩＴやＩｏＴのネットワーク外部性についてである。★35

ネットワーク外部性とは

円盤型市場をどこでスライスしたら、大きな永続的利益が可能になるのか。そしてそのスライスした円盤型市場を確保するためのひとつのヒントが、ネットワーク経済に特有の「ネットワーク外部性」である。これをうまく生かせるかどうかに、事業の成否と収益の多寡がかかっている。

ネットワーク外部性とは、「同じ財・サービスを利用する個人の数が多ければ多いほど、その財・サービスの消費から得られる効用が高まる」という効果を示すものである。

これまでのネットワーク外部性、つながり効果とデファクト効果

そもそも通信ネットワークの場合、電話やFAXは自分だけが持っていても、他の人が持っていなければなんら効用を示さないが、逆に利用者が増えれば増えるほど電話の価値が増す。電話やFAXそのものの機能・性能とは関係なく、利用者数に応じてそのものの価値が高まるという効果である。電話の時代は、いわば、「つながる」ことの効果がみられた。

次に現れたパソコンの場合のネットワーク外部性は、これとは少し違う意味に用いられる。

IT時代のパソコンの場合のネットワーク外部性とは、ある特定のハードのみに使用できるソフトが充実していると、そのハードの市場優位が確定されるというものである。この作用が働くと、複数のハードとソフトのシステム機器が相互に互換性をもたない場合、ソフトが充実しているシステム機器がひとり勝ちするようなことがおこる。いわばデファクトスタンダード（事実上の標準）の獲得である。

VTRの普及期にあったVHS方式とベータ方式の競争も、このネットワーク外部性が作用してVHS陣営の勝利となった。

またパソコンの場合、このネットワーク外部性こそが独占企業の出現を可能とした。パソコン時代の雄マイクロソフトは、WindowsというOS（基本ソフト）で世界シェアの90％を占めた。シェアの高いOSに対応したアプリケーションソフトの開発が進んだために、そのOSのシェアをより高めるという循環が働いたのである。インテルのマイクロプロセッサーは、このWindowsと一体となって「ウィンテル」時代を形成した。

このようにネットワーク外部性は、現在までのところ二つの異なった性質の効果が明らかになっている。ひとつは電話の時代にみられた電話やFAXにみられる「つながり効果」と、もうひとつはIT時代になって現れたパソコンなどの端末機器にみられる「デファクト（スタンダード）効果」である。

ユーザーサービスに対応したIoTのネットワーク外部性

では、IoTの時代に、このネットワーク外部性の効用はどこに求めたらよいのであろうか。

通信ネットワークに依拠して「つながり効果」があり、単体端末に「デファクト効果」があるなら、この両方をあわせもった存在、つまり通信ネットワークに多くの端末やセンサーがつながり「現実生活を支援する」IoTでのネットワーク外部性とは何かについて、改めて定義される必要がある。

IoTが、通信キャリアと端末ベンダーの力を借りつつ、「現実生活を支援する」ユーザーサービスが実行されて初めて意味をもつなら、ここに三番目のプレーヤーである「ユーザーサービス」に対応したネットワーク外部性の効用を見出すことが鍵となる。

ユーザーサービスに対応したネットワーク外部性、それは一体どのようなものなのか。

第7章で述べたように、一般的にサービス事業は、高いノウハウによるきめ細かさという「品質」と、その品質が誰でも提供できるようにするための「標準化」がともに必要不可欠な条件となる。しかし「品質」と「標準化」はなかなか相容れないどころか、矛盾する。標準化すればするほど品質は下がり、高いノウハウの発露ができにくくなる。逆に、品質を重視すればするほど標準化が困難になる。

ユーザーサービスに対応したネットワーク外部性とは、この「品質」と「標準化」という矛盾する条件を、IoT活用によって解決し、両方の条件を同時に高めるところに見出されるのではないかと考えられる。

コミュニティ効果が生まれる

つまりIoT時代のユーザーは、情報やサービスの受け手であると同時に送り手でもあることを活用するのである。

〝きめ細かい〟現実生活支援サービスが、IoTを使ってより多くの人たちに利用されると、その利用状況が多くの情報の蓄積につながり、結果として「標準化」された高いノウハウが形成され、そのことが利用者をますます多くする、というような好循環をうみだすネットワーク外部性が考えられる。

例えば、IoTを活用した在宅での健康管理を考えてみよう。この場合、このサービスを受けている人同士がお互いにつながることで効用が増える、つまり「つながり効果」は、あまり想像できない。端末機器の「デファクト効果」は端末や利用料の低減という利点はあるかもしれないが、それらはたいした効用ではないだろう。

利用者が増えることによる効用は、サービスを提供する側に利用者の健康管理のデータが蓄積され、参照すべきデータが増えることによって、標準化されたサービスの品質がますます向上するという点にある。

ＩｏＴを使って介護予防のために、ストレッチ運動をして「10日間でこのくらい回復した」という情報が累積されることは、利用者にとっては参照すべき具体例が引き出せることになるのである。

このように、ＩｏＴによるきめ細かい現実生活支援サービスが普及することによって、標準化さ

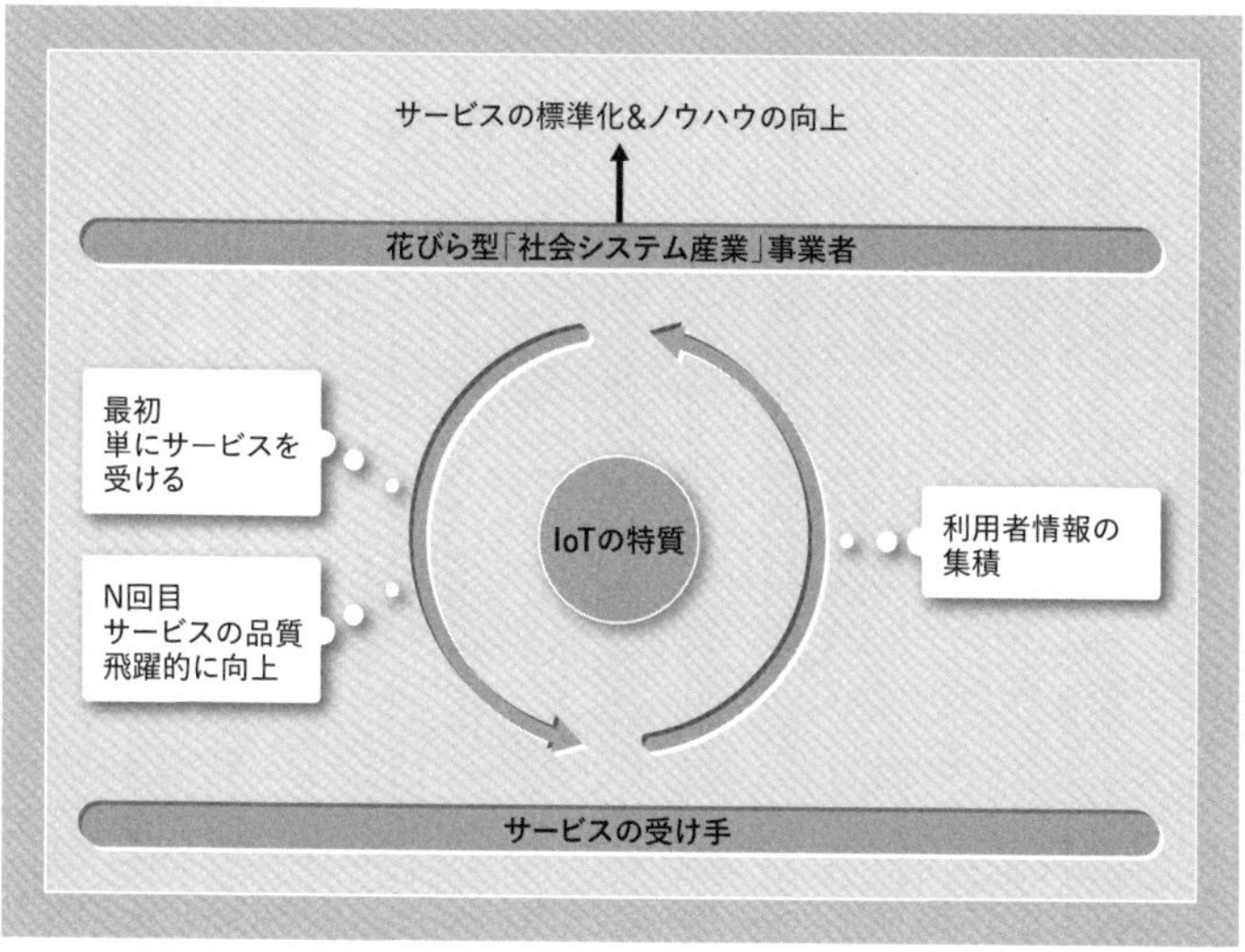

図表25▶IoTのネットワーク外部性：コミュニティ効果

れた高いノウハウの形成を促し、標準化された高いノウハウの蓄積がさらにより多くの人にきめ細かいサービスをもたらす。このような標準化された高いノウハウは、実験室や工場でなく「ネットワーク場」に蓄積される。

こうした関係は、ＩｏＴの「知の集積」そのものである。

ＩｏＴにつながる人たちは、単なる情報の受け手でなく、情報の発信者にもなる。これは、ＩｏＴのもつコミュニティ・パワーである。ＩｏＴにつながれば、情報の受け手である消費者としての効用を享受するとともに、いとも簡単に自らのノウハウや状態をネットワーク上に発露することができる。いわば「コミュニティ」が形成されるのである。そのノウハウや状態が集積されることを通じて、商品やサービスが改良され、社会的なパワーとして影響力をもつことになる。

ＩｏＴにおいては消費者と供給者の間に相補的な関係が生じ、ある種の「コミュニティ」が形成されることになるため、より多くの人がＩｏＴを使うことを通じ、料金の低下や時間の短縮、利用ノウハウの蓄積、サービス品質の向上などの効果がもたらされる。結果としてさらに多くの人がＩｏＴで現実生活の支援サービスを望むというような好循環、そうしたネットワーク外部性が存在することになる。

こうしたことから、通信キャリアの「つながり効果」、端末ベンダーの「デファクト効果」に対峙して、ＩｏＴにおけるネットワーク外部性を定義するなら、ユーザーサービスの「コミュニティ効果」が存在することになる。

「社会システム産業」にアプローチするとき、このＩｏＴの「コミュニティ効果」をいかに引き出すかが成否を決する。

「コミュニティ効果」の効用は、二つあると考えられる。

ひとつは、品質の高いサービスの標準プロトコル開発ができることである。

いまひとつは、必然的にビッグデータを生みだし、これが「社会システム産業」にとっての新しいプラットフォームになることである。

以下、この二つについて述べよう。

2節　コミュニティ効果によるサービスの標準化

品質と標準化の矛盾の解消

このＩｏＴによるコミュニティ効果は、サービスの革新を生む。

すでに述べたように、円盤型の社会システム市場では動脈的な大量生産・大量販売というパラダイムは通用しない。きめ細かい毛細血管のようなサービスを必要とする。

またサービスというのは基本的に、きめの細かいノウハウたる品質と企業経営化するための標準化との間に相矛盾する性格をもっており、反比例しがちな問題があった。

これがＩｏＴのコミュニティ効果によって、より多くの人がＩｏＴを使うことを通じ、利用者の状態や知見が蓄積され、標準化されたサービス品質の向上をもたらし、さらに多くの人が利用するというような好循環が生まれる。

したがって、品質と標準化双方が矛盾することなくお互いに高めあうことを可能にする。

これによって円盤型の社会システム市場が要求する毛細血管サービスというスケールメリットの効きにくい特質を突破できることとなる。

ここに、これまでの矛盾する課題を解消して、品質の高い標準化されたサービスが生まれる。困難であったサービスの標準プロトコルを累積的に高める手段がもたらされるのである。

弘前大学の標準化した健康プラットフォーム

弘前大学は、IoTのコミュニティ効果を生かして、健康にかかわる品質の高い標準化したプログラムを開発した。

青森県の「日本一の短命県」という課題を解決するために、弘前大学は健康ビッグデータで寿命革命を実現するプロジェクトに取り組んでいる。

2005年から人口17万人の弘前市の一地区である人口1万人の岩木地区で健康増進プロジェクトを開始した。毎年1,000人を超える成人向け大規模健診を行って腸内細菌、内臓脂肪、唾液などの健康に関する初期のデータ群を構築し、このデータを他の大学との連携で解析して疾患の予測モデ

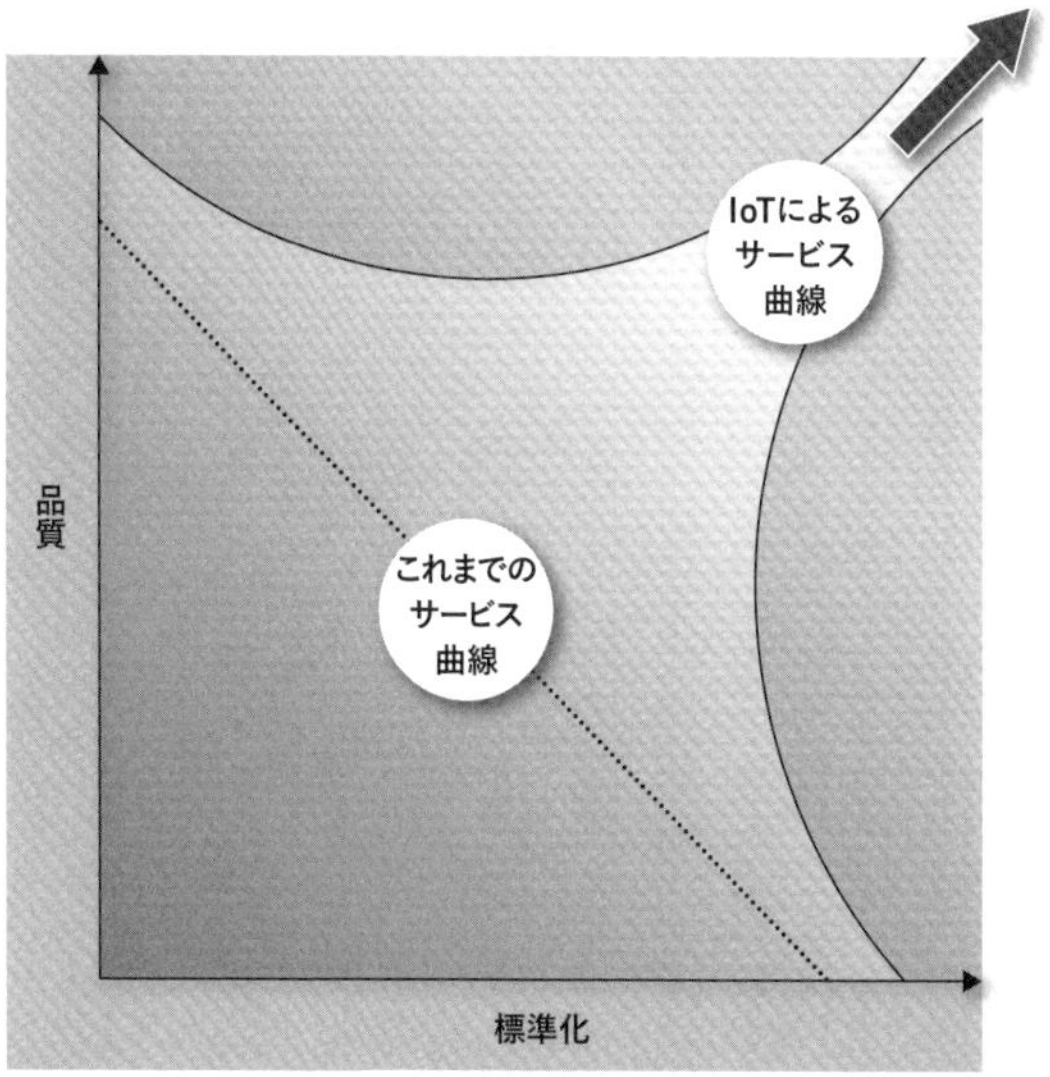

図表26▶IoTによるサービスの矛盾の解消

ルを開発した。これがオープンなデータとして開放されたために、医師や患者がこの情報を活用して生活習慣病の重症化予防や認知症予防をすることが可能となった。

これが核となって、コミュニティ効果が発揮され、いまや県内の多くの地域の住民健診から得られた2,000項目の健康ビッグデータとなり、これを多様なチームが分析し、50をこえる企業や研究機関が50種にのぼる疾患・病態の発症予測モデルや各種の健康にかかわる事業を開発している。

そして、このプロジェクトによって県民の意識を変えつつあり、青森県は2017年度の男性平均寿命の伸び率が全国三位を記録することになった。その結果、2019年3月の第一回日本オープンイノベーション大賞で、内閣総理大臣賞を受賞した。

このプロジェクトは、IoTのコミュニティ効果を活用し、健康サービスの標準化にみごとに成功した。特定地域における健康に関する初期の診断データの効用が認められ、他の多くの市町村や医師、地域住民がこのデータを活用し、またデータを提供するというかたちで参加するオープンな枠組ができあがったのである。

そこから、IoTを活用する好循環が生まれ「コミュニティ効果」の閾値を超えたため健康ビッグデータとなり、これを解析することを通して各種検査データが品質の高い標準化された健康予防の知見を生んだ。この標準化された知見が、医師を介した患者へのサービスにつながっている。

この弘前大学の健康ビッグデータは、ひとつの「社会システム産業」である。

加えて、これがひとつのプラットフォームとなって、民間企業や研究機関によるMed tech、ヘルスケアビジネスに関する各種の「社会システム産業」にかかわる事業が生まれはじめている。

3節 ビッグデータの誕生と社会システム産業の「マザー・プラットフォーム」

コミュニティ効果が生むビッグデータ

ＩｏＴを活用した「社会システム産業」を起こそうとする時、こうしたネットワーク外部性「コミュニティ効果」がもたらす標準プロトコルの延長上に、巨大なデータ群が現れることを見逃さないことである。

ネットワーク外部性から生まれる「規模の効果」である。規模の効果は、20世紀の円柱型市場にあっては、「生産者」の論理でコスト削減と競争力をもたらした。通信・ＩＴ時代になると、「つながり効果」や「デファクト効果」により「消費者」に依拠するネットワーク外部性が作用して、通信網や端末機器がある規模水準を超えると自律的に普及して覇権がとれるということになった。そしてＩｏＴの時代になって、供給者と利用者の双方向性がもたらす「コミュニティ効果」が一定の水準を超えると爆発的な普及につながるようになった。

ネットワーク外部性にはクリティカル・マス（閾値）が存在し、「コミュニティ効果」が威力を発揮するには、これが決定的な要因になる。このクリティカル・マスを超えれば「ビッグデータ」となって、世に存在感を示すことができるのである。

すなわち、ビッグデータは、「コミュニティ効果」の果てにある。

オープン化によるコミュニティ効果

「コミュニティ効果」の意義が大きいIoTの時代にあっては、「デファクト効果（覇権）」を追求しない方がいいようである。

米GEはIoTを活用したインダストリアル・インターネットを標榜して多数の産業機器をモジュールとしてつなぎ、膨大なデータを解析して事故を未然に防ぐことや不良品の発生を抑える取組をしてきた。これを事業として展開し、ビッグデータ蓄積を狙ったようだが、GE製の端末やソフトの利用を要求するなど、IT時代の旧い「デファクト効果」を追求し覇権を握ろうとしたために、挫折したといわれる。[★36]

だから、IoT時代には、覇権などを考えず、あくまで双方向にオープンなコミュニティそのものを盛り上げることで、規模効果を追求すべきとみられる。

したがって、IoTの「社会システム産業」では、オープンな「コミュニティ効果」が発露できるテーマを発見し、その効果が累積的に増大する転換点となるクリティカル・マスを超える戦略をもつことが要求される。

ＩＴ時代の消費者と結びつくプラットフォーム

ＩＴやＩｏＴでは、プラットフォームという言葉がよく使われる。これはそもそも周辺よりも高くなった平らな場所を意味するが、ビジネスの場面では商品やサービスを提供する企業と利用者が結びつけるように用意された場所をプラットフォームと表現する。

プラットフォームというとき、最初に思い浮かぶのはアマゾンや楽天である。これらはいずれも会員数3億人や1億人を数える情報サービス、商品販売などを行うプラットフォームである。消費者はロングテール商品とよばれる旧い書籍の購入ができたり、化粧品の購入にさいして個別指導を受けられたりするなど、このプラットフォームにアクセスすれば多種多様なサービスを享受できる。そしてこのプラットフォームのバックヤードには、多様な商品の提供企業が群がっているという優れものの仕組をもつ。

このアマゾンや楽天のプラットフォームは、ＩＴの時代に生まれ、当時のｅコマースから発展したもので、「実社会」を支援するわけでなく、あくまで消費を対象にしたビジネスであり、Ｂ（ビジネス）to Ｃ（コンシューマー）のモデルを象徴するものであった。

ＩｏＴ＝社会システム産業の「マザー・プラットフォーム」

これに対して、ＩｏＴを使った「現実社会」を支援するプラットフォームが現れた。

すでに述べたように、中国DiDiのライドシェア事業は、タクシーのドライバーを運転手とし、タクシーの利用者とドライバーをマッチングさせるものとして開始され、複数のタクシー会社を巻き込むことによって、ライドシェア事業のプラットフォームとなった。そしてこのプラットフォームを基盤に、通勤用タクシーの乗り合い、ハイヤー、リムジンバス、運送管理、バス運行、カーレンタル事業など幅広い展開をみせている。

また、先に示した弘前大学の健康プラットフォームの場合は、一部地域の患者データをベースとして疾患の予測モデルを開発した。このことが、医者というすでに現場サービスを実施している事業者の賛同を得て患者のデータが増え、結果としてビッグデータをもつプラットフォームへと押し上げることとなった。そしてこのプラットフォームを活用して、多くの医療関連の事業者が新しい医療サービスの開発を開始している。

このように、ＩｏＴを使ったプラットフォームは、ＩＴ時代とは異なったものになるので、区別するため、ＩｏＴ時代の社会システム産業のプラットフォームを本書では「マザー・プラットフォーム」と呼ぶことにする。

これまで製造業の世界では「マザー工場」と呼ばれるものがあった。これは、メーカーが海外に工場を設立して事業を拡大していくさい、それを支援するための高い技術力や開発力などを備えた本国の先進工場を指す。

これをひとつのヒントとして、ここではDiDiや弘前大学のような巨大なデータベースがそれを活用する〝事業〟を支援することから、これを「マザー・プラットフォーム」と呼びたい。

IoTの進展は、コミュニティ効果によりビッグデータを生み、このビッグデータが現実社会を支援する「マザー・プラットフォーム」の誕生を促し、これを活用して「社会システム産業」を事業化できるという構造を生みだした。

シーメンスMindSphereのマザー・プラットフォーム

IoTのひとつの原理、ネットワーク外部性の「コミュニティ効果」を最大限発揮して、モジュールのデータをビッグデータにしたプラットフォームが登場する。そしてそのビッグデータを解析し有用なデータをオープンにすることで、さまざまな企業が活用できるいわば「マザー・プラットフォーム」に仕立てるケースもでてくる。

シーメンスのMindSphereというオープンなIoTオペレーティングシステムがその例である。これは、さまざまな企業のモジュール化した製品、プラント、システム、マシンそれぞれが有するセンサーから発する膨大な情報をIoTでつなげ、そのデータの高度な分析と活用を行う事業である。

これは当初、シーメンス自社だけのものであったが、オープンアーキテクチャーとして標準化されているため、シーメンス製品だけではなく他社製品とも接続可能となった。その結果、IoTのコミュニティ効果を活かし、膨大なデータベースへと発展している。

これはオープンなプラットフォームであるため、スイスのCore Systems社というフィールドサービスを行う企業はこのデータベースを利用して、顧客企業の突発的なシステムやサービスのダウンタイム・ゼロのため、サービス要員を派遣する事業を開始している。

これは、わが国ではシンプロメンテ社が、全国の工務店と連携して飲食店や小売店舗などの厨房や設備を対象に即時メンテナンス管理を行っているものと同じである。

いわば、シーメンスのMindSphereがビッグデータのマザー・プラットフォームとして機能し、Core Systems社がこれを活用して「社会システム産業」のひとつであるメンテナンス事業を起こしていることになる。このプラットフォームは、開発者とユーザーのオンラインハブとして機能している。

このシーメンスの例は、二つの示唆を与えてくれる。

ひとつは、MindSphereがオープンなもの、つまり「コミュニティ効果」を追求しているために成功しているということである。先に示した米GEは、インダストリアル・インターネットを標榜してMind-Sphereと同様な取組をしたにもかかわらず、「デファクト効果」つまり覇権を追求したために撤退に追い込まれてしまった。この教訓は生かされてよい。

いまひとつは、顧客企業のメンテナンス事業を行っているCore Systems社は、優れて「社会システム産業」を担うユーザーサービス企業と考えられるが、この企業にとってMindSphereの日々刻々と変化する巨大なデータベースが有効に機能するということである。このデータベースは、マザー・プラットフォームの役割を果たしている。

GAFAは「現実社会を支援」するマザー・プラットフォームとなる

そして、異業種の企業間のネットワークの中心、ハブとして機能する企業が現れた。GAFAである。これらの企業はIoTのネットワーク外部性である「コミュニティ効果」を生かして巨大なデータをベースに、あたかもIoTにおけるプラットフォーマーのように振舞いはじめた。

世界独占となるネットワーク企業の出現。G(グーグル)、A(アップル)、F(フェイスブック)、A(アマゾン)のうち、GとFはコミュニケーションを豊かにする道具をもってこの世界に登場し、A(アップル)は端末とソフトの斬新さにおいて、A(アマゾン)はeコマースをもって登場した企業である。

いずれの企業も、IoTにおいて現れるネットワーク外部性のコミュニティ効果をうまく捉えその閾値を超えたため、メガ・コンテンツや巨大なビッグデータの所有者としてプラットフォーマーの役割を演ずることになった。

買物をしたり情報を取得したりした人々の個人情報データの塊を所有するGAFAは、この〝現実社会の支援〟をするＩｏＴの「社会システム産業」では、どのように位置づけられるのであろうか。

いま、その存在感が大きいGAFAなどのプラットフォーム企業が、「社会システム産業」の他のプレーヤーを包含する動きがあるのも事実である。

GAFAは、当初いずれもがＩｏＴの特徴である「現実社会」を支援する力をもっているわけではなかった。それが現在では、メガ・コンテンツ企業がキャリア企業のように振舞い、そのうえ端末ベンダー企業を吸収しはじめたのである。アマゾンはPrime Airでドローンによる配送のため、自走技術、遠隔制御などのいわば製造業や運輸業の技術も取得しはじめた。グーグルは自動運転分野に進出し、さらにロボット企業や家庭温度管理企業を買収し、いわば端末企業を包含しはじめている。

しかし、いかにGAFAが巨大となろうと、ＩｏＴの特質である「現実社会を支援」することに関して、社会システム産業のベースを担う中小零細な「実際のサービス提供企業」を包摂することは可能だろうか。むしろGAFAは、社会システム産業を実行しようとする事業者にとっての「マザー・プラットフォーム」として機能すると捉えたほうがよさそうである。

GAFAのビッグデータはマザー・プラットフォームとして機能し、これを使った「社会システム産業」が生まれてくる可能性は大いにありうる。例えば、地図サービスや公開ＡＰＩなどは、社会システム産業を具体化するときに、大いに役立つ場面があると考えられる。

政府の研究開発によるマザー・プラットフォーム

ここで、政府が行っている研究開発の成果に関するマザー・プラットフォームの可能性について、戦略的イノベーション創造プログラム（SIP）を例にみておきたい。

SIPのひとつに、インフラの維持管理に向けて「点検・モニタリング・診断技術の研究開発」がある。これは「点検員の技術に左右されずに、非破壊で熟練が不要で高速で劣化の程度を診断できる打音検査技術の開発を行う」ものである。

SIPがやっている研究開発は、熟練技の「暗黙知」に頼っていたインフラ点検技術を「形式知化」し、熟練者でなくともできるようにすることを狙っている。

ハンガリー生まれの科学哲学者マイケル・ポランニーは、その著書で「人は表現する以上のことを知っている」[★37]と述べている。われわれがよく経験することだが、文章や言葉に表現できることは「形式知」といわれ、そのデータ量はたかが知れており、表現できないもどかしさをいつも感じる。逆に、うまく人に伝えられない事柄、「暗黙知」は大海原のごとくものすごく大きい。

だから、「暗黙知」は人には伝えられない。伝えるのが難しいため、「俺の背中を見て育て」といわれてきたのである。

これまで、橋梁や構造物の劣化具合の測定は、熟練技をもっている人の勘、「暗黙知」に頼ってきた。だから熟練技術者の不足は、相次ぐトンネルなどの崩落事故によって社会の不安を強くしている。

政府が行う「点検・モニタリング・診断技術の研究開発」は、IoTを使って打音を「形式知」化し、熟練者でなくても打音検査によって劣化具合が測定できるようにするもので、この技術開発を国が行うことは大いに意義がある。

そして、SIPのこの研究開発は「2020年度を目処に、国内において重要インフラ・老朽化インフラの20%をモデルケースとして、インフラマネジメントによる予防保全を実現し、世界的に共通課題となるインフラの老朽化対策の成功事例(ショーケース)とすることで国際展開を図る」とされている。だから、かなり「精度」の高い「暗黙知→形式知」の技術開発をめざしている。

しかし、これは高望みしすぎて急務の課題、インフラ維持管理の対応力にスピード感がなさすぎる。20%ではなく1%をモデルケースとして実施して、その結果を現場の「メンテナンス事業者」にオープンにすべきであると考える。

IoTの時代は、そのIoTサービスの利用者がデータ提供者になる。

だから、SIPは1%のケースの「暗黙知→形式知」のデータを開示する。そのデータを活用して現場でインフラ維持管理を実行するメンテナンス事業者が増えれば、現場からさらに続々とデータが集まり、「暗黙知→形式知」の精度は格段に上がるのである。こうした循環をつくらなければ、わが国はいつまでたってもIoT後進国であり続ける。

したがって、SIPの1%を対象とした研究成果は、「打音→光などのセンサー」に翻訳された「形式知モジュール」として、早々に現場のインフラ維持管理事業者に開示され、実際のインフラ現場に適応されて初めてその精度が高まると考えられる。

1％のデータとその後のコミュニティ効果によりビッグデータとなったSIPの研究開発成果を「マザー・プラットフォーム」として開示すれば、現場のインフラ維持管理事業者を鼓舞して、信頼度の高い「社会システム産業」を普及させることになるだろう。

現場の維持管理事業者は、事業を推進するプレーヤーであり、データ提供者にしてデータ利用者であり、「マザー・プラットフォーム」と「社会システム産業」の担い手ともなる。

政府は、SIPに限らず先行する研究開発や各種事業の情報をいち早くフィールドに開示し、これが「マザー・プラットフォーム」となるよう役割を果たす必要がある。

社会システム産業はマザー・プラットフォームを活用する

このように良質なデータの塊であるビッグデータは、現実社会を支援する「社会システム産業」にとって、「マザー・プラットフォーム」として効率的な事業基盤となることができる。そして、社会の課題解決に向けた大きな力になる。

しかし、ビッグデータに関して誤解する場面が多いのも事実である。GAFAのプラットフォームに焦って対抗して業界共同でやみくもにビッグデータを作ろうとする動きや、地域によってはあらゆる既存データを集めてビッグデータらしきものにする動きもみえる。目的が特定されない、あるいは静的なデータの集合体はビッグデータとはいわないのである。

ビッグデータはある特定課題に対するコミュニティ効果に依拠してできあがるものなので、データの利用者がその利用の結果をフィードバックするシステムを内包し、刻々とデータが更新されそれが適切に解析されることによって、より多くの利用者を生むという循環をもつものとして理解する必要がある。

したがって重要なことは、先行する「マザー・プラットフォーム」は、オープンなものになっていることである。先に述べたGEのインダストリアル・インターネットの頓挫は、デファクト（覇権）を狙ったことに由来する。コミュニティ効果でえられるデータは、オープンだからこそ「マザー・プラットフォーム」になりうる。「マザー・プラットフォーム」はいわば、「公共財」として誰でもアクセスし利用しやすいものとなるのである。

IoTは現実社会を支援するため、日常生活や仕事現場から膨大なデータが日々集まってくる。それが適切に分析されその結果が世の中にオープンになれば、その質の高いデータをもとに「社会システム産業」を担う企業によって社会の課題が改善され、人々はより快適な生活や仕事ができることになる。

第10章 「B'［Bダッシュ］」を加える「社会システム産業」のビジネスモデル

1節 「社会システム産業」のB to B' to Cビジネスモデル

新しい組み合わせの模索

円盤型の社会システム市場を克服する第三の方法について述べよう。

ＩｏＴはその特質を生かして、既存の製造業や金融業、あるいは健康分野に大きな変革をもたらし、そこに新しい産業形態を生みはじめている。

確かに既存産業がモジュール化によって何が変化したかを見極めることも重要だが、むしろ、実はこれから始まるモジュールの〝再結合〟を考える時、新しく興る「社会システム産業」のプレーヤーがどう振舞うのか、ビジネスモデルをどう描くかがより重要になる。つまり、「社会システム産業」ではどのような「花びら型産業」のプレーヤー構造をとるのかが明らかにされなければならない。

その第一歩は、IoTによって分解されたモジュールを新たにつなぎ直す、リバンドル化するために、異業種間の新しい組み合わせをシステム思考で探索することである。

東京大学の柳川範之教授は、「今まで結びつかなかった中小企業同士をネットワークで結びつけ、新しい企業間連携を実現させることが重要である」と述べ、そして「新しい組み合わせに加わるべく、新しいアイデアをもった人材や企業も参入してくる。多くのスタートアップ企業やベンチャー企業が発展しているのはそのためだ★38」という。

「物や力の結合を変更する」つまり、モジュール化された企業組織や新規参入組を含めた異業種の組み合わせよる新結合、イノベーションとは何かが問われている。

円盤型市場に対応したプレーヤーの組み合わせ

そのとき円盤型市場では、動脈的な大量生産・大量販売というパラダイムは通用せず、きめ細かい毛細血管のようなサービスを提供することが不可避の課題となる。この克服のために、これまでIoTのモジュール化やAPIの活用、そしてコミュニティ効果の活用について述べてきた。

さらに第三として、円盤型市場を取り巻く花びら型産業の「ビジネスモデル」について考えてみることを通して、この問題の解決策を考えてみよう。

毛細血管型サービスを必要とする「円盤型」の社会システム市場にアプローチするために、いわば社会システムの「花びら型産業」の異業種の組み合わせの原則を見出すことが大切である。

「高齢者支援に郵便局網」の仮想的初期モデル

異業種の組み合わせとは、どのようなことなのか。

すべにふれた2016年に日本郵便、日本IBM、NTTドコモ、かんぽ生命、第一生命、セコム、綜合警備保障、電通の8社によって開始されたIoTによる「高齢者支援に郵便局網」は、優れて「社会システム産業」である。「高齢者支援」という市場に対して、一社ではなく、複数の企業が集まってことにあたろうとしている。そして、この市場で有力なプラットフォームの構築を目指している。

ここでは「高齢者支援に郵便局網」の〝初期モデル〟の仮想的事業形態を取り上げることをお許し願い、「社会システム産業」が〝現実社会〟を支援するとはどういうことなのかをみておきたい。

筆者は2016年に「高齢者支援に郵便局網」を知った瞬間、いよいよ高齢者支援に花びら型の「社会システム産業」が登場したと思った。花びら型というのは高齢者支援という市場に対し、複数の企業がそれぞれの力を出し合って協働してビジネスを興すものである。

こうした点で、郵便局が高齢者のデリバリーサービスや見守りをやることは、ユニバーサル・サービスを展開するために必要なことだし、また、望まれていることで、かつ、現実性があると考える。

しかし同時に、この組み合わせはやけに大企業に厚く中小企業に薄いため、高齢者支援のビジネスが成り立つのかとも思った。この事業では現場サービスを実施する中小企業の役割を果たすのは、地域にネットワークをもつ郵便局と警備会社しかいない。

この新会社は、高齢者の状況確認、買物代行、健康管理などを行うことを想定しているが、この初期モデルでは「みまもりサービス」と「駆けつけサービス」のみが行われている。

「田舎の喫茶店」が示す現場事業者の必要性

何年か前、地方で起業者を支援していたときのこと。和歌山県那智勝浦町に大阪から夫婦で移住した女性が「喫茶店で起業したい」と事業計画書を持ってきたことがある。熊野那智大社の沿道にあるので事業は成立するかにみえたが、よく話を聞いてみると「近所の人との付き合いがない」。移住者ばかりと付き合っているので、それでは事業をやっても地域に溶け込めないため、事業を実施するのとは難しいと伝えた。

しかし翌日、明るい顔で「主人に手伝ってもらうことにしました」というので聞けば、郵便局の配達員をしている夫が「おまえが、喫茶店で弁当を作ってくれたら、おれがひとり暮らしの老人に配達してあげる」。筆者は思わず膝を叩いた。この女性はこの事業計画を和歌山県に持っていき起業資金を獲得して事業を開始し、現在でも順調のようだ。

「高齢者支援」という社会システム市場にアプローチする場合、有力企業が協働するだけでは、ことは進まない。すでに現場でサービスを提供している中小企業、実際に高齢者にサービスを提供しているまたは提供できる企業や団体の分厚い参加は不可欠になる。

「高齢者支援に郵便局網」は基本的に〝アリ〟である。しかし、夫の郵便局員がひとり暮らしを見守るにしても、妻が喫茶店でお弁当をつくることがあって初めて「お弁当の宅配」事業が成立する。これがあるから妻の喫茶店も成り立つ。

だから「高齢者支援に郵便局網」が実働可能な「社会システム産業」になるためには、郵便局員がひとり暮らし老人の注文商品を届けるのは結構だが、その商品を揃える主力プレーヤーが欠かせないのである。つまり、地域に展開する飲食店やコンビニ、スーパー、総菜屋などの参加によって初めて「高齢者支援に郵便局網」の〝買物代行〟が成り立ち、また、地域の医療機関や介護施設、民生委員や地域保健活動推進員などの参加によって初めて〝健康管理〟の事業が可能になる。

この仮想化した経緯から導かれることは、IoTを使って現実社会を支援しようとするとき、DiDiのライドシェア事業がタクシードライバーを相手にしたように、すでに現場でサービスを実施している事業者の参画が必要になることである。

IT社会での花びら型産業構造B to C

ここで、改めてIoT社会で問われていることを考えてみたい。

これまでのIPv4のＩＴ社会、インターネット社会と呼ばれる時代では、パソコンがネットワークにつながるだけであったので、ｅコマースや映像音楽配信などが起こった。つまり、ＩＴ社会では「現実社会の支援」ができるわけではなかったので、モノや音楽・映像などの商品の流通販売がネットで代替されるにすぎなかった。

この初期のＩＴ社会で事業を立ち上げる時、そこには花びら型産業の原理がすでに働いた。円盤型市場に対応するために、ネットワークを使って広範囲にサービスを提供することが開始された。したがって、この市場を攻略するために、異業種の複数の企業による花びら型産業構造の形成が起こった。これらの異業種の組み合わせは、「花びら型産業」の方程式として単純化して示せば、次のようであった。

ＩＴビジネス構造＝通信キャリア企業＋ＰＣなど端末企業＋商品・映像などのコンテンツ企業

このＩＴ社会では、当初は米国のＡＯＬやAT＆Tなど通信企業の競争が起こりメガ・キャリアの争奪戦が展開され、また端末であるＰＣのデファクトの覇権争いが行われた。そしてその後、コンテンツに競争の舞台が移り、GAFAなどメガ・コンテンツを獲得した者が世界の雄となる時代が始まった。

このとき、消費者に向かう供給側のプレーヤーを組み合わせたビジネスモデルは次のようであった。

Ｂ＝通信キャリア企業＋端末企業＋コンテンツ企業

Ｃ＝消費者

この時代のビジネスモデルはＢ to Ｃであった。

IoTによる「社会システム産業」のビジネスモデルB to B' to C

これがIPv6のIoT社会となって「現実社会の支援」ができるようになった。環境市場、メンテナンス市場、医療介護市場、交通インフラ市場などの成長が見込まれる市場は、いずれも数10兆円の市場規模があるとみられる。これらの市場を形あるものにするには、一社だけではできないことを自覚する必要がある。

IoTを活用してこの「社会システム産業」にアプローチしようとするとき、IT社会と同様に異業種の複数企業が「花びら型産業」を形成しなければならない、ということになる。ここでいう「異業種の複数の企業」というのは、別々のノウハウをもった異業種の〝モジュール〟といってもいいだろう。

このIoTの社会ではIPv6に依拠して「現実生活・現場仕事を支援」するために、IoTが活用される。単なる音楽や映像ではない「現実社会を支援」することができるようになったのである。この変化は大きい。

したがって、花びら型産業としての異業種の組み合わせの方程式は、次のように変化した。

IoTビジネス構造＝通信キャリア企業＋端末ベンダー企業＋実際のサービス提供企業

「実際のサービス提供企業」が登場したのである。

通信キャリア企業は、通信会社に加えプラットフォーマーたるGAFAなどがそれらしく振舞うようになった。ここではいま、5Gをめぐる先陣競争が行われている。

端末ベンダー企業には、これまでのPCから、人に帰属するモバイル端末企業、モノに付帯するセンサー開発企業、加えてIoTサービス全体システム構築企業など多数の企業への門戸が開かれた。

そして、「実際のサービス提供企業」。これまでの消費者を相手にしたコンテンツ企業に代わって、生活者に「生活や仕事の支援」サービスを実際に提供する企業が登場してくることになる。DiDiのライドシェア事業におけるタクシードライバー、「高齢者支援に郵便局網」におけるスーパーや医療機関、弘前大学の健康ビッグデータにおける医者などである。

だから、5GやGAFAなどネットワーク企業の動向ばかりに目を奪われていると、この生活者への「実際のサービス提供企業」の存在を忘れ、IoTの本質を見誤る怖れがあることに留意すべきと考える。

このIoT時代の花びら型産業の方程式から言えることは、IoTを使って「社会システム産業」を事業化しようとするとき、B to B' to C　の構造を取らないと成立しないということである。

B＝通信キャリア企業＋端末企業＋コンテンツ企業＋システム構築者

B'＝実際のサービス提供事業者

C＝生活者

「B to B' to C」。

そう、「B'」（Bダッシュ）がプレーヤーとして参加しなければ先に進めなくなったのである。

生活者「C」の登場

そして、「C」は、単なる消費者から、生活者に変わる。

これまでの初期のIT社会では、B to Cのビジネスモデルで十分であった。つまり、「B」たる企業群がその力にまかせてコンテンツ活用のネットワークシステムを構築し、消費者「C」相手にサービスを提供することで事業が成り立った。

しかし、IoTによる社会システム産業の時代にあっては、「C」は生活者になる。単にモノや情報を買う消費者ではなく、現実生活を送っている生活者「C」を相手に事業を行うことになる。「社会システム産業」とは、現実社会に生きる人々の生活を支える産業なのである。

したがって、この生活者「C」に実際にサービスを提供している事業者「B'」（Bダッシュ）を加えないと「社会システム事業」が成り立たない。

先にみた米国ウーバーは、「C」を買物客のような消費者と考えるだけで、現実社会のなかで車に乗りたい人、生活者「C」という意識に欠けていたのではないか。だからテクノロジーを信奉して、自らが消費者「C」に直接働きかけることができると思いこみ、古いB to Cモデルで事業を行い、結局ドライバーという「B'」という存在がありながらそれを無視したために挫折した。

「社会システム事業」では、B to B' to Cのモデルが不可欠になるのである。

以下に、B to Cを実施して失敗し、B to B' to Cに切り替えて成功した例を紹介しよう。この例は、実に多くの示唆を与えてくれる。「B'」を考えるきっかけを与えてくれたものである。

「B to C」の失敗から「B to B' to C」に切り替えて成功した例

社会システム企業を目指していると思われる松下電器産業（現パナソニック）「B」は、かつて、家庭のトイレから健康診断するシステム「くらしネット」を試行し消費者「C」に直接販売したが、もののみごとに失敗した。

同様に社会システム産業を標榜するセコム「B」は、これまでの自社のノウハウを活用して「マイケア事業」を立上げ専用の椅子で血圧や尿などの測定を行う消費者「C」相手のメディカル事業を行ったが、赤字続きでこれもみごとに失敗した。

また、国の研究機関と大企業「B」が共同開発している介護セラピー・ロボットは、「C」への売り方が判らず頓挫している。

こうした例は、枚挙にいとまがない。要は、IoTを使った「社会システム産業」にかかわるビジネスを行おうとするときに、すでに生活者を相手に事業を行っている「B'＝実際のサービス提供事業者」加えなければ事業は成立しない、ということをすっかり見落としている。IT社会でのB to Cビジネスモデルを払拭しないと先に進めないのである。

家庭トイレ事業のパナソニック「B」はその反省から、「B'」たる「アプリケーションがはっきりした事業者と組む」[★39]ことに決めて、先に進み始めた。ＩｏＴの技術を消費者相手に〝こういう使い方ある〟と力んでみたところで、ひとりよがりで終わる。実際に生活者にサービスを提供している企業「B'」と組まないと、事業が成り立たないことに気がついたのである。自社開発したロボットの提供事業者としての「B」は、自ら介護事業「B'」に乗り出すことによって、生活者相手のノウハウの取得と自社の製品とのシナジーを追求しはじめた。

メディカル事業のセコム「B」は、「マイケア事業」のサービス内容を「電子カルテシステム」に切り替え、サービス先を「病院」という「B'」にして初めて黒字化した。この「電子カルテシステム」は、病院という「B'」を介してカルテ情報をデータベースとして保有し、それが「コミュニティ効果」を発揮し累積され、医師「B'」の参照が増加し、患者である「C」に効用をもたらすことから利益を生み出せるようになった。またその後、同社が行った帰宅時間が夜遅くなる塾通いの子どもたちの安全確保のための「オンライン塾サービス」は、最初から「塾」という「B'」を介して成功した。

そして、国の研究機関と大企業「B」の介護セラピー・ロボットでは、「医療機関」や「介護事業者」という「B'」を開発メンバーに加え進みはじめた。

中小企業の参加が円盤型市場へのアクセスを可能にする

要は、ＩｏＴを使って「社会システム事業」を立上げようとするとき、「B」は直接に「C」に手を出すと、失敗するということである。

これらの事例は、IoTを使って「社会システム産業」を事業化するとき、きわめて重要な参考になる。

だから、IoTによる「社会システム産業」を事業化する場合、地域で実際にサービス事業をやっているアプリケーションがはっきりした中小零細企業「B'」と組むことが求められるのである。要は「餅は餅屋」という普遍的原理を活かすことが肝要と考える。

したがって、円盤型市場にアプローチするとき、必要となる毛細血管サービスを実行するには、中小零細企業「B'」を花びらの一枚として取り込むことが近道になる。

場合によっては、地域の中小零細企業「B'」を事業全体の統知者・インテグレーターにして、大企業「B」自らはその支援者たる一枚の「花びら」に徹することが必要かもしれないのである。

その例を以下に示そう。

2節　社会システム産業の例題としての獣害対策

ハイブリッド型の獣害対策システム

地方に出かけていくと、畑が網で囲われている風景をよく目にする。広い土地がありながら、小さな網囲いの中でおじさん、おばさんが畑をいじっている。

鳥獣害対策である。この被害は農水省によれば全国で年間200億円程度あるらしい。大した金額でもないので目くじらをたてる必要もないと思われるのだが、だが、当該の農家にとっては死活問題である。

そこで、農家自らが事業者に依頼して電流柵を張りめぐらしたり、狩猟家が捕獲わなを設置したり、さまざまな手立てが講じられている。

しかし、十分な効果がなかなか期待できないため、筆者の友人が甲斐犬を訓練してイノシシ、鹿、猿の駆除を開始した。この試みは発展途上にあるが、これまでの単なる「防衛」の域を超えて、「反撃」に出るという点で面白い。

❶獣の侵入をセンサーが反応
❷感知したセンサーから
特異音が発信
❸犬の首輪が外れる
❹特異音に向かって犬が突進
センサー
センサー

図表27▶ハイブリット型獣害対策システム

筆者は、このアイデアを借りて、「ハイブリッド型の獣害対策システム」ができないかとひとりよがりで夢想しはじめている。

つまり、獣の進入口にセンサーをばら撒いておき、動物が侵入してきたらこのセンサーが反応して、犬小屋に繋がれている犬の首輪が自動的にはずれ、犬が猛然と走っていって動物を蹴散らす、というシステムである。センサーというハイテクと犬というローテクの組み合わせで、獣がいずれ嫌がって来なくなるシステムをつくるのである。

だが、センサーのコストがわからない

こうしたシステムを構築しようとするとき、それにかかるコストがアバウトでもいいからわからなければ、トライさえできない。

以前、RFIDセンサーは1個200円だとか、いや100円になったとかいう話を耳にしたことがある。いまそれがどのくらいの価格になっているのか、かねてより気になっていた。システム構築もできセンサーも作る大企業の電気メーカーに、このセンサーの価格を問合せたことがあるが、結局よくわからなかった。センサーの価格がわかれば、システム構築費用は概算できると勝手に思っているのだが……。

この獣害対策システムでは、数10cm飛べばよい複数個のセンサーと、数10mの発信ができる一個のセンサーの組み合わせが一セットになり、獣の出入り口の数に応じてセット数が決まると思われるが、そのセンサー価格がみえない。世界のセンサー市場は300億個、5兆円あるらしいので、単純計算すると一個167円となる。しかし、種類によって価格は千差万別であろう。

過日、ある種のセンサーの開発者である大学の友人のK君に久しぶりに会う機会をえた。彼にはかつてこの「ハイブリッド型の獣害対策システム」の図を送ってあったので、立ち話でセンサー価格のことを聞くと「価格は、システム全体で決まるので、センサー単体価格は意味がない」主旨のことを言われた。先の大企業と同じ答えである。

このK君とのやりとりが、K君には失礼になるかもしれないが、IoTによる「社会システム事業」を進める上で〝あるヒント〟をもたらし、「社会システム産業」となる獣害対策システムを具体化することを考えるきっかけを与えてくれた。それを書きとめておく。

獣害対策システムでは誰がインテグレーターになるのか

IoTによる「社会システム産業」を事業化しようとするとき、B to B' to Cの構造を取らないと成立しない、とはかねてより言ってきたことである。

これを獣害対策システムにあてはめたとき、B＝部材＋システム構築者、B'＝電流柵事業者、捕獲わなの狩猟家などのサービス提供者、C＝農家、となる。

さて、こうした枠組になったとき、誰がこの獣害対策ハイブリッド事業を統括するインテグレーターになるのかが問題となる。

答えは、B'＝電流柵事業者、捕獲わなの狩猟家である。

B＝システム構築者がいくら頑張ってみたところで、現場で使われないシステムができるだけである。このような例は捨てるほどみてきた。獣の習性、農家との間合いなどを熟知し、これまで農家Cを支援してきたB'＝サービス事業者がいま一歩進んでIoTを取り入れたシステムを構築する。B＝システム構築者はその支援者とならなければ、事業は成立しない。

このように考えたとき、センサー単価がわかれば気のきいた電流柵事業者や狩猟家は地元の知り合いのIT事業者の話を聞いてシステムの概算費用を見積り、このハイブリッドシステムが実験に値するのかを検討できる。

IoT推進は自分たちがやると思っているB＝システム構築者はもとより、IoTに疎いB'＝サービス事業者は、このことに気がついていないらしい。

「社会システム産業」の花びら型構造を動態化しパワーを与えるためには、事業全体を統括するインテグレーターの存在が欠かせない。

IoTを事業化する花びら型産業の統知・インテグレーターとしては、ユーザーサービス企業が先行することが近道かもしれないのである。インテグレーター企業として期待される電気メーカーなどのシステム端末ベンダー企業は、どういうわけか、こういう取組にいま一歩が踏み出せない状況にあるように見受けられる。

要は、システムをつくるには現場を知らなければできない、というシステム開発企業にとって当たり前のことを実行するために、現場のサービス事業者を仲間に加えるのが近道だということである。

一般に、システム開発企業がクライアントのシステムを作る場合、自社の事業を熟知しているクライアントの担当者がシステムのことをある程度わかっているから、システム開発企業はクライアント担当者との協働でシステムを作ることができる。

しかしこの獣害対策システムでは、クライアントである農家そのものは獣害対策の知恵に乏しく、ましてやシステムのことはまったくわからない。一方、システム開発企業がこの農家と協働するには距離がありすぎることになる。だから、農家や獣の習性に熟知した電流柵事業者、捕獲わなの狩猟家を前面に立てる必要が生じてくる。

誰とオープンイノベーションを実践するのか

このように考えてくると、医療福祉、環境、防災、教育、交通、生活サービス、地域ビジネスなど「社会システム産業」の分野でＩｏＴの事業化を進めるためには、Ｃのことを最もよくわかっているB'を前面に押し立てて、Ｂ to B' to Ｃの構図をすばやく構築していくことが必要なようである。

では、そのとき、Ｂはどうするのか。Ｂの多くは電機メーカーなどの大企業である。彼らが権限をやすやすとB'に渡せるかが勝負となる。

B＝部材＋システム構築者は、オープンイノベーションの率先した実践者になることでその役割を果たしたらどうかと考える。

ここでいうオープンイノベーションとは、一般的な意味とは異なる。単純にいえば、BがもつIoTを構成するセンサーなどの部品のスペックや価格の情報を、B'＝サービス事業者にオープンにすることである。これはBの企業にとって死活問題だろう。スペックや価格がオープンになれば、機密情報が世に知れてしまい、競合他社に出し抜かれる可能性が高くなるからである。

自社センサーが、もし、世界標準、デファクトスタンダードをとって、Windowsのようになれれば、スペックをオープンにしても独占的な覇権がとれる。しかし、現在のIoTを進めるには、もはやデファクトスタンダードに頼る時代ではなくなっている。

こうしたときに、自分の企業は〝開発者である〟と位置づけてみたところで、ほとんど意味がなくなる。大企業たるBと他の大企業B相互がオープンになるというのがオープンイノベーションの推進力になるはずだというのは、「技術の開発」という側面ではそのとおりだが、「市場の開発」という点では「大企業たるB群と中小零細企業たるB'が相互にオープンになる」ことが最も必要だと考える。

だから、Bはオープンイノベーションの率先実践者として、部品などのスペックや価格をオープンにして、それをもとにB'が参加しやすくCへのサービス形態を損なわないシステム構築を可能とする環境を用意することが、急がば回れのIoT推進戦略となる。

言い方を変えれば、BはセンサーなどのスペックやB価格情報をできるだけB'の中小零細なサービス事業者に開示し、CへのサービスB質を向上させるためにB'自身に社会システム事業の「構想」を描かせることが、IoTの普及につながると考えるのである。そして、ここから先の社会システム事業の実施計画づくり、これを実現する推力となるのがBの役割となる。

かつてパソコンが世に出始めた1980年代、NECのPC-98シリーズの開発は、まさに急がば回れのオープンイノベーションを実践したものであった。NECが大型コンピュータの開発に人手が取られ、PCの開発がままならなかったとき、NECは開発中のPCのスペックをオープンにした。

何が起こったのか。PC-98が爆発的に売れたのである。スペックがオープンにされたため、ここにソフト開発企業が群がり、先を争ってPC-98で使えるソフト群が開発されたことによって、PC-98発売時にはさまざまなソフトが搭載されたパソコンとして大人気を集めたのである。

NECのケースでは、瓢箪から駒であったが、これからの「社会システム産業」に臨むにあたって、あらかじめIoT関連部品のスペックを意図的にオープンにしてしまう、という戦略を取ったらどうだろう。

「B'」が活躍する獣害対策システム

だから、「ハイブリッド型の獣害対策システム」というIoTの一形態を具体化しようとするとき、B'＝電流柵事業者、捕獲わなの狩猟家などのサービス提供者に対する普及啓発とでもいうべきものが欠かせない。オープンイノベーションの種まきをするのである。

多くの零細事業者はIoTのことなど知らない。しかし、彼らがRFIDなどのセンサーの効用を知れば、〝そういう手があるのか〟と思い、RFIDはいくらするのだろうと考えるのは自然のなりゆきである。RFIDの価格さえわかれば、〝獣のこの出入り口には何個〟、〝あそこの出入り口には何個〟、そしてシステム費用のごくアバウトな概算にまで至り、IoTの実用化の道が開ける。

もしかしたら、犬を使うことをためらうかもしれない。離れた犬が戻るように訓練することも大変だが、「動物愛護法」がネックとなってそもそも犬を離せないかもしれない。この法律に地方特例を作ってもらうとしても、時間がかかる話である。

だから、犬の代わりにドローンや光映像技術、音響技術を使うことを考えるかもしれない。そうすればハイブリッドではなく「ハイテク（IoT）型の獣害対策システム」となる。

このように、IoTを実用化するには、B'＝サービス提供者がもつ獣の習性、農家や犬の事情、動物愛護法などの業界特有のノウハウが混合されなければ、先に進みようがないのである。

このB'は優れて「社会システム産業」の一翼を担う。

IoTは、K君が言うように、単にインダストリー4.0ばかりではない。環境事業やメンテナンス事業、医療福祉、交通、農業など「社会的なサービス産業＝社会システム産業」を中心に幅広い領域で革命的な力を発揮するだろう。

そのとき、大企業たる「B」と他の大企業「B」がオープンイノベーションを推進するのは当たり前として、大企業の「B」群と中小零細企業の「B'」が、IoT応用の場というフィールドにおいてオープンイノベーションを行うことがIoTの推力になると考える。

センサーが生きる社会へ

IoTの最大の効用は、センサーを介して「日常生活、現場仕事」を支援できることである。

日常生活の支援では、ひとり暮らし老人の見守りネットワークがあり、健康管理のネットワーク、交通制御のシステムなどがある。

現場仕事の支援では、工場の機械設備にセンサーを取り付けて遠隔制御をする、建設機械の移動範囲の制御やメンテナンス管理を行う、農場にセンサーを取り付けて育成管理をするなどがある。

鉄道や電力、ガス産業などは、むかしからインフラ産業や社会システム産業といわれているが、これらもIoTを使って新しい「社会システム産業」に生まれ変わるだろう。例えばJRなどは、営業費用のかなりを占める保線などのメンテナンスにIoT活用すれば、飛躍的に変われる。また赤字路線の廃止が相次いでいるが、IoTを活用して自動運転にすれば、コストの六割を占めるといわれる人件費を減らし廃線にしなくてすむ。このように鉄道会社も新しい会社に生まれ変わるだろう。

これらは、いってみれば「社会システム産業」を形成するものだ。

現在、この現場仕事の支援に関して工場の生産性向上に多くの目が向けられているようだが、これはIoTのほんの一部分にすぎない。こればかりに目がいくと、ドイツの後塵を拝することになる。インダストリー4.0は所詮、IoTの部分解でしかない。

わが国の大企業製造業のトップはインダストリー4.0に振り回され腰が据わっていないようにみえる。幸いにして日本でも、コネクテッドインダストリーの旗印の下、いくつかの企業は部品まで紐づけしたネットワークを構築し、需要動向を勘案しながら生産できる体制を整え、反撃を開始している。

IoTはセンサーを基軸として、広大な広がりをもっている。わが国が得意とするセンサーをインダストリー4.0に矮小化してはいけない。IoTではネットワークにこのセンサーが〝必ず〟付帯する。センサーは世界で300億個、5兆円を超える年間市場となっており、わが国が50%のシェアを握っているにもかかわらず、それを使った産業を育成しリーディング・インダストリーにする気概がみえない。

ある種のセンサーの開発者であるK君は、その現状に危機感を覚え、各種の講演で「単なるセンサー開発でなく、システム構築が必要」、「センサーメーカー、システム構築者、ユーザーの協業の場としてのプラットフォームが必要」と訴えている。米国が1兆個をめざすトリリオン・センサー社会も結構だが、わが国独自のＩｏＴ産業社会を構築したいということである。

その第一歩が、「社会システム産業」の構築を通じたサービス産業のＩｏＴ化である。これまでさんざん生産性が低いと揶揄されてきたわが国サービス業は、ＩｏＴを活用して大きな飛躍を遂げるチャンスである。

その例のひとつとして、「ハイブリッド型の獣害対策システム」を例にビジネスモデルをどう作るか、そのオープンイノベーションのあり方などを述べてきた。

わが国が、ＩｏＴを使って「社会的なサービス産業」を中心に革命的な革新を遂げることを願って。

3節 「社会システム産業」の「二層×M層」構造

「社会システム産業」の「二層×M層」の花びら型産業構造

「社会システム産業」は、「現実社会の支援」を行うためにB to B' to Cのビジネスモデルをとる。

ここで改めて花びら型産業の方程式を考えてみると、「社会システム産業」は「二層×M層」の構造をもっとしたほうがわかりやすい。

つまり第一層は、「B」に相当する企業群が異業種の組み合わせで構成する。通信キャリア企業、端末企業、コンテンツ企業、システム構築者、コンサルタント、マーケティングノウハウ所有者などの複数の「B」が、花びら型の異業種構成を取る。

そして第二層は、「C」の市場に最も近く地域のニーズを熟知した中小事業者もしくは個人「B'＝現場のサービス提供事業者」で構成する。

これに、必要に応じて第M層を掛け合わせるように活用する。それはビッグデータの「マザー・プラットフォーム」である。

つまり、社会システム産業の花びら型産業構造は、次のようにあらわされる。

社会システム産業ビジネス構造

＝（第一層「B＝システム構築者」＋第二層「B'＝現場のサービス提供事業者」）

×第M層「マザー・プラットフォーム」

「C」に〝現実の支援〟を行う「社会システム産業」を立ち上げようとする時、「B」を担う企業群を第一層とし、「B'」を第二層として組み立て、その相互間の異業種連携をとる。そして必要に応じて「マザー・プラットフォーム」の第M層を、第一層、第二層のプレーヤーが活用することによって社会システム産業にアプローチできる。

わが国の強力なプレーヤー「C」

「社会システム産業」の原理やビジネスモデルを使っていち早く事業を立上げ、アドバンテージを取ることが必要である。

とはいえ、IoTの国際競争を考えるとき、「円盤型市場」の攻略やB to B' to Cビジネスモデルは、言われてみれば、当たり前の簡単な原理であるため、他の国々や誰でもたやすく模倣することができる。しかし、他国ではまねできないアドバンテージがある。それは、わが国にはきわめてクオリティの高い消費者「C」がいることである。かつてわが国が工業製品で世界を席巻できたのも、このクオリティの高い消費者が製品の品質を押し上げることに貢献したからだと言われている。

弘前大学の健康ビッグデータは、医師「B'」や住民「C」という優れたプレーヤーを得たことによって発展を続け、医療分野における「社会システム産業」を成功させている。と同時に、自らの寿命を延ばすという意識変革をとげた住民「C」は、ますますクオリティの高い磨きがかかった生活者となり、よりすばらしい「社会システム産業」の構成員になろうとしている。

このようなことは、他国ではなかなかまねのできるものではないと思われる。

だから、わが国では、「C」は単なる消費者ではなく、これからは生活者として「社会システム産業」の強力なプレーヤーの一員になり、「社会システム産業」そのものを熟成させ品質の高いものに押し上げ、生活者の立場にたった利用価値のあるものに仕立てる役割を演ずる。

このわが国のアドバンテージを生かす工夫が求められるゆえんである。

B to B' to Cは「社会システム産業」の地方展開を可能にする

IoTを使った花びら型「社会システム産業」を実行するためには、B to B' to Cのビジネスモデルをとることを要求する。

このことは、この「社会システム産業」が地方でも展開が可能なことを示している。現役のビジネスマンが副業を行って地方に出向く時代となった。だからノウハウをもつ人を都会から「B」として地方で確保できる可能性が生まれている。

一方、地方には多数の「B'」が存在する。

したがって、都会の副業者「B」と地方の中小事業者「B'」が適切に結合して、B to B' to Cのビジネスモデルを組成することができれば、地方に「社会システム産業」を作り込むことができる。

第11章　わが国に一大「社会システム産業」を誕生させる

1節　「社会システム産業」時代へのひとつのシナリオ

政府の「コネクテッドインダストリーズ」と「つながる家電」

ＩｏＴを使った社会システム産業を、わが国のこれからの産業の柱になるようにしたい。そして、これを地方に強力に作り込みたいと考える。

まず、わが国の産業の柱にするための、ひとつのシナリオを考えてみよう。

2017年、経済産業省は「コネクテッドインダストリーズ」の構想を発表した。これは、ドイツのインダストリー4.0の向こうを張って、ＩｏＴ社会でわが国の存在感を高めようとするものである。「ドイツは、シーメンスが生産、在庫、販売といったモノづくり全体のＩＴ化を縦軸で押さえ、ＳＡＰがサプライチェーンにおける企業間連結を押さえ、まさに縦と横からしっかり押さえようとしているのが実情だ[★40]」との危機感から、IoTの「つながる社会」においてわが国の強みである「製造業のもつ正確なデータ」を武器に存在感を高めようとするものである。

これは、IoTの強み「現場の支援」と「コミュニティ効果がもたらすビッグデータ」に着目した構想である。昔のITの時代はネットワークや端末機器の競争を促したが、いまのIoTではいわゆるDT（データ技術）に競争の土俵が移ったことを反映している。

これを受けて2019年3月経済産業省は、テレビ、エアコンなどがIoTで結ばれる「つながる家電」の普及の後押しを開始することを発表した。[★41] すでに何回もふれたように、これまで、個々の家電製品づくりが得意であった企業が、2社以上の複数の家電メーカー「B」の連携で各社の製品、テレビ、洗濯機、掃除機などの稼働状況を組み合わせ各種のデータを得る。このデータを使って2社以上の複数のサービス企業「B'」が消費者「C」に、例えば高齢者見守りなど、さまざまなサービスを提供する。

この「つながる家電」は、「家庭」という市場をめぐるコントロールタワー獲得という世界競争を強く意識したものである。家庭内のデータを把握することによって、IoTの特徴のひとつである「文脈サービス」（Context Awareness）、その人がどういう状況におかれているのかを把握してサービスを提供する、これを具体化しようとするものである。

だから、政府は「つながる家電」事業に参加する企業や利用者に補助金をつけ、一方で、高速PLC（電力線を使った通信）の技術開発なども進める。

「つながる家電」を「社会システム産業」の先導へ

この「つながる家電」はまさに、複数の企業による〝花びら型〟の「社会システム産業」の誕生である。政府がＩｏＴを使った「現実生活」の支援を財政的に後押しする。

思えば、長い道のりであった。情報通信市場、医療福祉市場、生活文化市場、環境市場などの未来市場に対し、通産省はじめ政府をあげて取り組んだのが20年前。

そして政府は、「つながる家電」によってようやくＩｏＴ時代の花びら型「社会システム産業」の存在に気づき実行に移しはじめた、と思いたい。

願わくは、この気づきの萌芽を先導するモデルとして「社会システム産業」全体に応用してほしいと考える。

その第一歩は、「つながる家電」で得られたデータがマザー・プラットフォームとなる可能性を追求することを考えたい。家電メーカー複数社が集めるデータとそれを活用する複数社のサービスの実施は、そこからContext Awarenessに有用なデータの所在を明らかにしてくれる。こうしたグループが何組かあれば、そのデータの集合体が初期のマザー・プラットフォームを形成する。この初期のマザー・プラットフォームのデータ群を、この事業に参加していない一般の企業やサービス事業者に早期にオープンに提供し、そこから逆にデータを収集する。

例えば、大企業8社がはじめた「高齢者支援の郵便局網」にこの「つながる家電」の初期の〝マザー・

プラットフォーム〟を接続する環境を整え、ここから有用なデータを収集したらどうだろうか。このことが、全国の郵便局員に「みまもりサービス対象者の発掘」というい らぬ営業ノルマを課すことを不要にするだろう。郵便局員は、初期の〝マザー・プラットフォーム〟の精度を確認するとともに、実際の「みまもりサービス」を実行するための手配師の役割を演ずることになる。ここで登場するのが、スーパーマーケットや診療所など地域のサービス事業者「B'」である。こうすることで、Context Awarenessにかかわるデータの集積と現場での支援がはじまり、初期のマザー・プラットフォームはビッグデータを擁するマザー・プラットフォームに変貌し、「社会システム産業」の第M層たるレイヤーが確保できることになる。

このようにして「つながる家電」は、社会システム産業の花びら型産業構造として、第一層の電機メーカーなどの「B」、第二層のサービス事業者などの「B'」、そして第M層のレイヤーたるマザー・プラットフォームの「二層×M層」の体制を整え、世の中全体に展開できる環境を手にすることになる。

加えて、「つながる家電」のインテグレーターをどこに求めるかも考えたい。花びら型「社会システム産業」は、その動態的パワーを得るためにインテグレーターの力を必要とする。これを参加企業のなかから見つけるのか、経済産業省や第三者が行うのか。このインテグレーター如何によって、「家庭」という市場をめぐるコントロールタワーを獲得し世界競争で抜け出す可能性をもつことも見えてくる。

わが国のアドバンテージ産業を育てる

そして、「つながる家電」のようなIoTによる製品やプレーヤー同士のつながりは、「家庭」という市場のみならず「社会」という市場に目を向ければ、高齢者の医療福祉にかぎらず、環境、メンテナンス、防災、生活文化、社会的事業、ITSなど「現実を支援する」産業を育ててくれる。プレーヤー同士がIoTを使った花びら型産業を形成することで、社会システム産業を育てることができるのである。

ITS分野では、トヨタがソフトバンクとはじめたMaaS（モビリティ・アズ・ア・サービス）は、自動車が街なかの小売業などと〝つながって〟、移動や移動に伴う「社会システム産業」になろうとしている。

このようなアズ・ア・サービスは、移動社会にかぎらず、多くの場面で登場してくることになる。「環境・アズ・ア・サービス」、「メンテナンス・アズ・ア・サービス」である。それは、「社会システム産業」そのものを育てることにほかならない。

政府は、官と民それぞれの動きを束ね、21世紀にふさわしい「社会システム産業」の旗印をあげるときがきた。

これをすばらしい産業に仕立てあげるのは、わが国に存在するきわめてクオリティの高い生活者「C」である。新しく生まれる「社会システム産業」も、この良質な生活者がそのクオリティを高めてくれるであろう。

そのことが、「社会システム産業」に磨きをかけ世界に通用するものとし、わが国のアドバンテージたる産業に育てるにちがいない。

時代を背負って走る「社会システム産業」

このようにして、「社会システム産業」が立ち上がってくれば、そこにはこれまでの経済社会では捉えきれない一群の企業が登場する。

これまで電気機器や輸送用機器、情報・通信、金融、サービスなどといった産業区分に属していた企業の一部分が分離され、他産業に属する企業の一部と結合して花びら型の「社会システム産業」を担う新しい企業が出現し、これが多数生まれる。

そしてこれらの企業は、人々の現実社会を支援する「人に優しい」産業として、一躍、時代を背負って走る寵児となる。

株式市場は、こうした「社会システム産業」の業種区分が独立したものになる日も近いだろう。そしてそこは、推奨銘柄の宝庫になるに違いない。

企業の社会的責任に配慮した経営を求めていくＳＲＩ（社会的責任投資：Socially Responsible Investment）は、環境配慮などの概念も拡張されて、新しい投資の対象として「社会システム産業」となる時代が来るだろう。

そして、わが国の新しい時代がはじまる。

2節　新しい文明としての「社会システム産業」

消費文明の次にくるもの

かつて経済大国を経験した国は、世界的に影響力のある文明を遺産として残した。古くはローマ帝国が「法制度と道路水道ネットワーク」を、後にイギリスが「議会制民主主義と鉄道」を、そしてアメリカが「消費文明と高速道路」を残した。

経済大国といわれたわが国は、何を世界的な文明遺産として残せるのだろうか。

考えてみれば、アメリカが残したものは、モノを対象にした消費文明であった。1945年を境にして、わが国もこの「モノの経済競争」に加わり団塊世代の高度消費社会の形成によって、一時的ではあるが、その文明の勝者の美酒を味わうことができた。

そのスタートから70年。ここにきて、競争のパラダイムが変わり始めたようだ。

それは、20世紀の工業社会を飛び越え21世紀の「Society 5.0」社会にふさわしい文明遺産とはなにかが問われる時代になったということだ。

ここに「社会システム産業」が登場した。

ＩｏＴを使った「社会システム産業」は社会の課題を解決する産業となって、「現実社会」を支援し国民生活の不安を直接的に取り除くことができる。工業製品であるモノの飽和感のなかで、いっこうに豊かさが感じられない時代が続いていたが、花びら型産業構造をもちＩｏＴを使った「社会システム産業」の出現によって、消費文明を謳歌した家電や車などモノの単体製品が社会システムに応用される。これによってＩＴＳ分野での自動運転、医療福祉分野での介護負担の緩和、メンテナンス分野でのインフラ維持管理などへの対応が図られる。

30年前に「なんだ、日本は先端産業の国だと思って来たが、どこにも先端技術が見当たらないじゃないか」という英国人の問に応えることができる時代となった。

21世紀の「Society5.0」の社会では、もはやこれまでのモノを生産し消費を増やす、あるいはサービスの消費を増やすなどという経済競争の枠組を超え、人々の基礎的な生活や生産の基盤を格段に向上させ、〝現実社会を支援〟し「人に優しくする」ことそのものが経済を支えることができる時代が到来した。ここに産業の付加価値の源泉は大転換をとげる。

世界の発展途上国だった国々は、消費文明に依拠してすでにモノの生産にかかわる競争力を手に入れつつある。こうしたとき、「先進国」たるわが国が同じ土俵で戦っても意味がない。わが国は「ものづくり」ではまだ負けないという頑張りは必要だが、それにこだわることなく、消費文明を飲みこんでしまう、新しいパラダイムを示す立場にあると考える。

「人に優しい文明」と「社会システム基盤」を残す

次のステージ、次の時代の競争の土俵は何か。これを世界に示すことが必要と考える。それは、「消費文明」のモノの生産の成果物を使っていかに〝現実社会を支援〟するのか、そしてそのこと自身が経済的発展を促す、というモデルを世界に提示することである。

「社会システム産業」の発展を通して、わが国は「人に優しい文明」と「社会システム基盤」で〝現実社会を支援〟する文明を残す。

「消費文明」が、金融資本主義の過熱化や貿易戦争など世界を異常なまでの経済競争に巻き込んだ時代は、終焉を迎える。そして「人に優しい文明」を構築することこそが人々が生きるための経済的基盤をつくることができる、そのような世界を切り拓くことがわが国の役割になる。

Part

4

副業パワーで地方に「社会システム産業」をつくる

第12章 地方の新しい産業「社会システム産業」

1節 地方に「社会システム産業」を叢生させる

地方の新しい産業は「社会システム産業」である

ようやく、本論の核心に辿りついた。

Part 1で示したように、地方は既存産業だけでは成り立たない。だから、新しい産業として、地方は「情報通信業」や「研究・技術サービス業」を誘導すべきだとした。

しかし、これらの産業やノウハウをもつ人たちが地方に行って地方の市場とリンクできるのか、という問いがあった。

この問いに答えるために、Part 2やPart 3では、IoTを活用した「社会システム産業」について述べてきた。この産業は、これからのわが国の柱になる産業である。だから、このこれからの成長産業を地方の新しい産業として誘導したらどうか。

ＩｏＴを使った「社会システム産業」は、「情報通信業」や「研究・技術サービス業」などのノウハウを活用することになるため、「社会システム産業」を地方に育てることは、二つの新しい産業の育成につながると考える。

加えて、「社会システム産業」を行おうとするとき、B to B' to Cのビジネスモデルをとることを要求する。したがって、地方の中小事業者「B'」が参加することが不可欠になる。

そして、都会で生まれている副業者「B」を誘導できれば、地方に「社会システム産業」を陸続と生むことができる。

地方の新しい産業は「社会システム産業」である。

地方にも社会的課題は多い

「社会システム産業」は、都会のみならず、地方でも大いに生まれることが期待されるものである。

ＩｏＴを使った「社会システム産業」は、医療福祉、生活文化、環境、交通などの住民の日常生活にかかわる社会システムの市場を対象として、社会の抱える問題を解決する新たな企業が登場しひとつの産業を形成することによって生まれるものである。

この社会システムの市場は、地方にも存在する。というよりも、地方のほうがより多くの問題や課題を抱えている市場である。この地方のほうがより深刻な問題を抱えていることがバネになって、「社会システム産業」が起こりやすくなると考える。

医療福祉の「健康維持」という分野において青森県は「日本一の短命県」であるという汚名が存在した。これが大きな発奮材料となって、弘前大学の「健康ビッグデータ」が生まれた。汚名が存在したからこそ10年以上にわたる努力があり、それが全県に及ぶビッグデータを生み、人々の健康管理の向上や、そこにヘルスケアにかかわる事業者が「社会システム産業」を起こしはじめたのである。

地方がさまざまな深刻な問題を抱えているからこそ、これを解決する「社会システム産業」が生まれる。

日常の不便さに対応する養父市のライドシェア事業

地方の過疎地では定期に運行するバスや鉄道がなくなり、日常の不便がきわまっている。加えて流しのタクシーがないために、せっかく来た観光客が移動手段をもてない状況が続いている。

ここに、地方でのライドシェア事業が生まれている。この事業は、企業「B」to地元中小企業「B'」to生活者「C」のビジネスモデルを実践している。

これまでは、このサービスは都会で行われていたが、地方でも行われはじめた。ウーバーは、すでに京都府京丹後市や兵庫県淡路島でこの事業を開始している。

養父市でも「ライドシェア事業」が開始された。兵庫県の中山間地に位置する養父市は、「中山間地の価値を変える！」という広瀬栄市長の強い意志をもって国家戦略特区に指定されている人口2万4千人の都市である。ここで2018年から、ライドシェア事業が開始されている。

これは、養父市に出向していた大手商社の社員が、大手電機メーカーの社員と共同で養父市でのライドシェア事業のアイデアを出し、養父市の市長が膝をたたいて地元タクシー会社3社と観光協会が共同でライドシェア事業の会社「やぶくる」をNPOとして立上げたものである。

タクシードライバーに加え、養父市は国家戦略特区に指定されているため白タクが可能なので、市民から募った17名の登録ドライバーを擁してこの事業は開始された。

この事業では、都会のノウハウである商社とメーカーの社員「B」と地元タクシー会社など「B'」がまず結合した。そのうえで共同でつくった会社「やぶくる」を改めて「B」とし、タクシー運転手と登録ドライバーが「B'」という二段階の構造になっている。そして、商社とメーカー社員はこの事業の統括、インテグレーターの役割を担っている。

養父市のライドシェア事業の場合、商社マンは出向者、メーカー社員はその相談相手ということであるが、いずれもが養父市の人ではない。彼らは、その「ノウハウ」を養父市に移転したのである。

ノウハウの移転で生まれる地方の社会システム産業

過疎地の移動手段確保や生活維持などを支援することは、喫緊の課題である。ここに、養父市の例にみられるように、都会のノウハウを移転すれば、地方でも「社会システム産業」は生まれる。

政府は、過疎地に白タクを認め、さらに地元住民による「小さな拠点」づくりがなされ、ここを拠点として車の配車や買物代行など各種のサービスが提供される。この「小さな拠点」ないしはそこに集まる零細事業者を「B'」とし、都会から来るＩｏＴなどのノウハウ所有者「B」と結合できれば、タクシーにかぎらず地元住民の自家用車を含めたローカルなライドシェア事業を立ち上げることができる。

また、政府の「つながる家電」が初期のデータを開示すれば、過疎地の「小さな拠点」を中心として、都会から来るノウハウをもつ「B」に初期のマザー・プラットフォームを活用するシステムを構築してもらい、地元のサービス事業者「B'」が高齢者家庭など「C」に各種サービスを実施することができる。

つまり、大都市の企業人「B」のノウハウが地方に移転できれば、地方に「社会システム産業」を興すことが可能になるということだ。

このように、ＩｏＴなどのノウハウ所有者「B」の対象として、都会で陸続と生まれている副業者のパワーを借りることができれば、全国の地方で「社会システム産業」が雨後の筍のように生まれる。

大都市の副業者「Bs」のパワーを借りる

ここで、「B」のノウハウをもつ副業者を、「Bs」（ビーズ）として切り分けたい。

養父市の例にみられるように、社会システムの市場にアプローチするにはＩｏＴを活用し、企業「B」

to中小企業「B'」to生活者「C」の組み合わせによるビジネスモデルを実践すれば、地方でも「社会システム産業」を起こすことができる。

「B」の役割を演ずるのは、大都市の企業や弘前大学のように地元の大学、または地方の企業かもしれない。とりわけここで強調したいのが、大都市の副業者である。

第1章に述べたように、福山市をはじめ地方の多くの企業が「副業者限定」で人材募集をしている。そしてそこには、実に多くの副業者が応募しはじめている。そのような時代になったのである。

この都会で陸続と生まれている副業者が、地方の企業や役所に「勤める」のではなく、一人の自立した個人としてあたかも地方で「起業」するかのように、IoTなどのノウハウ所有者である「B」として活躍する場を設けたら、地元の中小事業者「B'」と一緒になって「社会システム産業」が生まれる。

養父市のライドシェア事業では、一過的に養父市に来た商社マンや電機メーカー社員が、ノウハウを一部移転するという点で、副業者のノウハウと同じ役割を果たしている。

ここでは「B」となる大都市の企業や地元の大学、企業などと区別するため、このノウハウを持つ副業者を「Bs」（ビーズ）と呼びたい。「s」は、副業者（side business worker）であり、かつ専門家（specialist）であるという意味である。

地方の「社会システム産業」の担い手となる副業者「Bs」

したがって、都会で陸続と生まれている副業者、IoTなどのノウハウ所有者である「Bs」のパワーを地方が確保できれば、地方でも社会システム産業を隆盛させることができる時代が到来した。

社会システム産業立ち上げのノウハウをもつスペシャリストかつ副業者としての「Bs」。

しかし、地方に来るすべての副業者がこれを担えるとも考えにくい。社会システム産業にかかわるノウハウをもつ人は、副業者のなかにそんなにいるのかという疑問もわくところではある。

第2章の最後に述べたように、わが国には「情報通信業」「研究・技術サービス業」に加え、すべての産業に存在する「専門的・技術的職業」従事者は合わせて1,110万人いる。これは就業者全体の19％に相当する。5人に1人である。これらの人たちは、社会システム産業に関連するノウハウに近いものをもっていると考えられる。第2章ではこの0.3％、3万人を〝政策的〟に地方に誘導したらどうかと述べた。

この人たちが実際どのくらい副業を行い、「Bs」となるのかは不明であるが、いずれにしてもこれから述べる政策的な誘導によって、地方の「社会システム産業」の担い手である「Bs」の確保は不可能ではないと考える。

2節　地方の「社会システム産業」への政策的な期待

地方に「社会システム産業」を育てることを明示する

「社会システム産業」が、地方にわき起こることを具体的に考えてみたい。

政府はこの20年間、地方産業の育成について「間接的な支援」を合言葉に、どのような産業を誘導・育成するかについての言説を避け、もっぱら「よろず支援拠点」などの施策の羅列に終始してきた。

しかし、成長産業を地方に育てるという産業政策を積極的に打ち出すべきと考える。この「成長産業を地方に育てる」は、地方産業政策の一丁目一番地であると考えられるが、これがこの20年間、忘れさられている。

「産業立地政策」の最後の花を飾ったのは、テクノポリスや頭脳立地法であった。それは当時の成長産業である「先端企業」や「ソフト企業」の地方誘致を図ることであったが、決して成功したわけではない。

確かに、「産業立地政策」の時代にあっては、政府がアドバルーンをあげるターゲット産業に民間企業が寄りかかり、企業の主体性が失せたという弊害があったことも認められるところである。

だが、いまや成長産業に焦点を当て、そこに経営資源などあらゆる知恵と力を投入しなければ、国の成長や地方創生という課題に応えられないのではないか。

「間接的な環境整備」にこだわることなく、政府が暗に気づいている「社会システム産業」という「成長産業」をターゲットに据えて、地方の産業育成をまともに考えることが、いま最も必要なことである。だから、政府はまず、地方に「社会システム産業」を育てることを明示すべきである。

このような21世紀の新しい産業である「社会システム産業」の育成は国家的課題であるが、まずは地方から始めるという気構えで臨んでほしいと考える。このことをしっかり定義して明示化し、産業を育成することを地方産業政策の柱に据えるべきと思う。

ノウハウ「Bs」の誘導と地元「B'」との結合の場の形成

そして、これらはそのままでは単なる期待される「円盤型市場」に過ぎないが、これを「産業」として形あるものにするためには、「情報通信業」や「研究・技術サービス業」などの大都市の副業者「Bs」のノウハウや力を借りて、「地方の現場サービス業」の「B'」を巻き込んだ花びら型産業構造を形成し、「社会システム産業」を作り込む必要がある。

「社会システム産業」を育成するためのプレーヤーは、これまでの製造業などの「誘致」とは違い、「ノウハウの誘導」をすべきものと考える。

とくに社会システム産業の多くはＩｏＴを活用した「花びら型産業」構造の形態をとることが不可欠になるため、誘導するのは副業者「Bs」がもつ「情報通信業」や「研究・技術サービス業」にかかわるノウハウハウであり、これがすでに地方の現場を支援している地元の事業者のノウハウとうまく結合が取れるかがカギを握る。

そうした点で、「情報通信業」や「研究・技術サービス業」にかかわる副業する人材がもつIoTやシステム構築ノウハウの「Bs」群と、現場ノウハウの「B'」のスクラム形成の場、つまり「Bs」×「B'」の新結合の仕組づくりは欠かせない。

シリコンバレーにみるノウハウの移動と地方の吸引力

「Bs」×「B'」の新結合の仕組づくりとは、どのような方策がありうるのか。

それは、ひとつには大都市の副業者などの「大量の技術者・ノウハウ所有者」を活用することであり、いまひとつは地方に「吸引力」を作ることであると考える。

米国のシリコンバレーの成立は、西部・サンベルト地帯に軍需産業の集積や研究成果を企業化できる大学の存在があったからだと言われる。しかし、それだけではない。筆者はこれに加えて、西海岸への「技術者」の大量移動という素地があった、この二つの要素が同時に存在したからだと考えている。

テレビの発明は日本であったが、これを産業化したのは米国である。1950年代後半から、日本はこれを追いかけるように国をあげてTVの産業化を図った。そして1960年代後半、日本製が米国製を追い抜くまでに成長し、その結果、日本の輸出に負けて米国の東海岸にあったTV産業が大崩壊した。このとき米国の東海岸に大量のエレクトロニクス関係の余剰技術者を生みだし、これが西部に移動することによってシリコンバレーを支える素地、原動力になったということである。

これから得られる教訓の一つ目は、地方に産業を作るためには、国民の大移動、技術者の移動という契機を活かすことである。

いま、わが国は、兼業・副業社会を展望するところまできた。このノウハウをもつ人たちを地方に大量移動させることが地方に新しい産業を作る契機となる。

地方に「吸引力」をつくる

しかし、わが国の地方には、米国の西部・サンベルトのような魅力的な産業集積や大学の存在に乏しい。要は、シリコンバレーができたときのような「吸引力」がわが国地方にはあまりみられない。これが、二つ目の教訓である。

確かに、わが国の地方には、多くの立派な大学や優れた製造業、各種の産業がある。そして、21世紀初頭からはじまった産業クラスターがある。地域の企業と大学・研究機関がネットワークを構築して、新事業を持続的に生み出す試みを積極的に行っているようだ。しかし、その成果がどこにあるのか寡聞にして知らず、現在では、政府の関与をなくして地域にまかせっきりとなってしまった。

要は、地方産業が20年もの長きにわたってほったらかしにされてきたため、いまさら「吸引力」といっても話は始まらなくなっている。

だから、兼業・副業社会を活かしこれを地方に誘導するためには、何がしかの意図的・政策的な「吸引力」を地方に作るしかないと考える。

第13章 地方の「社会システム一万事業」の構想

1節 IoTによる「社会システム一万事業」大作戦

地方の「社会システム産業」育成の構図

地方に、都会の副業者「Bs」が寄ってくる「吸引力」をつくる。

この吸引力をつくるために、地方の「社会システム産業」育成をどのように図るのかを考えてみよう。

地方の「社会システム産業」育成の構図を表わすと、次のようになる。

政府が示した医療福祉、環境、生活文化、地域ビジネスなどの分野は未だ「市場」に過ぎない。これはビジネスモデルからいえば「C」あたる。この市場に働きかけてこれを産業化するためには、ノウハウをもつ「情報通信業」や「研究・技術サービス業」の力を必要とする。これは「B」である。この「B」は地方に経営資源が少ないので大都市の副業者「Bs」を誘導する。そして肝心の「B'」たる現場サービス事業者を現地で参加願ってB to B' to Cの構図をつくり、「社会システム産業」を形成することが基本の構想となる。

しかし、地方には大都市の副業者「Bs」を呼び込む「吸引力」がない。

そこで、政府の事業として「社会システム産業」にかかわる「一万事業」を地方に展開し、これを「Bs」を呼び込む吸引力として機能させる。

こうした構図で地方に「社会システム産業」が起これば、地方には「情報通信業」「研究・技術サービス業」が成立する。そしてなによりも、地方の中小零細なサービス産業の底上げが達成される。

吸引力としての「社会システム一万事業」構想

大都市の「兼業・副業者」のノウハウ「Bs」を地方に引きつけ吸引する力を作るために、IoTに

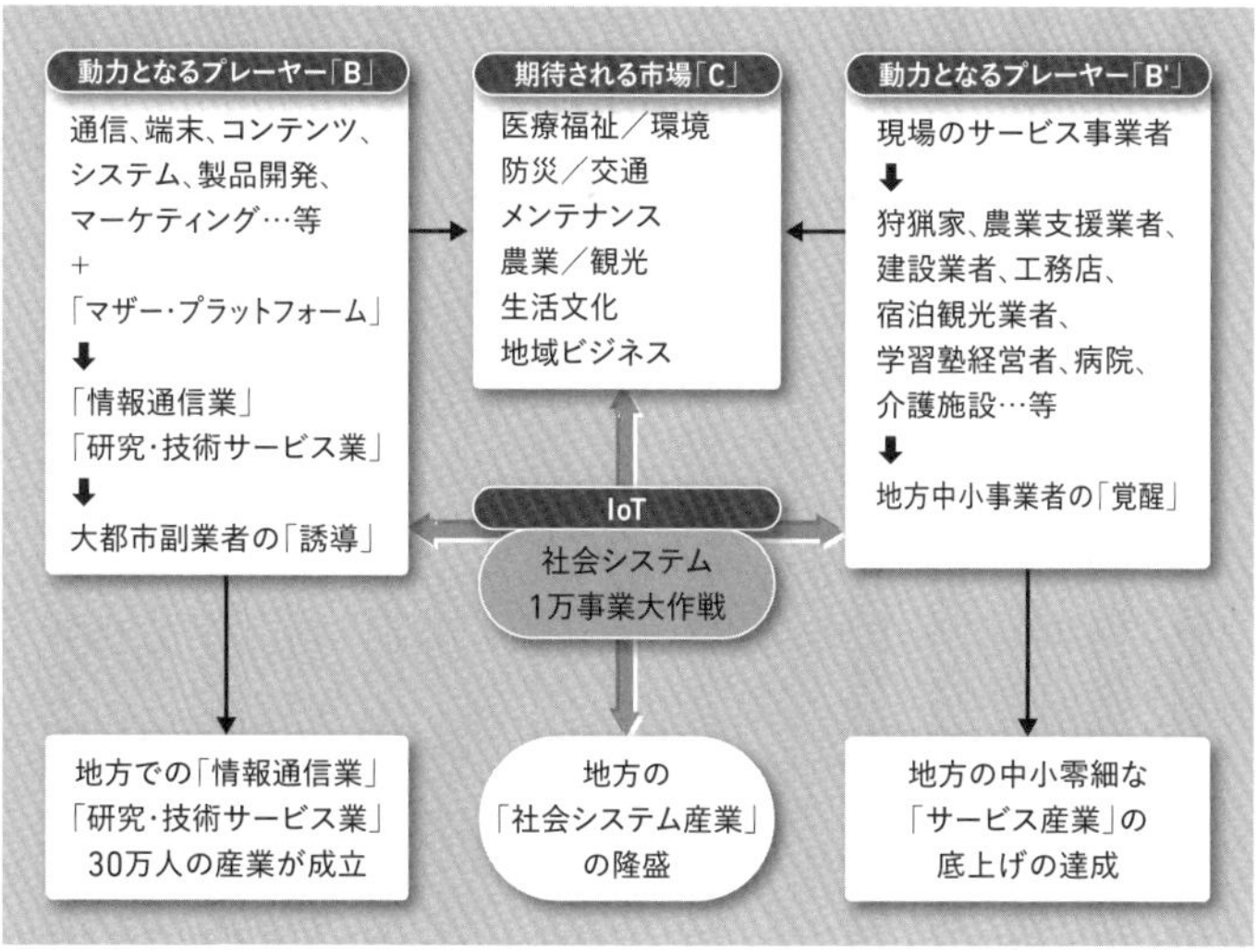

図表28▶地方の社会システム産業育成の構図

よる「社会システム一万事業」大作戦というものを全国展開したい。

たとえ一つひとつが小さくても具体的な社会システム産業にかかわる「事業」を全国的に実施することによって、現在地方にはない〝吸引力〟を政策的につくるのである。

全国で一万の社会システム事業展開、一市町村あたり平均10前後の事業が産声をあげるような仕組をつくる。

一万事業は、大都市の副業を行う「情報通信業」「研究・技術サービス業」や「専門的・技術的職業」のノウハウ所有者「Bs」を地方に誘導し吸引する戦略的な仕掛けである。

異業種ノウハウの持主が平均3人集まって第一層「B」群を形成すれば、一事業で3人、一万事業で3万人のノウハウ「Bs」を都会から誘導することになる。

ここに地域で実際にサービスを提供している事業者「B'」が加わり、その事業者が実際にやっているサービス事業を持参して参加する。

「社会システム一万事業」の展開

地方の中小零細な企業「B'」には、例えば、次のような地域の課題を解決する「社会システム産業」を具体化するものとして参加してもらうのである。

《社会システム一万事業の例》

▼（**農業**）獣害対策システム、農家の経験知活用システム
▼（**建設**）インフラ維持管理システム、空き家市場化システム
▼（**製造**）専門人材募集システム、ノウハウのモジュール開示システム
▼（**金融**）地銀ノウハウAPI公開システム、インキュベーションシステム
▼（**卸小売**）有機農産物流通システム、沿岸魚流通システム
▼（**飲食業**）地場食材調達システム、広告宣伝システム
▼（**観光宿泊**）共同集客システム、着地型観光設計システム
▼（**運輸**）ドローン物流システム、バス・タクシー運行配車システム
▼（**医療福祉**）病院待ち時間調整システム、在宅介護システム
▼（**生活サービス**）在宅学習塾システム、廃棄物産業化システム
▼（**コミュニティ・ビジネス**）集落見守りシステム、二次交通システム
▼（**行政**）防災避難システム、アウトソーシングシステム

いずれもが、ごく小さな社会システムを構築する事業ではあるが、地域ごとに異なるテーマが選択され、ここに地域がめざす産業育成の方向が他者から見えるように明らかとなる。

田舎を歩いてみると、上記以外に多くのＩｏＴを活用すべきことが数多く見つかる。いまからでも、このような「社会システム事業」の可能性の探索を開始することをお奨めする。

地方に活力をもってもらうために、このような小さくても次世代の芽となる社会システム事業を叢生させることが、いまもっとも必要なことと考える。

先行例となるか、農水省の革新技術導入バウチャー

では、このIoTによる「社会システム一万事業大作戦」をどう実行に移すのか。その先行例になるのが、農水省がはじめた試みにある。

農水省は、2019年度から農業者「B'」を対象に、「革新技術導入バウチャー（利用券）」を配る事業を開始した。

わが国の農業は、研究者や技術開発者が農業の技術改革に乗り出す例は多いが、農業者自身が主体的に研究者や技術者を探し相談する取組が少ない。このことから農業の生産性改革は、研究者や技術者「B」が〝ひとりよがり〟で後先かまわずIoT活用の過剰な投資をすることがあとをたたない。これでは生産性は上がるかもしれないが、農家の経営が成り立たなくなる。

こうした問題を解決するために、農家の「経験知」とでもいうべき知財を重視し、研究者などとの連携に熱心な農業者「B'」にバウチャーを交付する。農業者自らが研究者など「B」にコンタクトしてバウチャー券を渡しアドバイスを求めたり、課題解決したりするための小規模試験を実施する。費用の一部は農業者が負担するものの、国は研究者や技術者が所属する機関に実費相当料を支給するものである。

この「革新技術導入バウチャー」は、農業の技術革新や流通革新を促すために、研究者や技術者「B」を活用した場合に対価として支払われることから、このバウチャーの考え方は「社会システム一万事業大作戦」の先行例になるかもしれない。

農業の「社会システム産業」としての革新

農業は大きな「社会システム産業」であるが、これまで旧い制度や旧い流通の仕組が温存されていたため、なかなかイノベーションが起こりにくい環境にあった。

だが、世界に目を転じてみると、農産物の流通を革新することについて、社会実験ともいうべき事例がある。ソ連が崩壊して間もない頃のロシアで、それまで全国の農産物の流通を一手に握っていたゴスナブという国家組織が、ある日突然消え失せた。すると、当時市民の間で「マフィア」と呼ばれる元気な若者たちの農産物流通業者が勃興し、農産物の取引が活発に行われるようになって、にわかにロシア国内は活況を呈したことがあった。

また、わが国では、有機農産物の流通において、POS（point-of-sale：販売時点情報管理）に似たシステム開発が進められている。有機農産物は大量生産に不向きなため、農家ごとに多品種少量生産が行われることが多い。したがって農協経由の販売が難しく、販売先の確保に大きな障害があった。ここに、「いつ、どこで、誰が、何を作っていて、どのくらいの数量が出荷できるのか」という情報を生産者と販売先の間で日々共有できるシステムを構築し、iPadやiPhoneで検索できるようにするものだ。

さらにわが国では、農業の生産性を向上させるためにIoTを活用する事業者の参画や、いくつかの大学で「農業のインテグレーター」を育成することが始まっている。人工繊維の導入やIoTやロボットを活用したり、経営ノウハウを高めたり、生産から販売までの高い知識をもつ、いわばこれまでの農業の枠を超えた他産業とのつながりを模索する動きが始まった。

これらの例にみるように、ある種の改革を行えば農業は変われる状況が生まれており、新しい「社会システム産業」の芽が出はじめている。

「革新技術導入バウチャー」を利用して、農業者「B'」の改革をしたいという発案のもとに、研究者や技術者、実務者「B」のパワーを活用し課題解決を図る。農業関連の産業は、生産に留まらず、加工、流通など幅広い「花びら」の形成を必要とするため、バウチャーを渡す相手「B」は、農業研究機関に加え食品製造業や流通業などの実務経験者や専門的技術職業従事者などの幅広い層に求めてよい。

これを契機に、IoTを活用した生産管理システム、流通システム、獣害対策システムなど農業を対象とした「社会システム産業」が育成されることが期待できる。

なにやら面白いことが始まりそうだ。

漁業や他産業へのバウチャーの拡大

こうした観点からみると、漁業も「社会システム産業」と考えられる。漁業は、漁場という資源をめぐる壮大な「社会システム産業」をすでに形成している。

2011年の東日本大震災のあと、流された漁船の穴を埋めるように全国から船の提供があったが、一方、いち早く自らの漁船を建造した漁師もいた。しかし、しばらくの間、この漁師は漁ができなかった。船があっても、そもそも魚を捕る網や漁具が揃わなかったし、またたとえ魚を水揚げできても、保冷庫もなく加工や流通が途絶えていたため、船あれど漁はできなかったのである。この漁師の途方に暮れた顔を見て、漁業はすでに壮大な花びら型の「社会システム産業」を形成していることに気づかされた。

しかし、漁業という「社会システム産業」は農業と同様に旧い硬直したシステムで構成されているため、決してうまくいっている産業ではない。だから例えば、東日本大震災のあと、巨大な「装置産業」であることをやめて、機動的な小さな工場を再建しようとする保冷・加工業者が現れた。

また、旧い流通システムを飛び越えて、沿岸や近海の魚を捕獲した瞬間に漁場からＩｏＴを使って都会の買い手を見つける漁師も現れた。

さらに、これまで地元漁業者「B'」が支えてきた漁業に民間のプレーヤー「B」を参加させ、「花びら型産業」を起こす試みも始まった。漁業もこのような新しい「社会システム産業」の育成にチャレンジしてもよい。

漁業も農業のような「革新技術導入バウチャー」を活用して知恵「B」を誘導し、改めて花びら型の「社会システム産業」という視点、とくにIoT活用という視点からいま抱えている問題解決を図ってみたらどうかと考える。

もとより、このバウチャーは農業や漁業にかぎらず、対象を拡大して地元の工務店や旅館、小売業などの革新のために導入されてよい。

いずれにしても、農水省の「革新技術導入バウチャー」が、IoTによる「社会システム一万事業大作戦」のひとつの先行例となるかもしれない。場合によっては、この仕組を「社会システム一万事業大作戦」そのものに展開することを検討してもよいと思われる。

地域の核となる「社会システム一万事業」

地域が「社会システム一万事業大作戦」を具体化することを通して〝この指とまれ〟のサインを出し、ここに「B」のノウハウをもつ都会や地元企業の副業者が「Bs」として集まり「社会システム産業」が育ちはじめる。

地域や集落の人々が、目を輝かせてこの事業に協力する。「社会システム」という言葉が、地方での流行語になるであろう。

地域に小さくても「社会システム産業」が生まれれば、それを「核」にして、関連産業が誘導されることが大いに期待できる。

少し例は違うが、ある地域資源の核を形成したことによって関連産業を生みだした和歌山県古座川町のことを話そう。この町は県の最南端、串本町に隣接する人口3,000人の小さな山あいの町である。町には清流・古座川がゆったり流れ、「山林96％、残り4％で生活している。コンビニ、駅、信号がない。だけど鹿、猪、猿がいる」と自認する場所である。

2015年、町はここに「《厄介者》から《地域資源》へ」を合言葉に猪や鹿のジビエ処理施設を完成させた。これがひとつの核となって、いまや大都市レストランへの販売事業やジビエ体験・狩猟ツァー事業の実施、ジビエバーガーやハムなどの加工品開発事業者の誘導、ペットフード産業との連携、皮や骨を使ったデザイン産業の集まりなど関連産業の集積と育成が進んでいる。

これは、地域のある資源を核にできれば関連産業が集まり、そこに地域特有な産業が生まれることを示している。

だから、地域に小さくても「社会システム産業」が生まれれば、それを核にして、関連産業が誘導されることが大いに期待できると考える。

国土全体に降り注いだ「社会システム産業」の一万本の矢は、各拠点から徐々に光を放ちはじめ、そしてそれぞれの場所からさらに関連産業の光の輪が広がっていく。社会システム事業が多くの関連産業を地方に叢生させる。「社会システム一万事業大作戦」は、このような大作戦でありたい。

そして、「社会システム一万事業大作戦」は、地方のサービス産業の生産性を大きく向上させることも期待できる。これまで零細企業であった地元の商店や工務店、旅館などさまざまなサービス業が、IoTを導入することによって、付加価値向上の機会を得ることが可能となるのである。

地方では、誘導した多彩な人々がつくる「社会システム産業」が生き生きとしてくるため、外から雇用者を誘導したり、若者や熟年者のUターンも期待できるようになる。「社会システム一万事業大作戦」は、このような大作戦となるはずである。

2節 「社会システム一万事業大作戦」は政府が行う「公助」

必要となる「公助」の立て直し

ここで視点を変えて、「社会システム一万事業大作戦」は優れて国が行うべき「公助」であることについてふれたい。

2000年あたりから、日本国民の価値観は変わりはじめた、と筆者はみている。「豊かさ」価値観から「よりよく生きる」価値観への転換である。[★42] 簡単に述べれば以下のようである。

国が良しとした護送船団方式の終身雇用、マイホーム、進学教育、国主導の地方振興策などの社会の仕組は、確かに戦後を復興し皆が同じように国に〝おんぶにだっこ〟してもらって「豊かに」なるためには合理的な選択であった。

しかし、これが「よりよく生きる」価値観に転換した。皆と同じであるという結果平等ではなく、機会平等でチャレンジすることに価値を感じはじめたのである。だから、個々人が自立して〝よりよく生きられる〟ように変えられる必要がある状況になった。

英国首相チャーチルの言葉を借りれば、「Living（暮らし向き）」から「Life（生き方）」への転換である。[★43] わが国で「豊かさ」が求められていた時代の終わりごろ、「Quality of Life」という言葉を人々が盛んに口にするようになったことがある。しかし、何のことはない、日々の暮らし向き「Living」を良くすることの形容でこの言葉が使われたにすぎない。「Life」とは、そうではなく、よりよい人生を求める生き方をすることであり、国民の価値観はこれに変わったと筆者はみている。

ＩｏＴは、この変化と符合するように現れた。人々の自立して〝よりよく生きたい〟思いに応えるかのように、「現実社会の支援」を開始したのである。

「よりよく生きる」、それは人々のチャレンジ精神を尊重し、それができるように社会の仕組を変更することだ。「豊かさ」の象徴であった会社での終身雇用、学校での進学教育などは、「よりよく生きる」価値観のもとでは兼業・副業のような人生100年に対応した自由度の高い仕事の仕方、よりよく生きることを可能にする新たな学校教育などへと、「社会の仕組」の変更を余儀なくする。これまでの「豊かさ」

という単一目標のために皆が同じであるという画一的な社会から、個々人が個性を発揮する多様性のある社会にパラダイムを転換することである。

このことを「公助」「共助」「自助」という観点からみると、これまでの「豊かさ」価値観のもとでは圧倒的に親方日の丸の「公助」の力が必要であった。「公助」によって整えられた社会の仕組は合理的で、これに乗っていれば皆が同じで安心だったのである。

これが「よりよく生きる」価値観に変わったのだから、「公助」の役割を少なくして「共助」「自助」が活きる社会に転換しなければならない。

これは、社会の仕組として重要な転換である。

国がすべてをやろうとしたこれまでの「公助」と、国民が行う「共助」「自助」との間の仕切り線を大幅に変えて、これまで国への依存体質によって狭かった国民の「共助」「自助」の領域を増やすことが求められるのである。

2000年から10年代前半にかけて、「共助」「自助」が人口に膾炙され、しかし「新しい公共」や「個人が担う公助」など何やら怪しげなことすら声高に検討されることになったのである。そして「日本は先進国である」という過剰な意識がこれに加わって、「公助」「共助」「自助」は妙な方向へと動き出した。

東日本大震災で国は「公助」をさぼった

政府は、何を勘違いしたか、これをいいことに「公助」をさぼりはじめたのである。その最たるものは、東日本大震災時の民間有識者による「復興構想会議」の提言であった。もちろん政府がこの会議に大きく関与したことは言うまでもない。それどころかこの提言は、ほぼ政府が作ったようなものだ。[★44]

この提言では、被災地の「共助」「自助」が盛んに言及され、これを隠れ蓑にして「公助」逃れをすることに終始したため、[★45]政府は被災地が行う復興の支援はしたものの、国がどういう「公助」をやるのかが見えず、被災地が右往左往したのは記憶に新しい。

そもそもこの提言では、「浸水地域の公有化」が議論されるはずであったが、ろくな検討をせず公有化ができない理由が並べられたのである。もし「原則公有化」という「公助」が示されたなら、筆者の試算によれば公有化に要する費用は宅地3兆円、農地3,000億円であったが、被災地はこの原則に従うか否かの意思決定をして、巨大な防潮堤や土地のかさ上げを行わず速やかに町の復興に道筋をつけられた可能性は高い。

浸水地域の「公有化」の費用は、当時盛んに行われていた国内外の国民や企業からの寄付によって賄い、一部を「共有地」とすることもできた。もしそうなれば、世界中の多くの人々が長期にわたってこの被災地とつながって新しい連帯の場ができ、わが国の新しい土地利用のありかたを提案できたはずである。

筆者は、この震災から1か月後に仙台のボランティアの方たちと一緒に、南三陸町にささやかな慰問にでかけた。公民館は避難した人々で溢れかえり生活環境が悪化していたために、区長が先頭となって隣接する高台に第二公民館（現コミュニティセンター）を新設していた。避難者が津波で流された家屋の柱から土台を築き、NPOからの寄付で材木を調達して地元出身の大工が建物を作り、完成間近であった。

そのような環境のなかで、避難者の古老に話を聞けば、1933（昭和8）年の大津波で家を失ったのでもっと高台に家を建て、1960（昭和35）年のチリ地震津波でまた同じことが繰り返され、そして今回も同じことが起こった。古老は「また、もっと高いところに家を建てるしかない」とつぶやくように言う。いままでの土地はどうするのかと聞けば、「うっちゃるしかない」と吐き捨てるように言った。

被災地には、「これより下に家を建てるべからず」の碑がいくつもある。この教訓が生かされた集落は、津波の被害から守られた。

政府は、自らやるべき「公助」をほったらかしにして被災地の「共助」「自助」の〝支援〟に徹し、自ら主体的にやることがないため、力が余りすぎることになったようだ。結果、被災地に使い勝手が悪いと評判がたった補助を行い、地元の人たちが「装置産業」であることをやめようと思っている矢先に、過剰な水産加工場などの再建が行われたため、現在、工場の稼働率が四～五割にしかならないところが相次いでいるという。再建費用の一部は自己負担をしたので、これからの安定的な工場経営が危惧されはじめているようだ。

自らやるべき「公助」を行わず「共助」「自助」の支援ばかりしていると、こういう事態が生まれるのだと改めて感ずる。

必要となる研ぎ澄まされた「公助」

つまり、「よりよく生きる」価値観への転換は、「公助」と「共助」「自助」の間の仕切り直しを求める。しかし、これまでの過大な「公助」を縮小することがあっても、なくなることはない。「公助」はなくしてはならないのである。浸水地域の「原則公有化」のような、むしろ研ぎ澄まされた「公助」を必要とする。「公助」をほったらかして、国民の「共助」「自助」の支援をすることは「公助」とは言わない。「共助」「自助」の力が奈辺にあるかを見定めて、自立した「公助」を行うべきなのである。

2000年に介護保険制度が発足した。これは優れた「公助」であると考える。当時、この制度作りをリードした元厚生労働省の山崎史郎氏によれば、この介護保険の導入にあたって「共助・自助」か「公助」かの議論がなされた。[★46]「共助・自助」の精神に即して自らの責任として必要な費用を支払う仕組である社会保険方式を採用するか、国が面倒をみる税方式の「公助」にするかである。その結果、「共助・自助」の社会保険方式が採用され、税方式の「公助」はこれを補完するものと位置づけられることになった。このように「共助・自助」と「公助」との関係は、応分負担か税負担かの財源にかかわる狭い意味での区分で議論することがある。

しかし筆者は、この介護保険制度を導入したこと〝そのもの〟が研ぎ澄まされた「公助」であると考える。1990年代後半という時期は、超高齢社会が間近に迫って国民の間で将来に対する不安が大きくなり、一方、人々は「よりよく生きる」価値観のもとで「共助・自助」を希求しはじめた時代である。政府はこれまでの税負担による介護者に対する施設入所などの措置制度では国民がもたなくなることを喝破し、社会保険方式の介護保険制度を導入した。この制度導入そのものが優れた「公助」となった。この制度による下支えが生まれたからこそ、国民は安心して「共助・自助」の力を発揮できるようになった。

また、2004年の年金改革で、厚生年金の保険料率の上限を18.3％にし、以後絶対にこれより上回ることはしないと決定したことが、一時的であるにせよ消費を上向きにした。国民負担率という「公助」を明確に見せることが、「共助・自助」を生き生きとしたものにして経済を活性化させるのである。逆に「公助」が定まらない農業は、成長が阻害されている。

仕切り直された「公助」がどこまでやってくれるのかが見えなければ、国民は「共助」「自助」をどこまでやればいいのかわからず力を発揮しようがないのである。

地方に「吸引力」をつくるための「公助」

これまで20年にわたる地方産業政策にかかわる「地域の自立的発展」や「間接的な環境整備」は、地方の自発的な努力「共助」「自助」を尊重し、政府はそれを補完的に支援するものであり、それが先進国としての「公助」だと理解されているとみられる。

しかし、これは「公助」とは言わない。「公助」とは、政府がこの国や地方の現状と将来を俯瞰し、その実力を見定めて「政府がこれをやるしかない」、これをやらなければ国民や地方の「共助」「自助」が成り立たないことを発見し、実行することである。

いま地方は「何で飯を食っていけるか」について、「共助」「自助」が成り立たなくなっている。「地域の自立的発展」や「間接的な環境整備」ではどうしようもなくなっている。「共助」「自助」優先の時代になったとはいえ、何かがおかしいのである。

地方に産業を振興させるために、米国のシリコンバレーの成立から得られた教訓は、技術者の大移動という契機を活かすこと、そして地方が吸引力をもつことであった。

いま、わが国は、兼業・副業社会を展望するところまできた。このノウハウをもつ人たちを地方に大量移動させる。しかし、魅力的な産業や大学の「吸引力」がわが国の地方にはない。だから、何がしかの政策的な「吸引力」を地方に作るしかないのである。

「公助」の出番である。

本書では、ＩｏＴを活用した「社会システム一万事業」という「吸引力」を地方に意図的に作ることが必要だと考えた。これが筆者の考える地方産業振興のための「公助」である。

二度目の見逃し三振はもう許されない

繰り返せば、政府は地方の「共助」「自助」を補完するだけでは、「公助」放棄と思われてもしかたがない。

「地方の自発的な努力」を言い続けることも必要だが、政府は地域振興にかかわる地方の「共助」「自助」

の力を意図的に過大に見積もっているようにみえるのである。

政府は、情報通信、医療福祉、環境、防災、教育、農業、観光、生活文化、地域ビジネスなどを「成長市場」や「重要分野」、「事業モデル分野」などと位置づけている。そして重要なことは、20年前の政府はこれらの市場を政府自らが掘り起こすべく努力した。しかし、現在の政府は、成長市場であると示しただけで、「あとは地方や住民が自ら掘り起こせ」と言っているにすぎない。

政府が示す成長分野は「社会システム産業」となる分野なので、これを具体化するためには市場の理解や組織形態のあり方、ＩｏＴの活用など、これまでのモノ作りとは異なる大変な力がいる。だから成長市場分野を具体的にどう掘り起こし産業化するのかを政府自身が示さず、地方の自助努力を待つ、では話にならない。

これでは、国民や地方は先に進みようがない。「地方の自発的な努力」だけでは懸命に頑張っても限界があるからこそ、地方は立ち行かなくなっている。地方の頑張りを「つまみ食い的」に紹介して、政府の補完的政策は有効であると言ったところで、地方の疲弊は止まらないのである。

だから、成長市場を産業化するために、「社会システム産業」を形にする戦略やビジネスモデルなどを述べ、地方にこの新しい「社会システム一万事業」を興すべきことを構想した。

そう、なにがしかの「公助」が足りないのである。

20年間、「間接的な環境整備」をやってきてうまくいったならまだしも、地方の疲弊が改まらないのなら、これを変えるしかない。

「公助」がだらしなかったとき、地方は疲弊するのである。[★47]

政府は先進国の思いこみから脱し、臆病にならず、毅然として研ぎ澄まされた「公助」を用意することが、わが国の今後の命運を左右する。

幸いにして経済産業省の若手グループは2017年5月の「不安な個人、立ちすくむ国家」という報告書[★48]のなかで、「二度目の見逃し三振はもう許されない」と言い、こうした状況を突破しようとする動きがみえてきた。今後の展開に期待したい。

3節 「社会システム一万事業」への地元「B'」の動員

IoTの「社会システム産業」に必要な「B'」

さて、話をもとに戻そう。

このIoTで「社会システム産業」を興そうとするとき、地元中小企業者のプレーヤー「B'」の分厚い参画が不可欠となる。

ライドシェア事業では、タクシードライバー「B'」がこの事業に参画し、利用者「C」へのサービス提供を可能にした。また、弘前大学の健康プロジェクトでは、医師「B'」がこのプロジェクトに参加し、患者「C」から検査データを収集し、その結果を品質の高い標準化した診断サービスとして患者「C」に提供している。

また、仮想的な例であるが、「ハイブリッド型の獣害対策システム」では、B'=電流柵事業者、捕獲わなの狩猟家などのサービス事業者が主体的にならなければコトは進まないと書いた。「高齢者支援に郵便局網」の仮想モデルでは、コンビニ、スーパー、総菜屋、あるいは地域の医療機関や介護事業者、民生委員や地域保健活動推進員など「B'」が参加しなければ事業は進まないとも書いた。

これらの例では、IoTで「社会システム産業」を実施しようとするとき、現場ですでにサービスを提供している「B'」の参画が必要なことを述べたのである。

「社会システム産業」にアプローチする場合、有力企業「B」が花びら型産業の第一層を形成するだけでは、コトは進まないということである。「二層×M層」の花びら型産業が形成されなければならない。B to B' to Cにおいて「B'」に相当する第二層の産業群、実際に現場でサービスを提供しているまたは提供できる企業や団体の分厚い参加は不可欠になる。

優秀な第一層の企業群「B」は、IoTを使った〝ひとりよがり〟の事業モデルを描いてしまう例があとをたたない。これは、「社会システム産業」を形にしようとするとき、「円盤型市場」のどこをスライスするか、具体的に何を「C」にサービスするかがはっきりしていないために起こっていると見る。市場側からみた課題を解決する、課題オリエンテッドな思考が乏しいのではないか。

応えるべき課題をはっきりさせるため、第二層のレイヤーに相当するプレーヤー「B'」の十全な組成を図る必要がある。IoTは「何でもできる」「多くのサービスをする」とのみ考えているかぎり、第二層の形成はできない、ということだ。これを誤ると、事業の成功はおぼつかない。

難問、「B'」の掘り起こしと動員

だから、「社会システム産業」を形にするためには、「B'」の地元のサービス業が前面に出なければならない。

これら「B'」は、現場で地元の人たちや事業者にサービスを提供している飲食店、狩猟家、農業支援業者、建設業者、工務店、宿泊観光業者、学習塾経営者、自動車修理工場、病院、介護施設など多岐にわたる多くの中小零細企業が該当する。

しかし問題は、こうした中小零細な事業者たちが、IoTに気づき「B'」の役割を果たしてくれるかどうか。おそらく「社会システム産業」を形あるものにしようとするとき、最も大きな関門のひとつは、「B'」をどう始動させるかにある。

一般的に、中小事業者はIoTに無関心であるといわれる。彼らをIoTに関心をもってもらおうとしても、なかなか話が先に進まない場合が多いという。

だから、地域の中小事業者に「B'」の役割を担ってもらうために、急ぎその啓発に相当の努力を要する覚悟で臨まなければ、「社会システム産業」が成り立たない。

中小事業者とIoTの距離を縮める

中小企業者のIoT感度を高めるためにどうすればいいか。

インダストリー4.0を先駆的に紹介した野村総合研究所の藤野直明主席研究員らが書いた『小説 第4次産業革命』[★49]は、わが国の自動車部品の2次下請け企業がIoTに目覚めそれを実践する過程を小説風に仕立てた参考にすべきよい作品である。講演会に行ってもIoTのことがピンとこない中小企業経営者が、あるきっかけでモヤモヤが解消され、自社にIoTを導入するさまがみごとに描かれている。IoTについてのモヤモヤの正体さえわかれば、中小企業者をIoTの世界にいざなうことができる。

IoTについての、中小企業経営者のモヤモヤとは何か。これを知るには2017年に経済産業省が行ったIoTに関する企業アンケート[★50]が少しは参考になる。

これによれば、従業員20人以下の中小・小規模企業においては、IoT導入をしている企業はたかだか10%程度でその機運がまだ十分醸成されていない。その原因は「財政的なメリットが不明瞭」、「技術的にIoT導入が困難」なことが主な要因であることがわかる。

また、すでにIoTを導入している10％の中小・小規模企業では、社内のプロセス改善のために導入したものの、今後は「顧客との関係性の向上や新しいチャネルの開発」に向けてIoTを活用していきたいとする企業が多い。

こうした調査結果から言えることは、「財政的なメリット」を中小事業者が理解し納得できるように示せるかどうか、「顧客との関係性の向上や新しいチャネルの開発」のためにIoT導入が事業の拡大につながることを説明できるかがまず必要になる。

先に例題として示した「ハイブリッド型の獣害対策システム」では、電流柵事業者や捕獲わなの狩猟家がIoTを導入する気になるかどうかということだ。そのためには、IoTの効用を示すばかりでなく、彼らの事業が拡大できることを示さなくてはならない。

社会システム産業で事業の拡大ができることを示す

これは結構大変なことであるが、次のようなことが考えられないだろうか。最初の農家への「獣害対策システム」のパイロット事業を、狩猟家にとっての「第二創業」として政府の補助金を活用する。そこで仕上がったシステムをほかの農家に適用して事業を拡大するというスキームが描ければ、少しは電流柵事業者や捕獲わなの狩猟家は動いてくれるかもしれない。

つまり、IoTによる「顧客との関係性の向上」という中小事業者の関心に訴求していく手はありそうである。中小企業へのＩｏＴ導入のメリットは、社内プロセス改善よりも、新しい事業開発による販路拡大をアピールすべきであるということである。

したがって、中小企業が「社会システム産業」に参加するということは、これまでなかなか進まなかったＩｏＴ導入のきっかけを与えることができることである。

「Bs」の力を借り〝サービス開発〟を行えば、「B'」の顧客に向けて直接的な市場開発を行うことができる、という理解をしてもらうことである。つまり現在の顧客へのサービスを深化させるためにＩｏＴを活用し、それを別の顧客に展開するという構造を提示することが求められる。

また、もうひとつの「技術的にＩｏＴ導入が困難」という人材の問題は、「Bs」との結合がこれを解決してくれるだろう。

このようにして、地元の事業者「B'」の掘り起こしを急ぎたい。

萎えかけた「B'」にひとりのノウハウが活気を与える

ここで付け加えたいのが、地元で何とかやっていけている「B'」と、どうしようもなくなっている「B'」のうち、あえて後者の萎えかけた「B'」を掘り起こすことが、ひとつの近道になるかもしれないことである。

ある地方都市の集落での最近の出来事。この小さな集落は活気がなくなってきたことを憂い、何年か前に集落共同の「蕎麦屋」を開業し集落の活気づくりに貢献してきた。しばらくは順調に推移してきたが、しかし最近、経営が危うくなってしまった。集落全体が高齢になってきたことが一因であった。

そこに登場したのが、都会から来たひとりの若い女性。彼女は、蕎麦づくりの腕を磨いてきたので、それを実現できる場を探していた。そして後に述べる「地域おこし協力隊」のメンバーとして、この集落にやってきた。

何が起こったのか。「蕎麦屋」の経営は順調に回り出し、集落に再び活気がよみがえってきたのである。

この例は、萎えかけた蕎麦屋という地元事業者「B'」に、都会から来たひとりの女性が刺激を与え、「B'」が蘇ることができるという示唆を与えてくれる。

これは単に蕎麦づくりのノウハウがある人が「B'」に刺激を与えた例であるが、この女性がIoTのノウハウをもつ友だちの「Bs」の知恵を借りて、蕎麦屋がIoTを活用して広告宣伝をしたり、あるいはライドシェア事業とリンクして観光客を集客したりするようになれば、社会システム事業の優れたケースとなる。

このような事例は全国に数知れなくある。要は、地元の萎えかけた「B'」やそれに連なる集落が、都会のある種のノウハウ所有者や「Bs」と結合できれば、活気を取り戻すことができ、さらにIoTの活用によって、社会システム事業を起こすことが可能になる。

IoTを活用した「社会システム一万事業」を具体化しようとするとき、まだなんとかやっていけると思っている「B'」はIoTに食い付きが悪いので、むしろ〝藁をもつかむ〟思いの萎えかけた「B'」をプレーヤーに加えることを積極的に考えてもよい。

合併され萎えかけた「B'」をあえて掘り起こす

だから、「社会システム一万事業大作戦」を実施するとき、合併された市町村への配慮は欠かせない。一市町村10事業の多くはこうしたところで優先的に行われる事業としたい。

平成の大合併によって、町村人口の1,400万人、全国人口の12%相当が都市に吸収され、周縁部に位置づけられてしまった。そして、合併された町村の元気のなさは、目を覆うばかりである。まるで魂を抜かれたようなところが多いのである。

地方人口の二割に相当する人たちのやる気を奪った平成の大合併は、地方の疲弊を〝政策的〟に作ったようなものである。

筆者はこうした状況に対し、逆に「市町村の分離・分割」を行って、合併によって失われた力をもう一度復活させるべきと考えている。[★51] しかし、それも時間がかかることだろう。

こうしたとき、合併された地域で「社会システム一万事業大作戦」を実施したらどうなるか。死に体になりかけた地域の事業者「B'」に、都会から来た副業者「Bs」が参加することによって、新たな産業の息吹が芽生えるのである。地域の蕎麦屋や狩猟家、工務店などが中心となって、IoTを使った新しいサービス業が興る。

だから、「社会システム一万事業大作戦」は、合併された田舎で優先的に実施を図り、チャレンジ精神の復活を行うことが求められる。

4節 「社会システム一万事業」の組織的対応

「Bs」を誘導する「社会システム産業おこし協力隊」

一方、都会からのノウハウ所有者「Bs」を、具体的に地方はどうやって受け入れるか。

「社会システム一万事業大作戦」を実施するとき、一市町村10事業、平均3人×10＝30人の都会から異業種ノウハウの持ち主である副業者を第一層の「B」群として、地方に呼び寄せることが必要になる。

しかし、実際の場面を想定してみると、個々の事業ごとにノウハウ所有者を募集するというのは、あまり現実的ではない。一人のノウハウ所有者が地域のいくつかの事業に対応が可能なことは十分想定されるので、10の事業の性格に応じて30人ではなく例えば15人前後のノウハウ所有者「Bs」を都会から誘導する、つまり〝束にして〟呼ぶことを考えたほうがよさそうである。

このとき、地方にはそう数は多くないが「情報通信業」「研究・技術サービス業」がすでに存在する。また、地方の製造業などにもIoT関連のノウハウ所有者や「専門的・技術的職業従事者」も多く存在するので、彼らが副業を行うようになれば戦力となる。こうした地元のノウハウや力を「社会システム産業」の主要なプレーヤー「Bs」として誘発することを忘れてはならない。

したがって、各市町村は10の事業の選定とともに、それぞれの事業の性格に応じたノウハウ所有者「Bs」を15人前後、大都市や地元から誘導する仕組として「社会システム産業おこし協力隊」というものをつくることを考えたらどうだろう。

これは、総務省が行っている「地域おこし協力隊」にならったものである。この仕組は2009年より行われており、市町村などが地域の活性化に興味のある都会の人を受入れ、3年間にわたって地域おこしに協力してもらう事業で、現在では1,000を超える市町村に5,000人を超える人が派遣されている。この事業に参加した人の六割が地域に留まるという優れものの事業である

この「地域おこし協力隊」には、先の蕎麦屋のように比較的若い人が数多く参加しており、地域で行う仕事は事後的に決まることも多い。これに対し、ここで想定する「社会システム産業おこし協力隊」は、都会でバリバリの仕事をしている兼業・副業のノウハウ所有者「Bs」を対象とし、仕事の目的も地域の「社会システム産業」を起こすことに特化する。

このように、「Bs」を誘導するのに、市町村が前面に立って受け皿となる必要がありそうだ。この「社

会システム産業おこし協力隊」は国の事業として、まず形にすべきだ。そのうえですでに行われている「地域おこし協力隊」とともに、年度予算に縛られる事業ではなく「ふるさと協力支援隊法★52」として恒久的な制度にすることが検討されてもよい。

「社会システム産業塾」によるスモール・ワールドの形成

市町村は「社会システム産業おこし協力隊」として「Bs」の受入れを行うとともに、地元中小企業「B'」を掘り起こし動員するために、「社会システム産業塾」を開設したらどうだろうか。

これは、都会から来る「Bs」と地元の「B'」の合同の研修の場として開設する。中小企業者たる「B'」がIoTについての知識と活用の場について研修することで事業拡大のありかを掴んでもらい、一方、専門家であり副業者である「Bs」が地域で活躍できる場面を探索するマッチングの場として機能することを期待する。

かつて2010～11年に行われた内閣府の「地域社会雇用創造事業」で、全国を飛び回り地方の起業家100人を選定したことがある。これにはおよそ400人の応募があり、大都市に住みながら地方で起業したいとする人は11％いた★53。

ここで感じたことは、大都市の人がいきなり地方に行って起業することは、難しいということである。落下傘のようにいきなり地方に舞い降りても、地域になじみができないため地域とのつながりに乏しく、事業の成立がおぼつかないことであった。

都会から来る「Bs」が同様の事態に遭遇することは容易に想像できる。

このような事態を回避するために、都会から来る「Bs」と地元の「B'」が、同じ目的意識を共有でき、お互いの信頼感を醸成する場として「社会システム産業塾」は不可避のものであると考える。

単に場をつくることではなく、あくまで「社会システム産業」をどう立ち上げるのか、その一点に特化した集合研修の場であり、新結合の場となる。

すでに述べたように、「社会システム産業」を興すさいの組織形態のありかたは、旧来の企業組織のように資本力などの力によるものではない。水平的な組織として「自己組織化」を図ることで成立する。「新しい仕事を見つける力になってくれたのは親しい友人ではなく、ちょっとした知り合いである」。

これはスモール・ワールドという議論の中で語られているものである。このスモール・ワールドは、六段階のネットワークの仲介で人は誰にでもたどりつけるというネットワーク理論のひとつである。その要諦は六段階で誰にでもたどりつけることに意味があるのではなく、「知らない人」との接触機会の増大がある種の自己の変革を起こす、このことに意味がある。

親しい友人では発想が似ていて刺激を受けることができず、一方、単なる知り合いの方が異なる情報を持っているために、新しい仕事を見つけるのには有用なことが多いということである。したがって、一段階でもいいから仲介の場をネットワークではなく具体的な場として形成することが重要なのであって、それが「社会システム産業塾」であると考えたい。

地方で何か新しいことや新しい事業を起業する場合、このスモール・ワールドのようにさまざまな見ず知らずの人が集まって集合研修を行うことが有効であることが多い。これは筆者が全国や被災地で起業の支援をしていて経験したことである。

例えば、規格外の農産物、つまりB級野菜を加工して六次産業の起業をしたいという人は、同じ研修仲間からこの周辺のB級野菜はすでに買い集められているという情報を聞いて、危うく無謀な事業計画を修正することができた。また、新しい事業を模索する中小企業の経営者は、研修仲間が考える事業計画が参考になり、あるいは自分が考えるアイデアに忌憚なく飛ぶ意見やアドバイスが刺激となって、実現可能性が高い事業計画に辿りつけた。このような事例は多数に及ぶ。

ひとりで事業計画を作るよりも、あるいは昔からの仲間と一緒に事業計画をつくるよりも、いままで知らなかったほかの人の意見や知識が参考や刺激になり、自らを奮い立たせることができるからである。

「社会システム産業塾」は、このようなスモール・ワールドを形成してＩｏＴへの食い付きが悪い地元の中小事業者と、地方で何ができるのかよくわからない都会のノウハウを結合させる場として重要になる。

そして、「社会システム一万事業」における「Bs」と「B'」の結合が、自己組織的に行われることを期待したい。

ここに、後に述べるように、地元の金融機関や「たにまち衆」が参加して、適切なアドバイスを行うことになる。

国による財政的支援

そして、この一万事業を進めるにあたって国による予算措置を考えたい。

ノウハウの所有者「Bs」が「社会システム産業おこし協力隊」の一員となって地元「B'」と共同して「社会システム一万事業大作戦」を実行するとき、二つの費用が発生する。ひとつはシステム構築に要する諸経費、いまひとつは副業者「Bs」のアドバイザー経費である。

あらかじめ言えるのは、「Bs」と「B'」が進める社会システム事業が泥縄式にならないため、「Bs」と「B'」が共同で「事業計画」を作成する必要があることだ。

そしてまず、この「事業計画」によるシステム構築に要する諸経費に、支援を行うことが求められる。そのため、政府がすでにもっている「B'」に対する「第二創業」などの助成を行うか、あるいは、別途の支援の枠組が必要になる。

どの範囲を支援するかはさておき、仮に一事業に要する経費が3,000万円だとすると、この大作戦の実行には3,000億円の予算が必要になる。ここは政府の気合いと度量が試される場面だろう。

気合いと度量ということでいえば、かつて1988年に「ふるさと創生事業」として政府は1億円を全国市町村に配ったことがあった。度量があったのである。しかしこの事業はご存知のように、金塊や妙な施設に化けていまや跡形も残っていない。これはこの事業が例の「自ら考え自ら行う地域づくり事業」としてやったことに一因がある。もし今の政府にこの度量があるなら、「社会システム一万事業」を目的にして地方の全市町村に2〜3億円を配ることが考えられてもよい。

政府の気合いと度量もさることながら、その原資をどうするか。そのひとつとして、パチンコの還元金の一部を充当することは考えられないだろうか。これは冗談ではなく、結構まじめな話として述べている。

これはむかし、自治省でも検討されたようである。★54 筆者も今から20年前、わが国のベンチャー起業率が極端に低いことを改善するために、当時は兼業・副業など思いもよらなかった時代のため、企業の定年退職者を対象にしたシルバーベンチャーの可能性について当時の通産省や経済界の方たちと勉強したことがあった。このときベンチャー起業を支援する原資についてエンジェル投資などの案と同時に、このパチンコを原資にすることが議論された。

パチンコはわが国特有の25兆円もの巨大産業である。その還元率は80%といわれているので、合計25兆円のお金をつぎ込むものの、その20兆円が還元されている。この〝儲かった〟という気分にさせてくれる還元金から1%、還元金1万円なら100円をいただくと、年間2,000億円の金額になる。徴収の方法は、一球4円なら還元金は3.96円として計算し、これを原資にすれば「社会システム一万事業」は、たちどころに実行に移せる。こうした仕組は一見、荒唐無稽に映るかもしれないが、日蔭者のパチンコが、地方の貢献につながるとなれば世の中は少しは変わるだろう。

そして次に、この「事業計画」を作成し計画を実現するまでの間の「Bs」のアドバイザー経費をどうするかについてである。四つの方法が考えられる。

一つ目は、農水省が行う農家に対する「革新技術導入バウチャー」を、工務店や旅館、商店など「社会システム産業」の地元の担い手となる「B'」にも拡大し、「Bs」へのアドバイザー経費とすることが考えられる。

二つ目は、「社会システム産業おこし協力隊」として、「地域おこし協力隊」と同様な支援を市町村から受け、国はその経費を地方交付税で補てんする。

三つ目は、後に述べる「ふるさと起業誘致条例」による支援である。

そして四つ目は、ふるさと納税を活用する。地方に赴く副業者「Bs」が、その地方にふるさと納税をする。それをアドバイザー経費として地元市町村から副業者が受け取る。副業者はふるさと納税でそもそも懐を痛めることはないので、これを原資としたアドバイザー経費は自らが汗を流す正当な対価となる。こうした仕組は、ふるさと納税がそもそも現実と乖離したおかしな仕組であることを正常化し、またくだらない競争に終止符を打って、ふるさと納税が、地方の「社会システム一万事業」の成立に役立ち、これを支援する副業者にも正当な対価を用意することにつながる。

できばえのいい事業にビジネスモデル特許

「社会システム産業」を具体化しようとするとき、ＩｏＴの進展にともなって生まれている各種の産業への影響力の大きいビッグデータを活用することが、ひとつの手立てとして重要になる。

第Ｍ層「マザー・プラットフォーム」の活用である。

「社会システム一万事業大作戦」を実行するとき、この「マザー・プラットフォーム」を活用しやすくする支援措置があってもよい。

まず、世の中にある「マザー・プラットフォーム」を探索し、「社会システム一万事業大作戦」を実行するときに役に立ちそうなものの所在を開示する。「つながる家電」や政府の研究開発「インフラ検査」、弘前大学の「健康ビッグデータ」、GAFAや他の事業者がもつ「マザー・プラットフォーム」など多分野にわたるメニューを発掘し揃える。

そのうえで、「マザー・プラットフォーム」への接続方法などの支援を行い、「マザー・プラットフォーム」所有者との関係維持などを一括して行うことが望まれる。

また、全国各地で一万の社会システム事業がいっせいに立ち上がれば、そのなかから立派な事業は必ず現れてくることが期待される。いわばモデル事業である。

このモデル事業は、政府が勝手に「横展開」してはいけない。知的所有権は、まず「Bs」や「B'」の事業者が優先的に保有するものとする必要がある。国が資金的支援を行うことを視野に入れるため知的財産の使用権を国がもつとしても、その所有権は「Bs」や「B'」の事業者がもつ必要があるということである。そのうえで、事業者に「ビジネスモデル特許」を積極的に付与すべきと考える。

ビジネスモデル特許。これはＩＴの進展とともにビジネスの方法に関する特許として2000年頃より普及した。一般には、コンピュータやネットワークそのものには技術的特徴が乏しいため、それを使った発明によってどのようなビジネス・アイデアを実現しようとしているか、というビジネス方法に特許を付与するものである。

ビジネスモデル特許を得る「社会システム一万事業」の事業者は、特許権をもつことによってその普及が担保され、またロイヤリティを得ることができる。

仮に一万事業の１％にでもビジネスモデルを付与する事業がみつかれば、社会システム産業を育成する大きな動力になる。事業者はそれをめざして良い社会システム事業、現実にあった社会システム事業の構築にまい進するであろう。

そしてこのような取組のなかから、できばえのいい社会システム事業が構築されれば、そのコア部分の開示によって、それを参照する企業や消費者が増えてくる。その参照が多くなればなるほど、ＩｏＴのコミュニティ効果によってコア部分は巨大なデータベースへと発展する。そうしてこれが、ますます参照するに足る「マザー・プラットフォーム」となる。

例えば、弘前大学の健康ビッグデータは、当初は弘前市の岩木地区のデータに過ぎなかったが、これが解析され市民に意味のある情報として提供されたことから、青森県全体を覆うビッグデータとなり、ここに各種の事業者が集まって医療関係の「社会システム産業」を生みつつある。

また、獣害対策システムの先行的事業者が、センサーの効率的配置のノウハウを開示すれば、それを活用する別の事業者が現れその集積が誰でも参照できる「マザー・プラットフォーム」となりうる。

各地域での「社会システム一万事業大作戦」の取組は、結果としてこのような優れた「マザー・プラットフォーム」企業の出現を期待させる。

こうして生まれてくるだろう「社会システム産業」のプラットフォーム企業、すなわちベストプラクティスをもつ中核企業を政府は「地域未来投資促進法」で考えているように意図的に育成する必要がある。プラットフォーム企業になりそうなケースを探し出し、それに対し人的、財政的支援を行うことが求められる。

事業指定による規制緩和

組織的な対応の中で欠かせないのが、規制緩和である。

「社会システム産業」は社会が抱える課題を解決する産業であることから、事業化しようとするとき公的サービスと重なる部分が生ずる可能性が十分にあり、場合によっては事業を進めるうえでの障害が出ることも想定される。

すでに述べた介護ロボット「HAL」の場合は、開発者自らが奔走しこれの解決にあたったが、今後、各種の事業者が社会システム事業に参入するにあたって、各種の規制のハードルを下げておくのも政府の役割となる。

国家戦略特区は、これまでの岩盤規制をパイロット的に取り払うものとして始まった。兵庫県養父市の農業を対象にした国家戦略特区は、農地転用における農業委員会の権限を市長に委ねることによって、農地転用が柔軟にできるようにしたものだ。

しかし、別の国家戦略特区では、50年間も岩盤規制によって塩漬けにされてきた大学の獣医学部の新設が、この国家戦略特区の意義を理解できない人々によって蹂躙されてしまったことは記憶に新しい。

このようなときに、「社会システム産業」を国家目標として進める場合の、規制緩和をどう進めるかは難しい問題となる。

例えば、「社会システム産業」を集中的に進める地域を、改めて国家戦略特区として指定するということが考えられる。秋田県仙北市は、医療ツーリズムをテーマに国家戦略特区に指定されたところだが、ここに医療福祉分野で「社会システム産業」を育てるという戦略が掲げられたのなら、この推進のために各種規制を棚上げにする。

しかし、「社会システム一万事業大作戦」は全国津々浦々で展開されることを想定するものであるので、「特区」という地理的な指定よりも、「事業」指定によって規制を緩和することが考えられてもよい。

公的領域との接点は、「社会システム産業」を具体化するさいには避けて通れない場面であるため、その規制緩和のあり方について検討しておくことが不可欠である。

新しい方法の「産業人誘導政策」

そして、「社会システム産業育成促進法」というものを制定することも視野に入れたらどうかと考える。これは、「社会システム一万事業大作戦」を具体的に形にして支援することを目的に制定される。つまり、地方に「社会システム産業」を誘導することを政府が行い、これまでの「間接的な環境整備」から脱して、国が久々に「産業《立地》政策」を衣替えした「産業人《誘導》政策」を行うことを宣言する。「産業立地政策」→「間接的な環境整備」→「産業人誘導政策」というように地方産業政策のパラダイムを変えるのである。

こうした地方への目標の設定は、地方に再び大きな夢をもたらし、チャレンジ精神を復活させることになるだろう。

1988年に制定された頭脳立地法は、情報サービス業、デザイン業、研究開発業、広告業、経営コンサルタント業などのいわゆる「ソフト産業」企業の地方立地を促すために行われた最後の「産業立地政策」であった。

これは本書で述べている「社会システム産業」と産業的には近いが、三つの点で異なる。一つは、頭脳立地法は「企業の誘致」を促したが、「社会システム一万事業大作戦」は「ノウハウ所有者の誘導」という方法を用意している。二つ目は、頭脳立地法は誘致した企業の地元需要が開拓されなかったが、「社会システム一万事業大作戦」は需要が地元に存在することを事業の対象とする。三つ目は、IoT環境の違いがある。

今から30年前に本書で述べていることと似たような産業を地方に配置する「産業立地政策」が行われていたのである。そして、1990年代を通して15の成長分野が議論されたのは、この頭脳立地法の限界を認識し、これを超える産業政策を通産省はじめ各省庁が模索していたことである。

それから20年。いまや頭脳立地法の意図を汲みつつも新しい方法の「産業人誘導政策」のひとつとして、「社会システム産業」を地方に育てることが必要になった。

これを具体化するため「地方の社会システム産業育成促進法」を制定する。

2020年の地方産業政策をつくる

わが国の地方産業政策は、1960年代の新産（新産業都市）・工特（工業整備特別地域）から始まって、80年代のテクノポリス、そして2000年代の産業クラスターと推移してきた。およそ20年ごとに地方産業の目標が掲げられてきたのである。それから、20年が経過した。

つまり、現在は次の状態にある。

1960「新産・工特」→1980「テクノポリス」→2000「産業クラスター」→2020「???」

2020年になって、遅まきながら新しい地方産業の目標が樹てられてもよい頃合いとなった。さぼってはいけないのである。

だからこの促進法は、「間接的な環境整備」から決別し、改めて「産業人誘致」を行うことを宣言し、地方に「社会システム産業」を育てる「目標」を設定するものとなる。

そして「事業指定による規制緩和」「社会システム産業おこし協力隊」の実行のほかに、「社会システム産業塾」の設置、「ビジネスモデル特許の設定」、「ベストプラクティスの支援」、そして財政措置などが盛り込まれるものとなるに違いない。

第14章 「二地域居住」政策の推進

1節 副業者の「二地域居住」を政策の柱に据える

副業者「Bs」の誘導は希望的観測に惑わされない

さて、この構想を実現するための残された最後の問題、地方の社会システム産業の担い手となるノウハウ所有者「Bs」をどう具体的に誘導するかについて考えよう。

本書の冒頭に書いたとおり、副業者が溢れんばかりに地方企業の支援に赴いている。だから、「社会システム一万事業大作戦」の「Bs」についても、放っておいても副業する多くの人たちがそれに参加する、という意見もありうる。

ある転職仲介会社が行ったアンケートによれば、75%が「首都圏以外の地域での兼業・副業に興味がある」と答え、また別の会社の調査でも50%近くの人が「地方での副業を希望している」と言っている。

「興味や希望」としては、そうなのだろう。しかし、一般に「田舎暮らし」を希望している人はいつの時代にも50％に近い状況が続いているにもかかわらず、実践している人はわずか数％にとどまる状況にある。

1997年、当時の国土庁が「ふるさと探しフェア」で「田舎暮らし」の希望をアンケートで捉えたことを嚆矢として、以後、2004年にNPOふるさと回帰支援センターが、2009年に株式会社ふるさと総研がアンケートで捉えた一連の結果では、いつの時代も50％近い人たちが「田舎暮らし」をしたいと答えた。NPOふるさと回帰支援センターや筆者のふるさと総研は、これを根拠にそれぞれ組織を立ち上げた。そして、2014年にはこの希望的観測をもとに国の地方創生本部が立ち上がった。

しかし、希望は希望であって、「田舎暮らし」を実際に実践した人は数％に止まる現実が続いている。したがって、転職仲介企業のアンケートによる「副業を地方でやりたい」とする希望の多さを、鵜呑みにするのはやめたほうがいい。

筆者の知るところによれば、「兼業・副業」をする人のおよそ5％は、田舎で働く機会を求めるとみられる。(株)パソナのパソナキャリアカンパニーは、企業の早期退職者向けの一般的な再就職支援とともに、セカンドライフ支援、独立支援、海外就職、田舎暮らしなどの支援を行っている。このなかで「田舎で働く」ことを支援する割合は、再就職支援全体の5％程度あるという。仕事に自由度をもてば、5％は田舎に向かうということだ。言い方を変えれば、「兼業・副業」者の5％が「二地域居住」によって田舎で仕事をすると筆者はみる。

したがって、「Bs」を地方に誘引するには、希望的観測に惑わされないほうがいい。これまでの地方政策は、この希望的観測にずいぶん痛い目にあってきた。その轍を踏まないようにしたい。

移住策は一周遅れ

これまで政府は、「田舎暮らし」をしたい人の希望に応えるために、地方への移住策をとってきた。地方の人口が増えるからである。しかし「田舎暮らし」を実行する人は限られている実態が続いている。だから、地方への移住は高齢者でもよいなどという、大都市の都合に合わせるような、なりふり構わぬ政策が取られてきた。

2019年6月、国は「まち・ひと・しごと創生基本方針2019」において、東京23区の人に限って、地方へ移住し就業や起業する人に補助金を与えることを決めた。移住し地方の企業に就業した人に100万円、移住し起業した人に300万円の補助をする。2019年度の国の予算は80億円で、移住者への補助は受け入れた市町村と折半するので、年間およそ1万人近い人がこの恩恵を受けることができるというものだ。

これは当初、東京圏1都3県の人を対象に検討されていたが、なぜか東京23区の人に限られてしまった。また、移住先は当初、東京圏以外の地方が対象であったが、変更後は東京圏の中でも人口が減少しているところも対象に加わった。だからこの事業は、東京23区の人が東京や神奈川、千葉、埼玉にある田舎への移住に使われてしまう、ということが大いに起こりうると考えてよい。

なにやら、大都市東京の一人占めの〝わがまま〟が通りはじめているようだ。これは、地方創生と言うのか、首をかしげざるを得ない。

地方に移住者を増やす、これはそもそも多くの市町村がすでにやっていることであり、これに国が半分補助することは望ましいことではあるが、〝やるのが遅いじゃない〟の感が否めない。地方での就業は「副業者」がすでに実践を開始しているのだから、ターゲットをまちがえているのではないかとの思いも生む。なにやら一周遅れの感が強い。

副業者を「二地域居住」に誘導する

だから、「Bs」を地方に誘引するために、しっかりした仕組づくりは欠かせない。

これまで、「社会システム一万事業大作戦」について、「Bs」をあたかも与件のように書いてきたが、これを具体化することは結構しんどい問題である。

では、この「Bs」を「社会システム産業おこし協力隊」として大都市から誘導するにはどうしたらいいのか。

答えは、大都市の副業者などのノウハウを部分的に地方に移転できるようにするために、「二地域居住」の仕組を作ることである。

ノウハウをもった企業や個人を地方に移転させたり、移住させたりすることができればそれにこしたことはないが、それも長年やってきてなかなか難しいことがわかっている。であるなら、〝部分的〟に人を移転するようにできる仕組を作るしかない。この意味は、ノウハウをもった個人「Bs」が喜んで時間的な一部分を地方に預け、地方はこれを借りる仕組を強固に創ることである。

それは、「二地域居住」という方法で達成される。

しかし、「二地域居住」はこれから進展を期待するものである。「二地域居住」は十分な対策をうたないと、ままならないのも事実である。

高度成長期の「落とし前をつける」

都会で副業をする人が増えれば、田舎との二地域居住が増える。二地域居住が増えれば、地方は活力再生の源泉を得ることができる。[★55]

これは、地方創生にかかわる「風が吹けば桶屋が儲かる」のひとつの方程式。

地方再生のためのひとつの仮説である。

地方の活力を復活させるためには、活力の源泉たる「現役」の人口が増えなくてはならない。そのためには地方の出生率の増加を期待すると同時に、「生涯活躍のまち[★56]」のような高齢者を地方に移転させることではなく、大都市からノウハウをもつ現役の人々＝「Bs」が地方に二地域居住をして知の移転を伴った活動してくれるようにすることがひとつの方法になる。

「二地域居住」とは、「移住・定住」の一歩手前の状態を指し、大都市に住居をもちながら、一方で田舎にも住居をもつことである。

現役社会人の「二地域居住」を増やすための有力な方法のひとつは、大都市の会社員が兼業・副業しやすい環境を整えることである。

いま、その時が到来したようだ。

1955年から始まったわが国の人口移動は、毎年、地方人口の0.7％、40万人、20年間で合計14％にあたる850万人が大都市に移動し、1975年に終焉した。

しかし地方人口の大都市への流出は、残念ながらそれ以後今日に至るまで滲み出すがごとく続いている。年間に地方人口のおよそ0.2〜0.3％、13〜20万人におよぶ人口が、地元の既存産業の頼りなさのため大都市とりわけ東京圏に転出超過を続けている。

あれから50年。高度成長期の人口移動がもたらしたツケが清算されないまま、今日に至っている。この「落とし前をつける」ことなくして、この国の将来はない。

大都市から地方への「人口の大逆流」を起こすのである。これを可能とするのは、地方での「社会システム一万事業」の展開であり、働き方改革にもとづく「兼業・副業」の普及であり、「二地域居住」の推進である。

なぜ「二地域居住」なのか

ここで、地方への「移住」ではなく、なぜ「二地域居住」なのかを述べておきたい。

二地域居住とは、大都市に本居をもちながら田舎にもう一軒家を構えて、その間を行き来することをいう。例えば、月2回の頻度で週末に1泊2日で田舎の住まいに行くことになれば、年間一か月半に相当する二地域居住を行っていることになる。

この二地域居住先では、むかしは悠々自適が志向されたが、いまでは何らかの形で働き、また地域貢献している姿が当たり前のようになっている。

地方の活力を増すためには田舎に住む人「移住者」を増やしたいが、その一歩手前の「二地域居住」にこだわってきたのは、これまで二つの理由があった。

一つは、田舎暮らしのため「人生を切り替える」ことに不安を覚える人たちへの対応である。田舎に移住ということになれば、大都市での仕事をやめ家も処分していくことが必要になる。しかし当然ながら、希望はあってもこれまでの仕事や家を手放して田舎に行く勇気や決断ができない人が多い。こうした人たちのために、大都市での仕事や家はそのままにして、田舎暮らしの場として二地域居住がある。移住者の予備軍として裾野を広げるために、二地域居住を推進することが求められた。

二つ目は、いきなり移住場所を決めることが難しい現実への対応である。移住先を見つけるには試行錯誤の連続になることが多い。移住先との相性が合うかどうか、というきわめて重大な問題を解決しなければならないからである。これまでの移住者の多くは、「住居」の前に、まず自分の気に入った地域を選ぶ「住む場」探しに相当な時間とコストをかけている。移住先を決定するのに半年〜数年間の時間を使い、現在の住まいと移住を予定する地域までの20〜100回を超える往復の交通費と、移住先予定地域での宿泊費で100万円を超える費用をかけている現実がある。★57 したがって移住先を決めるにしても、その前に「二地域居住」を試行し、将来の定住先を決めるという方法をとることが合理的であると考えられたのである。

この二地域居住という考え方は、10年前の国土形成計画で謳われたが、なかなか形をみないで今日まで来た。それは二地域居住が移住の「予備軍」として捉えられてきたことに一因がある。

新しい時代に対応する「二地域居住」

いま、働き方改革にともなって兼業・副業社会が姿を現そうとしている。二地域居住は、現役の人たちの兼業・副業の場という新しいライフスタイルの一環として具体化しうる点で現実味を帯びてきた。「二地域居住」のパラダイムが変わろうとしている。「手段」から「目的」への転換である。「二地域居住」は、これまで移住者を増やす目的を達成するための予備軍拡大という補助的な位置づけであった。しかし、これからは田舎で「兼業・副業」を実践する仕組として「二地域居住」そのものを増やすことを目的とし、これを地域活性化の重要な柱にする時代が到来した。移住政策とは独立した一個の重要な地方育成策として二地域居住政策が必要になった。

新しい時代への対応である。

移住に移行しなくても「二地域居住」のままでよい、それも地方の活性化に大いに役立つのである。いやむしろ、「二地域居住」のほうが、地方に役立つ時代が到来した。

副業やフリーランス、テレワークといった新しい働き方に注目するのは、このような時代を先取りした変化を求める主体を見つけ、それを集中的に「二地域居住」に誘導する。そして地方の「社会システム産業」を形にするために、少しでも「Bs」の役割の担ってもらうほうが現実的であるからである。

兼業・副業社会では、「二地域居住」というライフスタイルそのものが地方の活力の源泉たりうることを確たるものにしてくれるにちがいない。

地方創生の政策は、ぜひ「時代の先端を走る変化を政策に取込む」視点をもってもらいたいと考えるゆえんである。

十分な手が打たれなかった「二地域居住」政策

この「二地域居住」政策を国はこれまで十分にやってこなかった。

兼業・副業やフリーランス、テレワークが胎動しはじめた現在、政府が彼らを田舎に誘導すべきにもかかわらず、それが十分に行われていないのである。

「二地域居住」は、今から10年前に国の政策として掲げられた。かつての全国総合開発計画が改定され、2008年に新たに設けられた国土形成計画において、「二地域居住」はこれからの国土形成の一翼を担うものとして位置づけられた。

それから10年余。この政策の推進がどこまで行われているか、寡聞にして知らない。おそらく、きちんとした手立てが打たれてこなかったのではないか。

そして今般の「まち・ひと・しごと創生基本方針2019」においても、「二地域居住」は付け足しとして一言触れられただけである。

そもそも、「二地域居住」をしている人がどれくらいいるのかさえ、まともに捉えられていないのである。わずかな事例を述べれば、国民の「二地域居住」の実践率は、2005年0.8%［A］、08年2.4%［B］、09年1.1%［B］、15年0.6%［A］である（［A］は内閣府調査、［B］は（株）ふるさと総研調べ）。

上記のいずれの年度の調査においても、「二地域居住」の実践率は1%あるかないか、そしておよそ13%の人々が「二地域居住」をしたいという希望をもっていることが確認されており、年次の変化はない。こうした「二地域居住」希望者が、実践に至ったという経緯が見られないのである。要するに、いつ調査しても、二地域居住の実践者はわずかであり、希望者は13%現れるということなのである。

必要となる時代認識とマーケティングの視点

2016年6月の「地方創生基本方針2016」で始まった「都市部大企業と地域企業の間の、兼業促進も含めた多様な形での人事交流を進める」は、今般の「まち・ひと・しごと創生基本方針2019」でも踏襲された。大都市の「兼業」を促進し、その兼業先を「地域企業」に誘導するという政策である。これは、地方創生の中で、数少ない〝動力〟をもった施策である。本書の最初に述べた「福業者が地方の既存企業を支援しはじめた」ことにつながっている。

だが、それ以外は「二地域居住」を具体化する政策が曖昧模糊としている。たとえば、「二地域居住」という新しい生き方を国民に選択してもらうことに関し、2015年に改定された第二次国土形成計画では「支援体制の充実、国民運動の展開」を行うと漫然と述べられているにすぎない。

問題の根源は、「二地域居住」が新時代を画する政策足りうるという認識に乏しく、また、これが地方の新しい産業づくりにとって重要であるとの見識がないことである。

「二地域居住」を奨励すべき「ターゲット・対象者」を明確にしてこの「対象者に向けた支援」を行う、という意識がほとんど見られないのである。

要は、明確な政策意識と、ものごとの普及を図るためのマーケティングの視点が欠落している。端的にいえば「二地域居住」を〝何のためにやるのか〟という基本的な認識を明確にしたうえで、誰に推奨するのか、どうやって実践してもらうのかを明らかにしなければコトは進まない。

地方創生本部の「兼業→地方企業」が正解にも動きはじめたのは、兼業者・副業者という「二地域居住」を始めそうな実践者を見つけたからだと思われる。

このマーケティングの視点から「二地域居住」を当面推奨すべきターゲットとして、時代の変化への対応者である兼業・副業者、フリーランス、テレワーカーを本書ではあげた。まずは、「二地域居住」の当面のターゲットについてこれで十分か、もっと別にいるのではないか確認をしてほしい。

そして次に必要となるのは、これら大都市サイドの「働き方の改革」の進展にあわせ、この人たちを地方に連れ出す算段を描くことが必要になる。狙いを定めたターゲットに「二地域居住」をどうやって実践してもらうのかを考えることである。

そこで以下、「二地域居住」を推進するうえで必要不可欠なものと日頃考えている「第2住民票」の制度化、「起業環境」の整備、「住まう場所」の確保の三点セットについて述べたうえで、これらを本当に形あるものにするための「二地域居住推進法」の制定について、私見を述べたい。

2節｜第2住民票の制度化

第2住民票とは

まず、第2住民票の制度化を急ぎたい。

兼業・副業者が行う移住とまでいかない半定住、二地域居住をやりやすくするために、住民基本台帳法を改正し、第2住民票を位置づける。これは一定期間、その地域に二地域居住する人を対象に市町村が発行するもので、この総数が政府が目標とする「地方への新しい人の流れをつくる」ことの成果になる。

つまり、住民基本台帳法による住民票は、住所を公に証明することを目的とした制度で住民票はひとつしかないが、これに第2住民票を付け加える。第2住民票は、一定期間二地域居住した先の市町村に届けを行い認定してもらって得られるようにする。

これまで、地方では二地域居住者の実態の把握はほとんど不可能に近かった。これでは、二地域居住者の誘引のKPI（重要業績評価指標）がわからず、PDCA（計画・実行・点検・改善）サイクルも成り立たない。第2住民票でこの把握を行うとともに、二地域居住者と市町村の関係を、以下述べることを通していっそう豊かにすべきと考える。

交通費の二地域居住割引

第2住民票を制度化する最大の目的は、大都市の住まいから二地域居住先への移動にかかわる費用を根拠をもって低減させることである。

二地域居住をするさい、費用の面で最大のネックとなるのが交通費である。

次のような調査結果がある。東京の人たちをモニターとして山形で一定期間の二地域居住をしてもらい、家計簿をつけてもらったところ、「滞在期間の3分の2程度の日数を就農し、農家から1日5千円程度の労働報酬を受けることができて、空き家など住居費の負担が少ない滞在場所が確保されれば、農作業をベースとした『自給自足型二地域居住』が成立する。ただし、東京・山形間の移動にかかわる費用を含めると、赤字になる[★58]」という結果を得た。

つまり、二地域居住は、東京と特定の地方との間を頻繁に行き来することになるため、一回に往復数万円の交通費が発生すれば、首が回らなくなるということである。

この二地域居住を推進するうえでの最大の隘路を、第2住民票によって解決するのである。

第2住民票を証明書類として、大都市の本居地と第2住民票の発行地の間の交通費の二地域居住割引を行う。第2住民票所有者に対して割引定期券を発行するなどして、鉄道、航空、高速道路などの運賃割引を運送事業者に働きかけるのである。おそらく地方への交通量が格段に増えるので、運輸事業者は乗り気になってくれるにちがいない。具体的な手法については、すでに航空会社やJRなどが三〜四割の割引を行っている遠距離介護割引などが参考になろう。実施した企業に対して、割引分などを減税の対象にしてその機運を高めることが必要と思われる。

このことがなによりも、都会の一般の会社員が第2住民票を獲得して、週末に都会でスポーツジムに行くのではなく、二地域居住する田舎で畑仕事や薪割りをしたり野山を駆け巡ったりして体をリフレッシュすることが当たり前の社会の到来を早め、いずれ田舎で自分の力を生かした仕事を行うことが期待されるのである。

「二地域居住住民税」の創設

二地域居住者が受入れ側に〝好ましい〟ものとなるためにも、第2住民票は不可欠である。

この第2住民票をもって、住民税の課税方式の変更をし、大都市本居地と二地域居住地間の住民税の案分をする。いわば「二地域居住住民税」というものを創設するのである。ふるさと納税がバーチャルで根拠のない住民税の移転であるとすれば、第2住民票による住民税の移転はリアルで合理的な移転となり、ふるさと納税を進化させることになる。

すでに述べたように、地方の17歳人口のうち20％は大都市に出たまま戻ってこない状況が続いている。地方でせっかく育てた子どもたちが、これから地元で経済活動をして納税するということに関して、地方はこれまでずっと二割も割引かれている状況にある。

2017年度の全国の個人住民税は7.2兆円で、大都市が4.1兆円、地方が3.1兆円である。この地方の3.1兆円は地元で育てられ地元で納税すべき若者など20％がいなくなった結果なので、その分にあたる7,000億円が大都市に付け替えられてしまっている。地方の住民税は、本来は3.8兆円あってしかるべきものである。★59

だから、ふるさと納税で数千億円が地方に移転したところで、その何割かは返礼品にあてられているのだから、期待税収の逸失分を取り戻せているわけではない。

住民税とは、住んでいる場所で行政からいろいろなサービスを受けることに対する受益者負担である。したがって、ふるさと納税はそもそも根拠のない住民税の地方移転であるため、大都市が文句をいうのはあたりまえで、長続きすることはありえない。

これを二地域居住による住民税の分割移転に切り替える。これで地方への住民税の移転は合理的な根拠を得て、地に足のついたものとして安定的に地方に大いに寄与することになる。地方は逸失した7,000億円の奪還を目標として、第2住民票にもとづく「二地域居住住民税」を受け取る。これを原資として二地域居住環境の整備や二地域居住者の起業支援などが可能になる。きっと、地方は競って第2住民票の発行と二地域居住者の受入れに走るだろう。

オンライン電気メータの活用によりトリプルWinの関係をつくる

住民税の案分は、定率方式、自己申告方式などが考えられるが、年間の二地域居住期間を電気メータで計測することが最も合理的であると思われる。

電気メータがオンラインでつながるスマートメータに切り替わり、すでに六割に普及し5年後には全世帯が接続する。ここで捉えられる電力消費量のデータで、二地域居住の期間を正確に把握できる。これは信頼のおける者に開示されることが可能になるよう検討がはじまるので、これを活用する。

重要なことは、二地域居住者が、この住民税の案分により地域での疎外感をなくすことができることだ。ごみを出し道路も使って税金を払わないのは大いに気が引ける。第2住民票による住民税の移転はこの地元自治体や住民との問題を解消してくれる。

また一方、第2住民票をもつ二地域居住者に空き家を貸し出す所有者に対して、固定資産税の減免が考えられてよい。塩漬けにされた空き家が市場化する。

つまり、二地域居住者と受入れ市町村と住民の三者がWin-Win-Win、トリプルWinの関係をもつために、「二地域居住住民税」の創設が第2住民票によって可能になることだ。

副業・起業収入額の確定

二地域居住者は、地方の既存企業の専門職、あるいは「社会システム一万事業」の「Bs」、または独立した起業などで田舎で働く。しかし、そこで得た収入は副業収入であるため、大都市本居地での収入とみなされ所得税を納めることになる。

これでは、意味がない。二地域居住を推進するということは、そこで活動が行われ、地域が活性化することが目的である。そのためには、二地域居住者の活動の成果がきちんと二地域居住先で得た収入の大きさとして確定される必要がある。

一般的に、副業を行う人は本業収入とあわせて確定申告を行うことになると考えられるが、このさい、副業で得た収入の場所がわかるようになれば、二地域居住地域の市町村での活動の大きさが把握できる。あるいは第2住民票を受け取った人に、当該地域での収入金額を市町村に申告してもらう。その総体が二地域居住の活動の成果である。

これまでの二地域居住では、そこに二地域居住者がいるのかどうかもはっきりせず、ましてやその活動の成果の総体を計測するなど夢であった。二地域居住者の活動の成果そのものの大きさをしっかり捕捉するためには、第2住民票は不可欠である。

そのうえで、所得税の申告のあり方について検討したらどうか。第2住民票の所有者に副業での所得に大きな減税措置を盛り込めれば兼業・副業のインセンティブを高め、税制の面から「二地域居住」を後押しできるからである。また、事務手続上可能であれば、全体の所得の中から二地域居住先での所得を分離確定することによって、住民税を分割する根拠を得ることができる。

3節 起業の場づくり

「ふるさと起業誘致条例」によるプレ・インキュベーション助成

兼業・副業者は地方で必ずしも既存企業の雇用者になることを望んでいるわけではなく、「二地域居住」で自らの「起業」を志向する人も多い。

これまで「移住」や「二地域居住」などで悠々自適を決め込んでも、田舎の目が気になって仕事を始める人を多く見てきた。あるいは、田舎生活をしているうちに地域の問題を発見してしまい、それを事業化して地域課題を解決しようとする人も少なくない。いずれも、これまで見向きもされなかった地域資源や見捨てられてきた文化的遺産が生き返る。

だから、兼業・副業を行う二地域居住者が、田舎で自立的な「生業」を起業することは十分に考えられるし、また奨励されなければならない。

「Bs」が、地方の「社会システム産業おこし協力隊」として「社会システム一万事業」の一方の担い手になって地域で活躍する。そして、具体化した社会システム事業の拡大や永続化を図り、さらに得た知見をもとに地域での活動の場を広げる。こうした機会を提供することがなによりも必要なことである。それは、「起業」というかたちで現れてくる。

そのさいの助成が必要である。これまで政府や自治体は起業に対する助成を行ってきたが、その予算総額が小さすぎ、助成対象が限定されすぎていることが多かった。

とくに問題なのは、政府が行っている助成が、ポスト・インキュベーションに偏っていることである。設立して間もない新しい企業に国や地方自治体などが経営技術・金銭・人材などを提供し、育成することを対象にしている。つまり、「設立して間もない」起業者を対象にしていることだ。

いま地方で必要とされているのは、起業以前の段階の「設立しよう」とするもの、つまり、プレ・インキュベーションの起業候補者に対する助成である。しかし、これがあまり行われてこなかった実態がある。

「ふるさと起業誘致条例」は、プレ・インキュベーションを対象とし、事業を「発案し立ち上げる」まで、あるいは「法人登記」するまでの間、つまり事業を「設立しよう」とする人への助成を目的とし、市町村が独自に制定するものと考えている。だから、必要な資金は、たかだか200～300万円／件を超えることはない。わずかな立ち上げ資金を助成するのである。

このプレ・インキュベーションについては、さまざまな意見がある。その代表的なものは、「得体の知れない人に、いい加減な審査で、起業がきちんと進むかどうかわからないのに、政府が金を出すのは浪費である」というものである。これは、内閣府が2010～12年にかけて全国や被災地で行った立派な優れたプレ・インキュベーション「地域社会雇用創造事業」を、時の政権が事業仕分けで潰したときの理屈である。

この理屈の中で、「起業がきちんと進むかどうかわからない」こともないわけではないが、地方での起業の実態を知らない発言である。地方で起業する場合、起業者を取り囲んで5人組のような支援者が集まることが多いのである。

バングラデシュのノーベル平和賞受賞者ムハマド・ユヌス氏のグラミン銀行は、人々を貧困から脱出させるために、起業者にマイクロファイナンス（小口金融）で数十ドルの資金を与えて多くの零細な起業家を育てた。このとき、その起業者の周りに5人組を形成して起業から脱落しないよう励ます仕組を取り入れた。

わが国の地方での起業にも、グラミン銀行の5人組のように、協働しお互いが絆をもって支え合う姿が全国各地でみられるのである。まず、このことを銘記すべきである。

そして、確かに「千三つ」の世界なので、成功する確率は確かに低い。浪費といえばそのとおりだが、だからといって「三つ」を対象にしたポスト・インキュベーションは、銀行がやることであって、政府が行うことではないと考える。

社会が活力をもとうとするとき、無駄金を承知したプレ・インキュベーションが最も重要なのであって、その広がりが大きければ大きいほどポスト・インキュベーションが数多く生まれるのである。

このため、プレ・インキュベーションを対象にした「ふるさと起業誘致条例」は、必要不可欠なものとなる。

ついでに述べれば、先に述べたように、東京23区の人が周辺地域に移住し起業する場合、政府は300万円の補助を与えることにした。またこれとは別に、地方企業の後継者不足を解決するため、政府は地方移住して後継者になる人に対し補助金を与えることにした。しかし、こうしたことは予算に縛られ持続性が担保されない個別事業で扱うのでなく、また政府が直接やるものではなく、受け入れる市町村が設置する「ふるさと起業誘致条例」があれば永続的・包括的に支援が可能になると考えるべきである。

ふるさと起業誘致条例の原資

ふるさと起業誘致条例の原資についてである。五つ考えられる。

一つ目は、地域未来投資促進法（以前の企業立地促進法）の定義を拡大して個人事業者をその範囲に加え、「ふるさと起業誘致条例」による各市町村が行う補助に対して、政府が地方交付税による補てんをする。

これは、これまで地方が「企業誘致条例」を作って企業誘致に各種の補助金を出したことに対して、かつての企業立地促進法が地方交付税で補てんしたことにならい、これを個人の起業家にも適用するということである。

二つ目は、地元の地方銀行と自治体による「起業ファンド」を形成し、これを原資として「ふるさと起業誘致条例」を運用する。単純にいえば、地銀にも金を出してもらうのである。

自治体は起業者に助成すれば、千三つといえども、税金で戻ってくる可能性がある。地銀には、助成に対する直接的な見返りはないが、助成した起業者が本格的な事業を開始すれば、助成の数十倍の融資が可能性として待っていることを出資の意図としたい。

三つ目は、「ふるさと起業誘致条例」の原資として「ふるさと納税」を活用することだ。総務省もこの方針を打ち出した。つまり、「ふるさと納税」を全国に求め、起業者支援の原資にすることである。

そしてこれを少し発展させ、起業者支援の原資確保に、地元の「たにまち衆」に地元自治体への「ふるさと納税」をしてもらうことを考えたい。

地元の「たにまち衆」、地方には本来であれば東京で世界をまたにかけて活躍していたであろう人は数多くいる。彼らは実家の事業承継で地元に戻ってくることを余儀なくされたが、いまだに世界や地域を見る目は豊かなものがある。地域のためならなんとかしようという気概をもった人が多いのである。彼らを中心に地元の自治体に「ふるさと納税」をしてもらうのである。これを「ふるさと起業誘致条例」の原資として活用する。

現在の「ふるさと納税」制度は、「ふるさと納税」を行った人が住む自治体の住民税の減額分の75%は地方交付税で補てんされることになっている。したがって、地元住民が地元の自治体に「ふるさと納税」すれば、地元自治体はその住民税の減額分を地方交付税で75%が補てんされ、なおかつ「ふるさと納税」分がそのまま自治体の懐に入っている状態となる。

これは、現在の「ふるさと納税」制度では実施が可能だが、「禁じ手」であるとも言われている。筆者は別の意見をもつが、交付税の使い方として適切ではない、ということだ。

したがって、地元の「たにまち衆」による地元自治体への「ふるさと納税」は、制度が変わるまでの時限的なものと捉え、これを契機として地元の「たにまち衆」による恒久的な「起業支援」のあり方を地域ごとに検討しておくことをお奨めする。

地元の「たにまち衆」に「ふるさと納税」や「起業支援」を働きかけ、地元に多くの起業家が生まれる環境を用意するのは、地域の活性化のためにきわめて有効である。

四つ目は、「企業版ふるさと納税」を活用することである。自社の副業者の多くが特定の市町村の企業の専門家となって「企業人城下町」を形成する場合、企業はこの市町村に企業版ふるさと納税を行い、これを「ふるさと起業誘致条例」の原資とする。地方企業の専門家となった自社の副業者は、いずれその地域で起業することが十分に考えられるからである。

五つ目は、「二地域居住住民税」によって得られる財源を活用することである。「二地域居住住民税」は二地域居住者のための環境整備に加え、彼らが起業するときの「ふるさと起業誘致条例」の原資として役立つことはいうまでもない。

サテライト・インキュベーション環境づくり

あわせて、サテライトオフィス機能と、起業者のための支援機能・インキュベーション機能を同時にもった環境づくりも考えたい。

大都市では国や民間企業によるサテライトオフィスができはじめており、政府は地方にもお試しサテライトオフィスの誘致をすでに進めている。

サテライトオフィスは一か所に拠点として作る手もあるが、空き家や実家それぞれがサテライトオフィスとなる集合体であってもよいと考える。

佐賀県庁のテレワーク化を推進した森本登志男氏は、その著書の中で概ね次のように述べている。[★60]「地方においては、新たな雇用の場を意図的に創っていく必要がある。そこで、従来の工場誘致に代わって、地方にサテライトオフィスを開設し、そこへ都会の企業や企業人を誘致する。工場誘致にくらべれば、コストはかなり低く抑えられる。和歌山県白浜町は休眠施設を使って拠点を形成し、徳島県神山町は空いた建物を使っている」。

つまり、サテライトオフィスによって、企業や企業人が誘導できるというものである。

このサテライトオフィスは、企業そのものに加えて、企業人、副業者、フリーランス、親の介護目的の実家型テレワーカー、自己介助やレスパイトケアを目的とするテレワーカーなど個人が二地域居住で都会とつながって働ける場として位置づけてみたい。

そして「ふるさと起業誘致条例」による助成支援の相談ができ、地銀や「たにまち衆」による事業立ち上げに関するさまざまな相談やアドバイスのサポートを受けることができる、欲を言えば投資家が興味を示すような複合的なものとして、サテライト・インキュベーション環境を考えたらどうかと思う。

4節 「住まう場」の確保

住む場所がない現実

「二地域居住」をするにしても、住む場所がない現実が続いている。

「《移住したくても住むところがない！》……いま、田舎に住みたいと思う人が増えているにもかかわらず、住む家が見つからないため諦めてしまうケースが地方のあちこちで多発している。悲鳴にも似た声が全国の移住・交流の担当者からあがっている」。

これは、筆者が多くのところで繰り返し述べてきたことである。

地方には「空き家」が住宅総数の14.8%、450万戸ある。そのうち一戸建ては210万戸、うち「使える」のは140万戸存在する。

しかし、このうち地元の不動産屋に預けているのは3%にすぎず、地元の空き家バンクに登録しているのはわずか0.2%にすぎない。

田舎の空き家が市場に現れないため、「二地域居住」しようにも、住む場所の手掛かりが得られない現実がある。これでは、「Bs」を都会から誘導するにしても、住む場所がなく「社会システム産業」を育てるなど、夢のまた夢に終わる。

政府は、これまで地方の空き家の開放に向けてさまざまな手を打ってきたが、これといった決め手がない状態が続いている。

地方の空き家問題の本質

この問題を解決するため、拙著『地方創生 逆転の一打』[★61]では、「田舎の空き家市場化プロジェクト」を実施すべきことを、ひとつの章を割いて提言した。

そのポイントとなるのは三つある。

一つ目は、田舎の空き家所有者の六割がすでに大都市に住んでいて、地元にしがらみがない分、その活用には積極的であるということである。したがって田舎の空き家を市場化するには、このすでに大都市に住んでいる所有者に働きかけることが効果的である。しかし、市町村だけで大都市に住む空き家所有者を動かすことが難しいことだ。

二つ目は、大都市居住の田舎空き家所有者が高齢化しており、その所有者は「売りたい」と考えるが、空き家を使う側が「借りたい」といっていることである。

群馬県桐生市に空き家をもつ大都市居住の所有者に対するアンケート調査[★62]によれば、その四割が70歳以上、三割が60歳代であった。このアンケートではこれら高齢の所有者から「子や孫に迷惑をかけたくないので早く処分をしたい」という切実な声が多数寄せられ、この対応が急がれることが明らかになった。田舎の空き家の所有者は「売りたい」と考えるが、利用者は「借りたい」と考えていることが多く、とくに副業者の二地域居住の場合の多くは「借りたい」とみられることから、このミスマッチを解決しなければならない。

三つ目は、大都市に住む所有者は地元との関係が薄れているため、空き家を活用するのに不安が大きいことである。とくに「賃貸」となれば、所有者が大都市に住んでいるために、その不安は大きい。だから、大都市に住む所有者の空き家を実際に動かすときには、地元行政の関与が不可欠であることだ。

「田舎の空き家市場化プロジェクト」の実施

こうした複合的問題を解決するため、政府は〝田舎の空き家〟を市場化することについて、「プロジェクト」として実施すべきであると考える。「プロジェクト」とは、単年度で終わるものではなく、複数年度にわたって多様な主体の参加で社会的な課題を解決するひとつの方法である。

これは拙著ですでに述べてあるので、重複をさけるために簡単に述べておきたい。

第一に、市町村ではなかなか動かすことが難しい大都市に住んでいる田舎空き家所有者を、その活用に向けて動かすため、政府がテレビや新聞などのメディアを駆使して、繰り返し空き家所有者や家族・親類に「市場化」を働きかける。

第二に、返す刀で、所有者の安心を確保し「賃貸」が可能になるようにするために、地元市町村が主導して空き家活用の受入れ体制をつくり、空き家を一時的に借り受け又貸しができる「空き家中間管理機構」を設ける。加えて、空き家を賃貸する場合その多くは水回りなどの改修を要するため、「空き家の借り手の家賃を元手にして、銀行から低利融資を受け、水回りを改修する仕組（低廉な空き家水回り改修モデル）[★63]」を普及する。

第三に、大都市の不動産業を動員して大都市の田舎空き家所有者の発掘を行うとともに、大都市住民の移住・二地域居住ニーズを田舎の不動産屋に仲介するシステムを構築する。付言すれば、田舎の不動産屋が預かっている空き家情報をＡＰＩ接続できるようにし、地域別・周辺環境別など多種多様な「空き家trivago」事業者の叢生を促進する。

このような国をあげてのプロジェクトを、いま、実施すべきである、というのが筆者の主張である。

これを書きながら、「田舎の空き家」問題の解決のために、ここに田舎の空き家全体を動かす「社会システム産業」が生まれないか、いくばくかの夢を抱いた。

5節 「二地域居住推進法」の制定

立法化の主旨

兼業・兼居社会の到来、フリーランスやテレワークの拡大という新しい時代に直面したいま、これらに対して真正面から向き合い、これらを地方の再生のために適切に誘導することは、政府に課せられた重要な課題である。

そのため、「二地域居住推進法」というべきものを制定したらどうか。

2008年に制定され2015年に改定された国土形成計画において国土の「対流」を促すものとして「二地域居住」はその柱のひとつに位置づけられている。

しかし、その実現の姿がよく見えない。

そこで、このさい一挙に「二地域居住推進法」を制定し、「二地域居住」を強力に推し進めていったらどうかと考える。

立法化の主旨は、主に次の五つである。

一つ目は、働き方改革を後押しするものとして「二地域居住」を明示化するためである。政府は2020年から企業に同一労働同一賃金の実施を求めている。そのとき副業者が生まれやすくなるよう「二地域居住」のような出口を作っておくことが、働き方改革が国民全体に支持される基盤になる。

二つ目は、「二地域居住」を地方創生の主役のひとつにするためである。これまで「二地域居住」は移住を増やすための補助的手段にすぎなかったが、働き方改革によってさまざまな仕事スタイルが生まれることにともない、「二地域居住」そのものを政策目的にすべき時代となった。そのため、地方創生の新時代を画するあり方が「二地域居住」にあることを宣言し、それを推進するために立法化が必要と考える。

三つ目は、地方産業の育成に向けて都市の兼業・副業者「Bs」の誘導を図るためである。地方に「専門的・技術的職業従業者」を中心とした「情報通信業」「研究・技術サービス業」が30万人規模で成立する基礎的条件をつくるため、この基礎的条件づくりを立法化によって宣言し、「二地域居住」を推進する。

四つ目は、「二地域居住」は、都会の人々の生活様式や働き方を変更し、新しいライフスタイルを政府から国民に提案するものである。これまでの「間接的な環境整備」ではなく、「市町村の協力を得て政府自らがやるべきことを示す」ことが立法化の主旨である。

五つ目は、「二地域居住」政策を実行するためには、第2住民票の制定、それにともなう税制の変更など既存法の改正を要するものから、交通費割引に関する減税措置、ふるさと起業誘致条例の制定、空き家中間管理機構の設立など民間や地方自治体の対応を求めるものなど、単に国の事業では対処できないことを解決するために立法化が必要である。

このような主旨から、「二地域居住推進法」を制定したらどうかと考える。

「二地域居住」の呼称づくり

これに合わせ、これまで怠ってきた「二地域居住」の普及率の定点観測を実施することは言うまでもないことであり、また普及率を高めるための風土形成が欠かせない。

とくに、「二地域居住」という新しいライフスタイルを国民の間で浸透させるためには、まず、「二地域居住」という堅苦しい言葉はやめて、二地域居住先の〝住まい〟を何と呼ぶのか「名前づけ」をする試みもしたらどうか。これが難しい。

筆者は「兼居」と呼んでいるが、「別荘」と言ってしまえばそれで終わり。「別宅」と呼べば井戸端会議が成立しない。「セカンド・ハウス」は横文字だし、ロシアの「ダーチャ」では意味がわからない。

二地域居住を進めるには、この二地域居住先の住まいの「名前・呼称」を決めて国民的視野でその普及を図る必要がある。

余計なことをいえば、この〝二地域居住〟の天敵は、〝リゾート〟である。1987年に制定された四全総では「マルチハビテーション」が柱に据えられたが、その直後に制定された民間企業を活用するリゾート法の影響でまずその影を薄め、そして各地の事業のいくつかが不祥事や経営破たんするに及んで、「マルチハビテーション」という言葉はどこかにすっ飛んでしまった。

いまＩR法が揺れはじめており昔のリゾート法のような騒ぎになれば、二地域居住の新しい命名が、「マルチハビテーション」の二の舞になることも考えられる。だから、二地域居住先の「名前づけ」は、ＩR

法の動静をみきわめたうえで決めるのが賢明だろう。

そのうえで、「兼業・副業」の促進を企業に働きかけるとともに、「二地域居住」についてキャンペーン活動などを通して、〃家族〃を含めた国民の風土を高く形成することが欠かせない。

そのことが、兼業・副業者のうち「二地域居住」を行う人の比率を5％ではなく10％、20％に高めて、結果として、「二地域居住」の普及率が急速に高まることにつながる。

「二地域居住」、そして「新たな地方産業の育成」にとっての最大のチャンス、先手を打つよう心してかかって欲しいと願うばかりである。

地方に「社会システム産業」が燎原の火のように広がる日は遠くない。

第15章 チャレンジする「発達」途上の国・日本

先進国意識に惑わされた平成の時代

思えば、たいへんな平成の時代であった。経済はバブル崩壊でめちゃめちゃになってしまったにもかかわらず、平成の初めに米国のバズーカ砲の水平撃ちにあって気づかされた「日本は先進国である」という認識だけが不思議に残された。社会の仕組そのものを組立て直さなければならないにもかかわらずである。

だから、平成の時代は経済の立直しに加え、とくに先進国日本をパフォーマンスすることだけに意が注がれることになった。やれ米国流の株主資本主義だ、やれ聖域なき雇用リストラだ、やれコンプライアンスだ、やれ先進国並みの禁煙だ、やれ食べ歩きは禁止だなど数えればきりもないほど訳もわからない方向へと走ってしまった。

先進国日本を演出するために行われたことは、先進国をモデルとして、さまざまな経済主体や国民が自由に振舞える環境を整える政策をとることであった。だから各種の規制緩和が図られ、一方で各主体の振舞いを先進国並みに揃えるルールとして各種の規制を導入することに意が注がれた。

この結果生まれたものは、先進国モデル株主優先の風潮が蔓延したことによって、従業員に優しい企業文化は跡形もなくなり、〝いつ首を切られるか判らない〟という社会を生んだ。これが今日の兼業・副業社会を育んだといえばそのとおりなのだが、利益を求める経営への過度の傾斜はわが国固有の企業文化を大きく毀損した。

また、先進国は〝人権を重視するものである〟ということを誇大妄想したため、各種犯罪や個別社会問題への対応を、健全な国家とも思えないほどに限りなくユルイものにしてしまった。これを類冠りしてあろうことか問題をすり替え、逆にありもしない〝先進国並み〟にするために一般国民の行動を抑圧的に禁止・規制する方向へと進んだ。これがわが国の寛容の文化的風土を台無しにしはじめている。

さらに、すでに述べたように、地方産業政策でも同じことが起こった。先進国アメリカにならって自由競争の推奨に意が注がれたのである。しかしこれは米国は連邦政府が競争政策をとり州政府が産業立地政策をとるという、先進国では二重構造や二枚舌を持つのがあたりまえのことをわが国政府が見落としたためである。米国の州政府とは立ち位置が違うわが国地方が、競争政策と「間接的支援」だけで経済や産業や社会が成り立つわけもないのだから、疲弊するのは当然であった。

このように、先進国の一面だけを切り取って、あるいは先進国ではありえないことを勝手に妄想して、先進国はこうでなければいけないとばかり多くの手抜きと一方で規制を作ることに意が注がれた。

これは、わが国の国民性に由来するのかもしれない。矛盾することを同時に抱え込むことが、ますますできにくくなっていることだ。信ずるものはひとつしかない。二枚舌はあってはならないことだし、あれもこれもという態度はけしからん。だから、先進国を信奉したなら、競争政策や整然とした社会を作ることがあたりまえで、それ以外はあってはならないことになった。

ことほどさように、「先進国」意識は、平成の時代をつまらないものにしてしまった。

発達途上の「もがける」令和の時代が産む「社会システム産業」

だが、立ち止まって考えてみれば、わが国は「先進国」なのだろうか。

ふるさと納税。これは地方に頑張ってもらうために、1993年から始まった「ふるさと寄付金控除」という寄付金制度を受け継いだもので、「ふるさと納税」はそもそも、地方が振興することを願った「寄付金」なのである。

しかしこの制度は、目に余る返礼品競争や対抗する禁止措置、ビジネス化などで無残な姿に変わろうとしている。いまや寄付金という考え方は、どこかに吹き飛んでしまったらしい。

いかにも日本的ではないか。先進国並みの寄付の文化は、根づくどころか、わが国のどこを探してもみあたらない。

だから、先進国の思い込みを振りかざして、アメリカ資本主義に追随したり、先進国並みに社会の体裁を整えようとしたりすることは、どう考えてもわが国の体質にあわない。むしろ、無理をせずやめてしまったほうがいい。

折しも、米国では株主優先主義が見直され、昔のわが国企業がそうであったように、従業員や地域社会を大切にする企業への転換がはじまった。

先進国と思ってわが国のモデルとしていた、輝かしいアメリカン・スタンダードは崩壊をはじめているようにみえる。

いっそのこと、わが国は前人未踏の、未だ「発達途上の国」であると認識したほうがよさそうである。発展ではなく、発達の途上にあるということだ。

確かに、米国の消費文明とわが国の「豊かさ」価値観のもとでは、経済的な発展が誇りある「先進国」を築いた。

しかし、われわれは次のフェーズに移りたいと考える。消費文明を価値の源泉とするのでなく、「人に優しい文明」を求めて「よりよく生きる」価値観の実現のために、まだまだ「発達」したいのである。

先進国ではなく「発達途上国」というモデルのない世界への挑戦である。

かっこよくいえば、矛盾を抱え込めるような大人の国になりたいのである。

だから、もっと「もがける」社会をつくりたい。経済の規模競争をしたり、体裁だけを気にして整然とした社会をつくったりするのではなく、むしろ「発達」途上の国であると認識し、人々の活力が発露でき、「発達」するために「もがける」社会づくりをめざしたらどうかと思う。

ＩｏＴを活用した「社会システム産業」という未踏の世界に国をあげてチャレンジし、もがき立ち向かい、そのような産業の時代を切り拓くことは、わが国がまだ「発達」し続ける証になる。

そうなれば、出生率も上がるだろう。わが国の伝統的な価値の見直しもおこるだろう。そして地方が蘇り、国を挙げて誇りある「発達途上の国」を築けることになる。

こうした社会での「公助」とは何かをぜひ考えたい。

そのような、令和の時代にしたいものである。

出典

★01——「戦略推進マネージャーの募集状況」（福山市企画政策課　資料）
★02——「地方自治体が〝副業限定〟で人材募集その狙いとは」（〝IT MEDIAビジネスオンライン〟2017.12）
★03——『週刊ダイヤモンド』（2018.3.10）
★04——「副業の実態調査」（独立行政法人・労働政策研究・研修機構　2017.2）
★05——「副業解禁、主要企業5割」（『日経新聞』2019.5.20）
★06——「フリーランス実態調査 2018年版」ランサーズ
★07——「全国10万人アンケート調査」（（株）ふるさと総研　2009）
http://www.furusatosouken.com/090909ju-man_anke-to.pdf
★08——「遠距離介護」（『朝日新聞』2015.8.2）
★09——「家族介護者の負担を軽減するための支援方策に関する調査」（（一社）シルバーサービス振興会　2013）
★10——「企業の農業回帰」（（株）ふるさと総研 他　2014.8）
http://www.furusatosouken.com/140820nogyo_kaiki.pdf
★11——法曹界の一般的な見解。聖パウロ学園事件（2000.9.28最高裁判決）、十和田運送事件（2001.6.5　東京地裁判決）
★12——昭和57年版『国民生活白書』（経済企画庁編　1982）
★13——「東京都居住環境等移動理由別人口調査」（1996）
★14——「学校基本調査」（文部科学省）
★15——「東京都居住環境等移動理由別人口調査」（1996）
★16——玉田樹『兼業・兼居のすすめ』（東洋経済新報社 2006）
★17——「国の地方創生策についての市町村アンケート」（『神奈川新聞』2019.3.25）

★18――「東北地域における電気機械産業の縮小と今後の展開」（日本政策投資銀行東北支店　2002.3）
★19――「産業クラスター研究会報告書」（経済産業省　2005.5）
★20――椎名武雄日本IBM社長「わが社の経営課題」（野村マネジメント・スクール　講演　1993.8）
★21――「まち・ひと・しごと創生総合戦略」（地方創生本部　2017.12.22）
★22――「中期産業経済展望」（通産省　1993　内部資料）
★23――玉田樹「花びら型産業への挑戦」（『知的資産創造』野村総合研究所　1999.11』）
「『花びら型産業』の誕生」（『日経新聞』基礎コース　200.1.3～2.4連載）
★24――シュンペーター『経済発展の理論』（塩谷、中山、東畑訳、岩波文庫 1977）
★25――木村英紀「システム技術の強化急げ」（『日経新聞』2017.9.7）
★26――小橋麗香「間接型制御ネットワークと不確実性」（『六甲台論集』第41号第2巻　神戸大学 1993）
★27――「ユビキタス・ネットワークと市場創造」（野村総合研究所　2002）
「ユビキタス・ネットワークと新社会システム」（野村総合研究所　2002）
★28――アレックス・ローゼンブラット『ウーバーランド』（飯島貴子訳、青土社　2019）
★29――青木昌彦、安藤春彦編著『モジュール化』（東洋経済新報社　2002）
★30――柳川範之「ゲーム産業はいかにして成功したか」（『モジュール化』東洋経済新報社　2002）
★31――藤野直明、水谷禎志、百武敬洋「第四次産業革命にかかわる欧州の最新事情」（『知的資産創造』野村総合研究所 2017.9）
★32――玉田樹「サービス再考」（『知的資産創造』野村総合研究所　2005.5）
★33――横手実「進化するFin Tech」（『知的資産創造』野村総合研究所　2016.9）
★34――高田伸朗、小池克宏「サービス・イノベーション」（『知的資産創造』野村総合研究所　2002.12）
★35――玉田樹『ユビキタス・サービス産業化の構想』（野村総合研究所　2005）
★36――山崎良兵「GEの頓挫から見えたIoT工場の未来」（『日経ビジネス』2019.1.7）

★37——マイケル・ポランニー『暗黙知の次元』(高橋勇夫訳、筑摩書房　2003)
★38——柳川範之「フィンテックの本質とは」(『日経新聞』2015.11.17)
★39——松下電器　大坪文雄専務(『日経ビジネス』2004.10.25)
★40——「コネクテッドインダストリーズって何?」(世耕弘成元経済産業大臣　経済産業省ホームページ　2017.6)
★41——「『つながる家電』新サービス」(『日経新聞』2019.3.10)
★42——玉田樹「『豊かさ』の終焉、『よりよく生きる』社会モデルへの挑戦」(『知的資産創造』野村総合研究所　2003.6)
★43——チャーチル英首相「We make a living by what we get, but we make a life by what we give」
★44——五百旗頭真「私の履歴書」(『日経新聞』2019.2.26)
★45——玉田樹「『復興構想会議提言』への意見書」(2011.6.28)
http://www.furusatosouken.com/110628iken.pdf
★46——山崎史郎『人口減少と社会保障』(中公新書　2017)
★47——磯田道史「映画になった『庶民の忠臣蔵』」(『文藝春秋』2016.6)
★48——「不安な個人、立ちすくむ国家　～モデルなき時代をどう前向きに生き抜くか～」(経済産業省　次官・若手プロジェクト　2017.5)
★49——藤野直明+梶野真弘『小説　第4次産業革命～日本の製造業を救え!』(日経BP 2019)
★50——「IoTへの取り組みに関する調査」(経済産業省　2017)
★51——玉田樹「市町村の『分離・分割』について考える」(㈱ふるさと総研　2017.10)
http://www.furusatosouken.com/180630bunribunkatsu.pdf
★52——玉田樹『地方創生　逆転の一打』(ぎょうせい　2017)
★53——「内閣府　地域社会雇用創造事業「農村の6次産業起業人材育成プロジェクト」活動実績レポート」(NPOふるさと回帰支援センター　2011)

★54――石原信男「私の履歴書」(『日経新聞』2019.6.13)

★55――玉田 樹『兼業・兼居のすすめ』(東洋経済新報社 2006)

★56――生涯活躍のまち。政府が推進している「東京圏をはじめとする高齢者が、自らの希望に応じて地方に移り住み、地域社会において健康でアクティブな生活を送るとともに、医療介護が必要な時には継続的なケアを受けることができるような地域づくり」のこと。

★57――「平成19年度 地域への人の誘致・移動による市場創出の可能性及び方策に関する調査報告書」(国土交通省国土計画局総合計画課 (株)ふるさと回帰総合政策研究所 2008.3)

★58――総務省平成20年度移住・交流システム支援事業「果樹産地における自給自足型二地域居住モデルの開発調査報告書」((株)ふるさと総研 2009.3)

★59――玉田樹「財源復元機能をもった地方税財源の実現」(『地方税』㈶地方財務協会 2007.7)

★60――森本登志男『あなたのいるところが仕事場になる』(大和書房 2017)

★61――玉田樹『地方創生 逆転の一打』(ぎょうせい 2017)

★62――「提言 地方『空き家』の活用に向けて ~桐生市『空き家の市外オーナー・アンケート調査』より~」((株)ふるさと総研 2014.9)
http://www.furusatosouken.com/140902akiya_activate.pdf

★63――「ふるさと空き家の市場化~空き家改修モデル」((株)ふるさと総研 2011)
http://www.furusatosouken.com/110201akiya_mkt.pdf

あとがき

地方がどうしたら元気になるかをテーマに、「社会システム産業」について書いた。

時代はすでにＩｏＴを活用してさまざまなビジネスが展開され、サービスが開始されている。だから、いまさら「社会システム産業」といったところで詮無いことである、と思いつつ本書を書いた。

それは、ＩｏＴをＩｏＴのままで終わらせたくないからである。

ＩｏＴに産業という光をあてたら、地方に少しは役に立つのではないか。

その試みが成果を生んだかどうかは、読者の判断に委ねよう。


本書の発端は、知人の一言であった。「地方は給料が安いのではないか。だから人がいなくなり、誰も行かない」。しかし、この問題を考えれば考えるほど、当たり前のことだが、わが国のこれからの産業の展望を語らなければならない羽目になった。

そして、最近、友人たちとＩｏＴについてたびたび議論をする機会を得て、現在のＩｏＴの議論が20年近い前の「ユビキタス・ネットワーク」の時代とほとんど変わっておらず、同じ議論が繰り返されていることに驚き、これはまずいことになっていると思った。

だから昔に書いた「花びら型産業」を引っ張り出さざるをえなくなり、そしてIoTと結合した「社会システム産業」論へと展開することになった。

加えてこの「社会システム産業」論を後押ししたのは、「地方創生基本計画2017」を目にして危惧を覚えたからである。このことについては本文で述べたとおり、20年前の成長市場の議論とまた同じことが起ころうとしているのである。

「兼業」や「二地域居住」という考え方を筆者が初めて世に問いかけたのは、今から20年前である。経済企画庁長官の「スペースゆとり研究会」に呼ばれ、今は亡き堺屋太一さんたちと日本の今後の社会のあり方を議論したときに、「兼業・兼居」社会を作るべきだと意見を述べたことに始まる。

この下敷きになったのは、ソ連崩壊直後のロシア企業改革の支援に5年間通って、ほとんどのロシア国民がろくな仕事がないので副業の塊のようなさまざまな仕事をしていながら、自宅とは別に「ダーチャ」と呼ばれる畑つきの滞在可能な田舎の小屋を郊外にもって、国は貧しいながらいきいきと暮らしているさまをつぶさに見たことにある。

支援される側の国にあって支援する側の国にはないこのダーチャという「兼居」をわが国でも導入できたら、「豊かさ」価値観の権化のようなマイホームから解放されて、「よりよく生きる」価値観を実現できるだろうし、田舎の疲弊に少しでも歯止めをかけられるとの思いがあった。

それを実現するために、「兼業」社会をつくる必要があると考えたのもこの頃である。思えば、「兼業して起業するなどは、邪道である」、「起業は不退転の決意でなければ、やるものではない」とさまざまな人から言われた時代であった。

しかし、10年もあれば時代は変わるものであると、つくづく思う。今般の働き方改革は、兼業・副業や二地域居住に突破口を開くだろう。

この機会を社会の変革に結びつけたい、これが本書を書く強い動機となった。これを後押ししてくれたのは、福山市のご厚意によりいただいた副業者募集のデータである。

筆者は、「兼業・兼居」の社会をつくるべく、2007年から非営利の株式会社ふるさと総研という小さな会社を立ち上げ、都会の人たちを田舎に連れ出す、田舎での起業にアドバイスする、地方が活力をもつことを支援するなど、いくつかのことを微力ながら行ってきた。

そして、地方で頑張っている方々にその現状を教えられるたびに、何とかしなければとの思いから、その解決の方法などについてあれこれ考え、政府にも提言してきた。本書では、こうした提言のいくつかを取り上げるとともに、養父市のご厚意により企業アンケートの結果や、各地での数々の貴重な経験や体験も随所で使わせていただいた。

ここで、各位に改めて感謝をしたい。

また、本書は素稿の段階で何人もの友人に貴重なコメントをいただいた。みなさんに感謝をしたい。

平成の時代というのは社会が大きく変化しているにもかかわらず、それについていけなかった時代だったのではないだろうか。

しかし、平成の時代には「社会システム産業」や「兼業社会」の芽が育まれてきたのも事実である。これが花開いて、躍動的な新しい時代となる令和の時代の華々しい門出になることを期待する。

本書が21世紀のわが国の産業づくりと、令和の時代の地方に役にたつことができれば幸いである。

最後になったが、本書は工作舎の十川治江さんのご厚意と熱いご鞭撻によって、陽の目を見ることができた。改めてお礼を申し上げる次第である。

2020年　立春　　　　玉田　樹

●著者紹介

玉田　樹〔TAMADA, Tatsuru〕

1945年、弘前市生まれ。東京大学工学部卒業。（株）野村総合研究所において地域計画研究室長、経営コンサルティング部長、社会・産業研究部長、研究創発センター長、執行役員、理事を歴任。その間、北陸先端科学技術大学院大学客員教授、国土審議会専門委員などを兼任。

現在、（株）ふるさと回帰総合政策研究所 代表取締役社長。NPO日本シンクタンク・アカデミー理事。

著書に『地方創生 逆転の一打』（ぎょうせい 2017）、『兼業・兼居のすすめ』（東洋経済新報社 2006）、『ユビキタス・サービス産業化の構想』（野村総合研究所 2005）など。

編著に『産業創発』、『生活革命』、『日本の構造改革』、『ユビキタス・ネットワークと新社会システム』（いずれも野村総合研究所 2000-2003）など。

論文に「財源復元機能をもった地方税財源の実現」（『地方税』（財）地方財務協会 2007.7）、「地方の子育てメカニズムの創設――少子高齢化時代の地方交付税の再設計」（『地方財務』ぎょうせい 2003.9）、「『豊かさ』の終焉、『よりよく生きる』社会モデルへの挑戦」（『知的資産創造』野村総合研究所 2003.6）、「花びら型産業への挑戦――新しい付加価値の源泉を求めて」（『知的資産創造』野村総合研究所 1999.11;「基礎コース」『日本経済新聞』2000.1.3～2.4）などがある。

●――ベン・ワトソン 『デレク・ベイリー』より

工作舎

工作舎
〒169-0072　東京都新宿区大久保2-4-12 新宿ラムダックスビル12F
tel▶03-5155-8940　fax▶03-5155-8941
www.kousakusha.co.jp/　saturn@kousakusha.co.jp

地方に社会システム産業をつくる

発行日——二〇二〇年五月二〇日発行
著者——玉田 樹
編集——十川治江
エディトリアル・デザイン——宮城安総＋小倉佐知子
印刷・製本——シナノ印刷株式会社
発行者——岡田澄江
発行——工作舎 editorial corporation for human becoming
〒169-0072 東京都新宿区大久保2-4-12 新宿ラムダックスビル12F
phone：03-5155-8940 fax：03-5155-8941
www.kousakusha.co.jp saturn@kousakusha.co.jp
ISBN 978-4-87502-518-4

社会実装の手引き

◆JST-RISTEX［研究開発成果実装支援プログラム］＝編
高齢者・弱者支援、環境問題など生活に深く関わる問題を解決していくためには、研究開発に加え、それを普及させる「社会実装」が大切。48の実例とともに「社会実装」を知る。
●四六判●248頁●定価 本体1200円＋税

ICTエリアマネジメントが都市を創る

◆川除隆広
次世代の都市生活・まちづくりの高度化はビッグデータをいかに使いこなすかにかかっている。持続成長可能な都市・街の実現を目指す、官民協働による多角的な取組みを紹介。
●A5判●168頁●定価 本体1900円＋税

エネルギー自立型建築［NSRI選書］

◆丹羽英治＝監修・著
再生可能エネルギー等により建築物のエネルギー収支ネット・ゼロを実現する建築「ZEB」の基本概念とアプローチ方法を提案。日建設計グループのシンクタンク、NSRI選書第1弾。
●B6変型●204頁●定価 本体1200円＋税

スマートシティはどうつくる?［NSRI選書］

◆山村真司＝監修・著
環境に配慮し、くらしを構成するすべての機能をつなげ、快適な生活をもたらす「スマートシティ」。世界の都市が取り組むスマート化の課題と実現へのプロセスを解く。
●B6変型●204頁●定価 本体1200円＋税

エネルギーマネジメントが拓く未来［NSRI選書］

◆湯澤秀樹＝監修・著
持続可能な未来社会を見すえたエネルギー管理は喫緊の課題。建物・街区・都市の実態調査からエネルギー性能を評価し、改善策としての技術開発やその活用法を提案。
●B6変型●224頁●定価 本体1200円＋税

近未来モビリティとまちづくり［NSRI選書］

◆安藤 章
モビリティとは移動であり、生きること。電気自動車や自動運転などCASEによる大変革を迎えつつある中で、幸福な都市のための交通システムの可能性を探る。
●B6変型●256頁●定価 本体1400円＋税

有機農業で世界を変える

◆藤田和芳

「大地を守る会」社長の藤田氏が、「100万人のキャンドルナイト」や「フードマイレージ・キャンペーン」など、社会的企業として歩んできた35年を綴る。

●四六判上製●232頁●定価　本体1800円＋税

ダイコン一本からの革命

◆藤田和芳

有機野菜を売り続けてきた「大地を守る会」は、市民参加による運動を着実に進めている。初代会長、藤本敏夫さん・加藤登紀子さん夫妻とのエピソードも交え、その歩みを辿る。

●四六判上製●272頁●定価　本体1800円＋税

しめかざり

◆森　須磨子

しめかざりには多彩な形がある。全国を訪ねた著者が、飾りを外した、わらの造形の美しさを系統立てて紹介。土地の作り手との交流、しめかざりに込められた想いを綴る。写真多数。

●A5判上製●200頁●定価　本体2500円＋税

熨斗袋

◆川邊りえこ

筆で書くと、想いが届く。人間関係を大切にする心を表す熨斗袋。書道家の著者が、筆書きの作法、水引の結びの意味、熨斗袋にまつわる歴史や慣習などを紹介する。

●A5判上製●76頁●定価　本体1800円＋税

地球外生物学

◆倉谷　滋

エイリアンは植物か？　物体Xの常軌を逸した形態形成能とは？　ソラリスの海、ウルトラ宇宙怪獣…SF映画・小説に登場する地球外生物の生態の謎に、進化発生学者が挑む。

●四六判上製●240頁●定価　本体2000円＋税

女王の肖像

◆四方田犬彦

さらば帝国、植民地。されど切手は後まで残る。国家の名刺であるとともに、人を堕落させ、広大な幻をも現出させる蠱惑的な紙片、郵便切手をめぐるエッセイ集。

●四六判上製●300頁●定価　本体2500円＋税